象徴天皇の現在

政治・文化・宗教の視点から

五十嵐暁郎・編

世織書房

The Contemporary "Symbolic Emperor"

Politics, Culture, Religion

edited by Akio Igarashi

目　次

序論・003……五十嵐暁郎
現代日本と象徴天皇
1 象徴天皇制の国民社会への浸透とその変容 004
2 天皇・皇室の国民に対する働きかけ 008
3 象徴天皇制の今後 010

1・013……五十嵐暁郎
象徴天皇と政権党
はじめに 013
1 政党政治家たちの視線の位置 016
2 「内奏」 022
3 増原発言問題 028
4 外遊、イベント 033
結びにかえて 040

2・047……ボブ・T・ワカバヤシ
胸に一物——評論界における「昭和天皇の戦争責任」論争

1 問題の性質と所在 047
2 天皇弾劾派 055
3 体制維持派 068
4 「国民統合」 081
5 結びにかえて 095

3・101 ……… ケネス・J・ルオフ（木村剛久・福島睦男訳）
天皇制文化の復活と民族派の運動
1 建国記念日の制定運動 103
2 「二月十一日」をめぐる議論 119
3 元号法制化に向けての運動 130
4 戦後民主体制と愛国心 144

4・153 ……… 高橋　紘
皇太子訪米と六〇年安保――外交文書にみる「皇室外交の政治利用」
1 条約改定を念頭に置いて 153
2 岸内閣の足場は日米関係強化 155

3　夫妻は格好の〝ＰＲ役〟　158
4　米政府から出た正式招請　163
5　国際儀礼を無視してでも　167
6　宇佐見長官、九月訪米を主張　171
7　帰国一カ月後、答礼の義理果たす　174
8　女子学生の死で大統領訪日中止　178
9　ロ三世「訪米の意義、ますます強く」　181
10　マ元帥とは身分が違う　184
11　「訪米成功、御同慶に堪えない」　188
12　臨時代行法で外遊の道開く　191
13　強引なニクソン、繰り返し招請　194
14　不安抱いて「皇嗣」訪米　198
15　象徴天皇は「政治社外」に　201
5・………吉次公介
209
戦後日米関係と「天皇外交」――占領終結後を中心として
はじめに　209
1　アイゼンハワー政権へのメッセージ　212

2 キューバ危機と沖縄返還をめぐって 222
3 ニクソン・ショックから新冷戦へ 228
おわりに 236

6・昭和天皇の短歌は国民に何を伝えたか
——象徴天皇制下におけるそのメッセージ性と政治的機能
239 ……… 内野光子
はじめに 239
1 天皇の短歌発信の場としての歌会始 240
2 天皇の短歌は国民の天皇像形成にどれほど役にたったのか 255

7・日本民族宗教としての天皇制
——日常意識のなかの天皇制のモジュール
281 ……… 栗原 彬
1 宗教潮流としての天皇制 281
2 天皇制の上演モデル 285
3 天皇制の構造 286

4　政治権力によるシナリオ　290
5　中間的意思決定　293
6　天皇制のモジュール　295
7　日常意識の問題　299
8　天皇制による自由の喪失　305

註　309
あとがき　353
編・著者紹介　356

象徴天皇の現在

序論

現代日本と象徴天皇

五十嵐暁郎

一九四七年五月に施行された日本国憲法において定められた象徴天皇制は、今日、国民の間に広く浸透していると言える。しかし同時に、それが本来内包している危うさを露呈しつつあるのも事実である。

象徴天皇制は、大日本帝国憲法が「大日本帝国ハ万世一系の天皇之ヲ統治ス」（第一条）、「天皇ハ国ノ元首ニシテ統治権ヲ総攬シ此ノ憲法ノ条規ニ依リ之ヲ行フ」（第四条）、また「天皇ハ神聖ニシテ侵スヘカラス」（第三条）と、天皇の主権および絶対的な権威を規定していたことと比較すれば大転換であった。しかし、国民主権を基本とする日本国憲法においては、戦前の天皇制の継続としての象徴天皇制の位置は、そもそも安定したものではありえなかった。

それゆえに、天皇および皇室の周辺は一九四六年元旦に、大日本帝国憲法下において正当とされ国民に強制された天皇の神格を否定する「天皇人間宣言」を表明して、天皇制廃止や天皇の退位を要求する声を抑えなければならなかった。また、天皇の地方巡幸によって「人間天皇」・皇室と国民の間の新しい関係を模索した。その背後には、天皇制の存続を肯定した米国占領軍の支持があったが、天皇・皇室やその周辺による国民への働きかけも軽視できない。

とりわけ一九五九年四月の皇太子の結婚は、「平民」出身の女性との結婚という民主化の方向性や平和な光景を国民に示し、当時のテレビ視聴者の拡大や消費文化の展開ともあいまって、皇室の「再生」に大きな役割を果たした。こうして一九六〇年代の高度経済成長社会において象徴天皇制は国民の間に浸透していった。

本書は、これ以降、今日に至る象徴天皇制の国民の間への浸透、その間に天皇・皇室およびその周辺が国民に対して行なった働きかけ、そしてこの制度や天皇・皇室と国民との関係が内包する危うさをめぐる問題に焦点を絞っている。その背景には、高度経済成長による日本社会の構造的な変化と、それによってもたらされた国民の意識の変化がある。日本社会における象徴天皇と皇室の行動やその位置は、さまざまな意味において日本社会の構造や国民の意識と相関関係にある。

1　象徴天皇制の国民社会への浸透とその変容

NHK放送世論調査所は、象徴天皇制をめぐる国民の意識とその変化について興味深い調査結果を報告している。第一に、戦前の天皇制による教化によって骨の髄にまで浸透していた天皇制や天皇に対する意識が、ようやくにして象徴天皇制を支持する意識によって置き換えられるようになったのは敗戦から十五年以上たった一九六〇年代であり、六〇年代後半には八〇%の国民が象徴天皇制を支持

図1　天皇のあり方

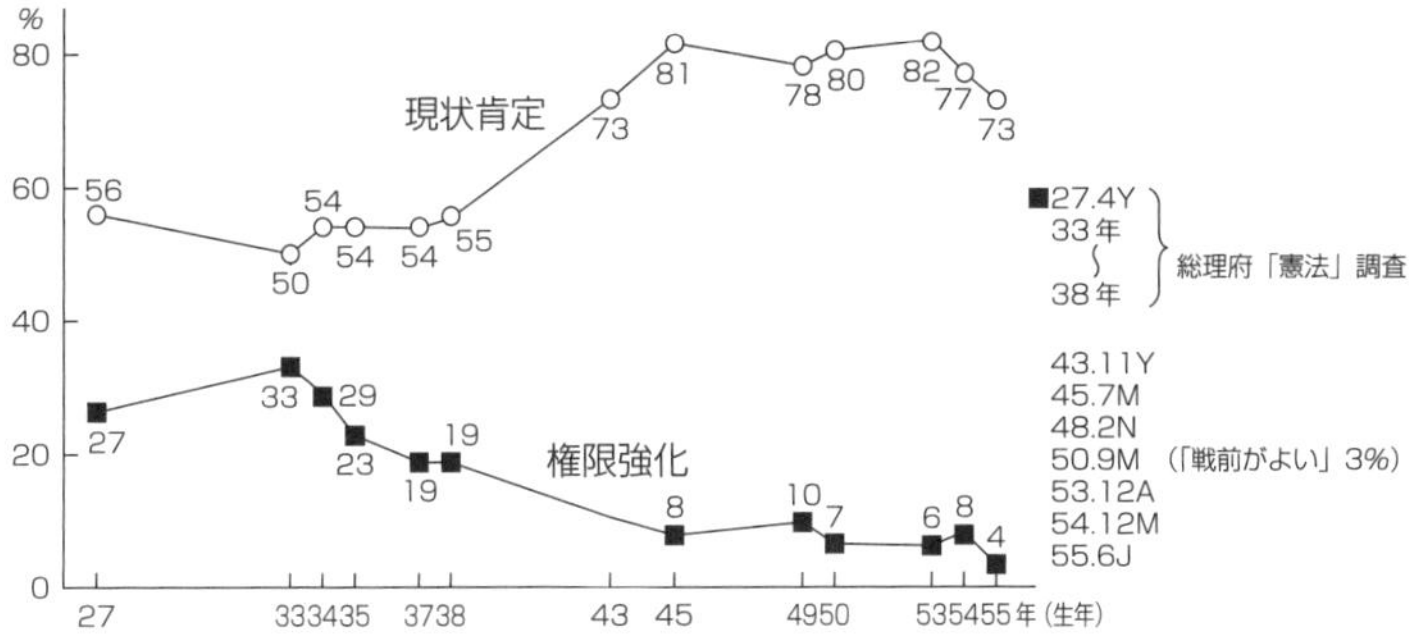

するようになっている。対照的に、天皇の権限を強化すべきであるという意見は一九六〇年ごろから目立って減少している。[1] このような傾向は、国民主権や民主主義、平和主義を基本的性格とする新しい憲法に対する肯定的な評価が一九五五年ころに定着したことと対応している。[2] 占領軍による日本社会の民主主義化、平和主義化政策が功を奏したのであり、またこのような占領軍の政策に呼応した戦後民主主義が部分的であれ定着した結果であった。

第二に、この調査は、一九三三年（昭和八）生まれの世代を境にして、それ以前の世代が天皇に対して「尊敬」の感情を持ち続けているのに対して、それ以後の世代においては天皇に対して「無感情」が多数派になっていることを明らかにしている。分水嶺となっている一九三三年生まれの世代は、日本が太平洋戦争に突入する直前に小学校に入学し、学校では教育勅語に接し皇国少年・少女としての教育を受け、小学校上級で学童疎開に加わり、小学校の最上級生か中学校の一年生で敗戦を迎えた。人生においてもっとも多感な時期に敗戦と既存の価値体系の崩壊、そして天皇の「人間宣言」や新憲法の施行という急激な転換を経験している[3]（図1、図2参照）。

図２　天皇に対する感情（世代別）

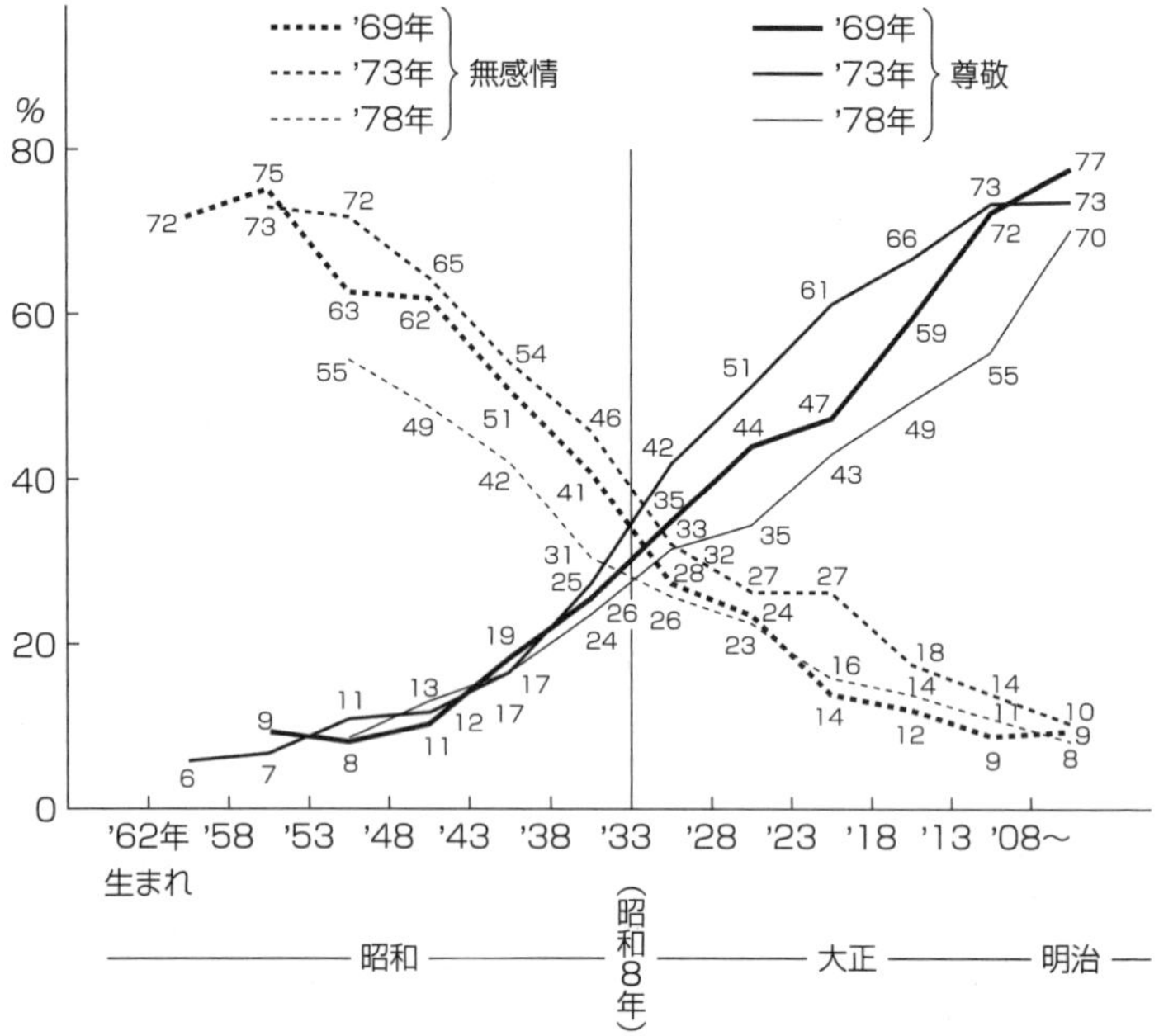

この世代の経験は、それ以前の世代とそれ以後の世代の断絶を象徴しているが、時間の経過につれて、それ以前の世代の比率が減少していくことは言うまでもない。つまり、天皇に対する「尊敬」の感情を持ち続ける世代は年々減少し、「無感情」な世代が増加して行くのである。一九三三年以前に生まれた世代は、少年時代に受けた教育の影響に加えて、昭和天皇が自分たちの同時代人として戦争をふくめた時代を耐えたことに共感を寄せていたため、とくに歳をとるにしたがって天皇に対する「尊敬」の気持ちが強くなっていったと思われる。それに対して、それ以後の、天皇に対して「無感情」な世代は、歳をとっても天皇に対し

て「尊敬」の念を抱くようになるわけではない。

実際に、一九七〇年代以後の天皇に対する感情についての世論調査を見ると、天皇に対して「尊敬の念をもっている」（尊敬）と答える層は確実に減少し、それと対照的に「特に何とも感じていない」（無感情）と答える層が増大している。ただ、一九九三年の調査で現れた大きな変化は、「好感をもっている」と答えた層がほぼ倍増し、またよく見ると「尊敬の念をもっている」と答えた層がかなり減少したことである。NHK放送文化研究所は、その原因を主に九三年の皇太子の結婚が皇室のイメージを好転させたことに求めている(4)。しかし、「尊敬」が減少し「好感」が増加した原因は、むしろ昭和天皇が死去し平成の天皇の時代が始まったことの影響が大きいのではないだろうか。昭和天皇の個人的側面に対して国民の中のいくばくかの人々が抱いていた「尊敬」という感情は、平成の天皇には引き継がれなかった。その代わりに憲法の遵守を約束し国民とともに歩もうとする新しい天皇・皇后に対して「好感」を抱く国民の層が存在し、皇太子の結婚がもたらした効果がそれをさらに押し上げたと考えられる（図3参照）。

図3　天皇に対する感情（国民全体）

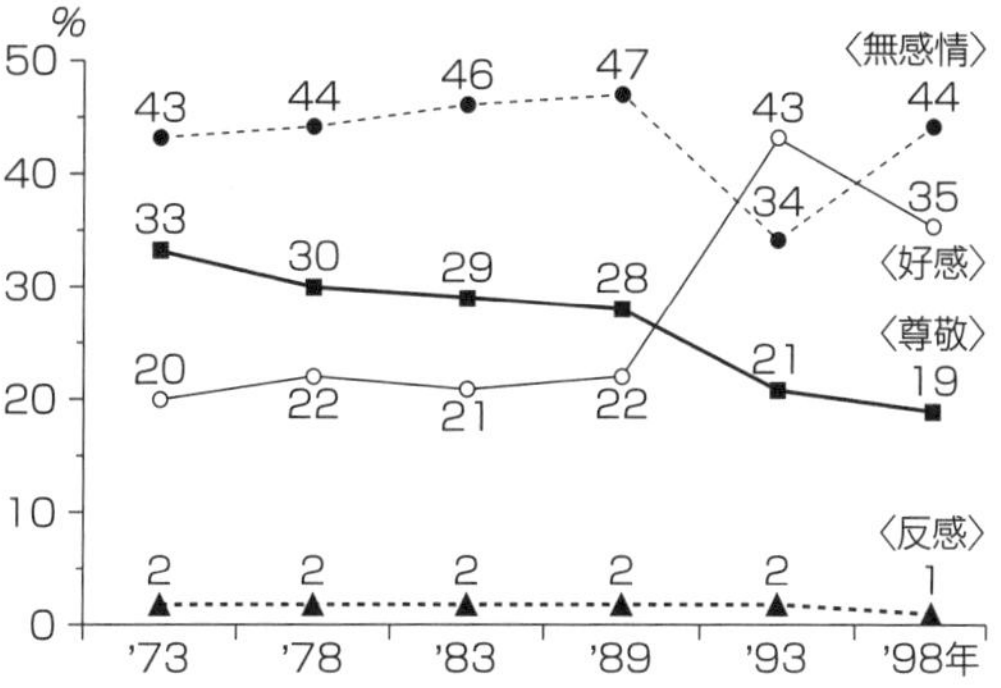

ともあれ、一九九八年の調査では「尊敬」はさらに降下し、皇太子の結婚や天皇の代替わりがもたらした皇室ブームが去っ

たためか、「好感」を抱く人々の潮が引いている。その二つの態度にかわって、「無感情」が一九七〇年代、八〇年代の延長線上にもどしている。もし、今後もこの傾向が続くならば、まもなく国民の過半数が天皇に対する「無感情」(とくに何とも感じていない)の態度をとるようになるであろう。象徴天皇制が国民による積極的な支持を失う時、この制度や天皇・皇室の存在は新たな段階に入ることになるだろう。

2　天皇・皇室の国民に対する働きかけ

天皇や皇室も、自己の存在根拠が揺らぐのを見て手を拱いていたわけではない。さまざまな機会を捉えては、国民に対してその存在や存在の意義をアピールしてきた。象徴天皇と国民との間に新しい紐帯を生み出そうという試みは、前述のように昭和天皇の地方巡幸に始まったが、その後も日本社会の変化に対応しながら模索された。

一九五九年四月の皇太子(当時)の結婚もそうした試みの側面を持っていた。「平民」との結婚という国民への接近も、たとえそれが結果としてそうであったとしても、皇室の国民への接近の例であった。しかし、皇室は国民に接近するだけではなく、国民にとって魅力のある、憧れの対象でなければならなかった。「テニスコートの恋」や「上流階級」しか身につけないようなドレスやコート、ティアラ(髪飾り)、帽子などのファッションは、高度経済成長社会において、さらなる物質的な豊かさを追い求めていた国民を魅了した。そうした華やかな話題は、当時創刊されたばかりの女性週刊誌をはじめマスコミを賑した。皇室は高度経済成長の途上にある社会の目標となり、そうした社会によって支持されたのである。

皇太子夫妻は、従来の皇室の伝統を打破して子供たちとの独立した家庭を築こうとした。その点でも、彼らの家庭はマイホームでの豊かな生活を夢見る国民の憧れの的となり、モデルとなったのである。やがて成長した子供たちはヨーロッパなどへ留学する。その留学も、国民の多くにとっては次の次なるステップであり、人生の目標の一つであった。こうして次々に理想の生活モデルを示すことによって、皇太子夫妻や皇室は国民の意識をリードすることに成功したかに見えた。

また、一九六〇年代後半から皇室は自民党政権に支持されて「皇室外交」に積極的に乗り出した。「皇室外交」はヨーロッパやアジアの王室と交流することによって、宮中晩餐会などの華やかな舞台を演出して国民の目を引き付けた。それとともに、世界の王室コミュニティの存在とそこにおける皇室の存在意義をアピールすることにもなった。外国の賓客を迎えた大広間の正面テーブルで屏風を背に中央の座を占め、居並ぶ首相や両院議長などの国民の代表たちを見下ろす位置関係は、国民主権の原則を忘れさせるかのごとくであった。

一方では、歌会始や他の公式行事のような年中行事や大喪の礼、天皇の代替わりの式典、立太子礼など皇位継承に関する行事においては、伝統の持つ重々しさと華やかさが披露され、マスメディアを通じて多くの国民の耳目を集めることになる。社会や生活におけるとどまることのない近代化の進行や「国際化」、グローバリゼーションによって、繰り返し自分たちや自分たちの社会にとってのアイデンティティを問い返される国民にとって、これらの皇室にとってのアイデンティティの表明に引かれ、自己のアイデンティティと重ねあわせようという気分になることもあるだろう。

しかし、国民の多くが自分たちを「中流階級」であると自己認識するようになって久しい。「テニスコートの恋」もファッションもマイホームも、そして留学も、すでに自分たちのものである。皇族としての生活は、むしろ「自由」が無く、同情すべき対象ですらある。国民の多くが天皇や皇室に対して「無感情」な態度を示すのも当然だと言える。象徴天皇制は、高度経済成長社会に寄り添って来た時期が終わって、今また新たな模索の時期に入ったというべきであろう。

3 象徴天皇制の今後

平成の天皇と皇后は、象徴天皇制がどのようにしたら現在の日本社会に根を降ろすことができるか苦慮しているように見える。天皇の代替わりの式典で憲法を遵守することを表明したことは、皇族の一部などの反発を招きながらも、そうした考慮の結果であろう。しかし、その先にどのような可能性が存在するのかは不透明である。皇族をめぐるスキャンダラスなマス・メディアの報道は、イギリスの王族などについての報道に刺激されたこともあってか、商業メディアの本質のゆえか、遠慮がなくなってきている。

しかし、この問題は本来、天皇・皇室だけの問題ではなく、むしろ日本国民、社会の問題である。国家の主権者として、象徴天皇制をどのように位置づけるのかが問われているのである。「国民統合の象徴」としての天皇・皇室は、日本社会において一体どのような位置を占め、どのような役割を果たすべきなのか、それを決めるのは国民である。私たちは、曲がり角にある天皇・皇室のあるべき姿を考えなければならない。

1 象徴天皇と政権党

五十嵐暁郎

はじめに

一九七二年五月十五日、東京の日本武道館では沖縄の本土復帰を祝う式典が開かれていた。沖縄からの招待者をふくめ約一万人を集めた会場には、天皇・皇后も出席していた。式典の最後に佐藤栄作首相が祝辞を述べ、続いて同首相の音頭によって「日本国万歳」を三唱した。そしてここで佐藤は、予定になかった「天皇陛下万歳」を三唱した。佐藤自身はこの式典の様子について、「式辞も涙の内に終わり、……小生の日本国並に天皇陛下の万歳で堂もゆれる様な斉唱で閉づ」と、感動と満足をこめて日記に記している。[1] しかし、この場面での「天皇陛下万歳」三唱は、沖縄の人々をはじめ多くの国民を驚かせた。

式典関係者によれば、この「天皇陛下万歳」三唱は式典の当日の朝になってから首相の側近から追加するように急遽、要請されたという。宮内庁は新聞記者の質問に対して、「国体の開会式の際にも陛下のご臨席を祝って天皇陛下万歳の三唱が最近は行なわれるようになった」と答えたが、会場にいた沖縄代表の一部などからは「沖縄万歳といってくれるならまだしも、ともかくここで陛下万歳が出てくるとどうも抵抗を感じる」と怪訝な表情を見せる人もあったという。

イラストレーターの真鍋博は、佐藤首相によるこの「天皇陛下万歳」に対してきびしいコメントを行なっている。すなわち、「佐藤さんにとっては、あくまでも沖縄バンザイではなかったということだ。天皇の〝国〟を天皇にお返しできた自分へのバンザイであり、陛下へのバンザイであった。横井さん（一九七二年にグアムで収容された元陸軍軍曹・横井庄一）が鉄砲を陛下にお返ししたように国という大きな鉄砲を陛下にお返ししたという意識しかないようだ。（万歳には）沖縄だけでなく〝国民〟が抜けている」と鋭く指摘している。(2)

真鍋のコメントが彼による単なる思い込みではなかったことは、その約二年前に石川真澄によって行なわれた佐藤に対するインタビューによっても確認できる。当時、朝日新聞の記者だった石川は、六九年の総選挙で三〇〇議席を獲得する大勝利によって長期政権の足掛かりをつかんだ自民党総裁の佐藤首相に対して次のように問いかけている。「総理のお兄さんの岸（信介）さんはかつて社会党育成論を唱えました。総理も社会党が大きくなって政権が交代してもいいと考えますか」。

これに対する佐藤の回答は、「育成などとおこがましいことは言わないけれどね、社会党に政権が行くのはいっこうに構いません。……日本には天皇様がいらっしゃるからね。天皇様がずっとおいでになることで、日本という国家の継続性は保たれているのです。政権が交代して社会党に行っても、天皇様さえおられれば、何も困ることはありません」というものだった。佐藤のこの答えに石川は少なからず驚いたと述べているが、彼ならずとも五五年体制の下、保守・革新勢力が激しく対立していた政党政治の中心人物が、国家の継続性は実は天皇の存在によって担保されていると考えていたことには意表を突かれる。それだけではなく、それでは日ごろ民主主義を唱えていることは一体どういうことなのかと、首相たる人物の思想的矛盾や国民に対する裏切りによって不信感や憤りが沸き上がって来ても不思議ではない。

石川はまた次のようにも述べている。「むろん天皇は『日本国の象徴であり日本国民統合の象徴である』から、象徴天皇制と生身の天皇という人格が続いている限り日本国家は継続しているとはいえるだろう。しかし佐藤氏の言葉にはそうした形式論理を言っているのとは違った響きがあった。それは『政治的権能を有しない』天皇の存在に、現実政治のうえで何らかの積極的役割を持たせたいという心情から発する言葉と私には聞こえたのである(3)」。

果たして、戦後政治において天皇は非政治的存在に止まっていたのであろうか。それとも実際には、何らかの政治的な役割を果たしていたのだろうか。もし、そうだとすれば、どのようにして、どのような役割を果たしていたのであろうか。

本章は、第二次世界大戦後、民主主義や政党政治を建前とする日本の政治において、象徴天皇がどのような事実上の意味や役割を持っていたのかを考察する。この間、政権党であった自由民主党やその政治家たちは天皇や皇室・皇族に対してどのような態度をとり、政治的に意味づけようとし、また利用しようとしたのか。また、天皇や皇室・皇族の方では政党や政治家たちに対してどのような態度をとったのか。そしてまた日本国民は、国民主権にもとづく政党政治と象徴天皇との関係をどのように見なしていたのかを分析する。

中心的な対象を高度経済成長期の佐藤内閣時代（一九六四〜七二年）の政治に置き、それと関連して戦後期および高度経済成長期以後、今日にいたる時代を取り上げ、対照したい。すなわち、佐藤政権が誕生した一九六四年（昭和三九）には、東京オリンピックが開催され、日本はＩＭＦ八条国に移行し、ＯＥＣＤに加盟して「先進国クラブ」入りした。また、前述のように、自民党は一九六九年の総選挙で、三〇〇議席を獲得し、「長期政権」の基礎を固めた。このように高度経済成長社会を背景に、その保守長期政権と天皇・皇室との間に戦後における新たな関係が形成され始めたと考えられるからである。

1　政党政治家たちの視線の位置――天皇は「潜在的」主権者か

佐藤栄作は一九六四年十一月に首相に就任した。それから七二年七月に辞任するまで七年八ヶ月の、戦後のみならず近代日本の最長期政権記録を作ったが、この期間は高度経済成長期の後半にあたり、また自民党長期政権という戦後日本政治の特徴的な構造が築かれた時期でもあった。佐藤は、いわば自民党政治の絶頂期といってもよい時代の総裁であり首相であった。しかし、公開された彼の日記からは、政党政治家として有権者である国民に対する視線とともに、いや実はそれ以上に、天皇や皇族に対して彼の熱い、敬愛のまなざしが注がれていたことが知られるのである。

佐藤は、皇室の慶弔事には必ず出席し、天皇はじめ皇族の外遊はもとより国内行事に出席するための旅行に際しても、必ずといってもよいほど見送りと出迎えを欠かしていない。時には国会審議を中断してまでも羽田に皇太子の帰国を迎えに行っている。また、ある時には天皇の大坂行きを知らせなかったというので側近を叱責している（Ⅳ―四六、一一六～七）。佐藤は、そうした時の自分自身の感慨についても記しているが、天皇が健康であることが「誠に喜びにたえない」とか、正装をした皇后が「神々しい」とかいうように、天皇・皇后に対する態度はほとんど崇拝あるいは手放しの賞賛のそれと言ってよい（Ⅳ―四四九、Ⅱ―九七～七）。また、そうした記述に際しては、天皇を「お上」、天皇の気分を「天機」と呼び、宮中園遊会を「君臣一如の園遊会」と形容するなどしている（Ⅲ―一四一、三七三、一八一）。

このことからもわかるように、佐藤の天皇に対するこのような態度は、ほとんど戦前の天皇制国家における天皇および臣民としての国民の関係、君臣関係そのものである。佐藤が一九〇一年（明治三四）生まれであることを考えると、このことも不思議ではないかもしれない。戦前と戦後における天皇の憲法上の地位の大きな変化にもかかわらず、肉体を持った人間としての昭和天皇に変化はなかったことも、戦前に教育をうけた佐藤のような日本人に継続した態度をとらせる理由になったであろう。(4)とりわけ佐藤の場合、彼が官僚出身であったことも、天皇に対する変わらぬ「忠誠」を誓う心性を作り上げていただろう。天皇制国家の官僚にとって天皇への忠誠、天皇の権威とのつながりこそ、自らのよりどころであったのだから。そしておそらく最大の理由として、佐藤が心底から師と仰いでいた吉田茂の影響があったであろう。

吉田が、一九五二年十一月に行なわれた皇太子の成年式、立太子礼に際して、「茂謹みて言す。伏して惟みるに、天皇陛下立太子の禮を行ひ、皇太子殿下の皇嗣たることを周く中外に宣せしめたまふ云々」という古風な祝いの言葉を読み上げ、同時に自分を「臣茂」と称したために、民主主義に反し「逆コース調」であると批判されたのは周知のことである。吉田は後日、「私は、私の信念に基づいて、用意された原文に、わざわざ『臣』の文字を加筆して奉読したのであった」と述べている(5)。

吉田はまた皇室と国民との関係について、次のように書いている。「日本民族の国民的観念として、皇室と国民とは一體不可分である、と私は信ずる。憲法に謂う『天皇は国民の象徴、国民統合の象徴』という字句は、皇室と國民の一體不可分性を明示していると、私は解する。父母を同じくするもの家をなし、祖先を同じくするもの集まって民族をなし、國をなす。皇室の始祖はすなわち民族の先祖であり、皇室はわが民族の宗家というべきである。換言すれば、わが皇室を中心として、これを取り巻く家族の集団が、大和民族であり、日本國民であり、これが日本國家を構成しているのである。古くより、君臣一家のごとく相依り相扶けて、國をなし来ったというのが、日本の伝統であり、歴史である(6)」。この天皇、皇室観は天皇制国家のそれであり、あるいは戦前の天皇観による象徴天皇の強引な「解釈」である。

吉田は幼いころから尊王心を植えつけられていたが、外交官としてロンドンに駐在していた一九二六年(大正十五、昭和元)に、当時皇太子であった昭和天皇に間近に接する機会を得てからは、その尊皇心は昭和天皇に対する敬愛の心情で満たされた。このときの感激を吉田は次のように記している。皇太子がイギリス社会の上下各階層から特別の敬愛をもって迎えられたのは、ひとえに皇太子自身の

「天性の御美質」によるものであった。その魅力の本質は、「素朴思うがままの天真御発露」と、ほとんど自ら身についた「御倹徳」が、うちとけた、遠慮のない親しさと落ち着きと一体になっているところにある、と。(7)

第二次大戦後、近衛文麿や木戸幸一らが天皇の退位を考えたことがあったのに対して、当時幣原喜重郎内閣の外相であった吉田はまったくこのことを考慮してみようともしなかった。(8) 憲法改正問題が議論されたときも、吉田は明治憲法について、それ自体基本的に民主主義的なものであり、人民の、人民による、人民のための政治の十分な基礎になるものである。ただ近年のように軍国主義者による悪用を防ぐために小範囲の改正が必要なだけであると断言した。(9)

明治憲法の穏和な改正をめざして組織された憲法問題調査委員会による松本（烝治委員長）案では、天皇について従来の「神聖にして侵すべからず」を「至尊にして侵すべからず」と規定しようとしていた。占領軍総司令部はこの松本案をしりぞけて、天皇から主権を取り除く「マッカーサー案」を示したが、この案は日本政府の閣僚やその周辺の人々に衝撃と怒りをまき起こした。なかでも吉田は、マッカーサー案を「革命的」で「とんでもない」ものと呼び、松本案を頑固に支持して閣僚のなかで最も保守的な立場をとった。総司令部の担当者は吉田を松本案の最も反動的で偏狭な擁護者であるとみなした。マッカーサー案に対して、より協調的な態度をとった幣原首相と吉田との論争は、結局天皇自身がマッカーサー案を承認することによって、ようやく解決にこぎつけることになった。(10)

この天皇条項をふくむ新憲法案が「政府案」として帝国議会に提出されたとき、吉田は第一次吉田内閣の首相としてこの憲法案が敗戦という状況のなかで、「如何にして国家を救い、如何にして皇室の御安泰を図るか」という観点から立案したものであることを強調した。つまり、天皇は憲法上は主権を失ったにもかかわらず、その尊厳や国民の天皇に対する忠誠心には変わりはないという解釈を定着させようとしたのである。一方、総司令部はマッカーサーが指針として提示した占領政策の三原則のうちの「天皇制は維持されるが、憲法の制限内に置かれ、国民の究極の意思に従うよう変更されること」という第一原則にもとづいて新憲法における天皇の地位を定めていた。吉田の弁明は、米国以外の極東委員会メンバーが天皇に対してより厳しい態度を示すことが予想されるなかで、総司令部との、というよりは彼の内部における「妥協」の産物であった(11)。

しかし、個人的な忠誠心にもとづく吉田のような天皇観は、明治生まれ以降の世代には通じにくかった。一九五二年(昭和二七)、民主党の論客であった「青年将校」、中曽根康弘は、講和条約の締結と日本の独立回復を機に天皇は退位すべきではないかと、次のように吉田首相に迫った。「この問題はあくまで天皇ご自身の自由なご意見によって決定されるべきでありますが、国際情勢、国内情勢より判断して、天皇がもしそのご意見ありとすれば、このご苦悩をお取り払い申し上げることも必要かと存ずるのであります。皇太子も成年に達せられ、戦死者の遺家族たちにも暖かい国家的感謝をささげ得ることになった今日、天皇みずからご退位あそばされることは、遺家族その他の戦争犠牲者たちに多大の感銘を与え、天皇制の道徳的基礎を確立し、天皇制を若返らせるとともに、確固不抜のものに護持するゆえんであると説くものもありますが、政府の見解はいかなるものでございましょうか」。

中曽根のこの「質問」あるいは主張は、昭和天皇が戦争責任をとって退位し、皇太子を新天皇の座につけることによって、名実ともに新しい天皇の制度を発足させようという、いわば合理的な発想にもとづくものであった。これに対して七三歳の首相、吉田は次のように答弁している。「この問題は軽々に論ずべきでないことは、あなたもご同感であろうと存じます。私はここに一言申しますが、長くは申しませんが、今日は立派な日本に再建すべき門出にあるのであります。日本民族の愛国心の象徴であり、日本国民が心から敬愛しておる陛下が、ご退位というようなことがあれば、これは国の安定を害することであります。これを希望するがごとき者は、私は非国民と思うのであります。私はあくまでも陛下がその御位においでになって、そして新日本建設にご努力され、また新日本建設に日本国民を導いていかれるということのご決心あらんことを希望いたします」（傍点引用者）。議場からは拍手が起きた。

吉田やおそらく国会議員の多くの天皇観は、敗戦によっても、新憲法によっても、まったく変わっていなかった。彼は国体観念や国民の忠誠心を露ほども疑っていない。中曽根は、この吉田答弁に対して、「天皇の自由意志を否定し、人間的存在としての天皇に対し、旧明治憲法下における天皇を依然として頭においているのであって、重大な反省を促す」「憂うべきは指導的政治家における脳髄の動脈硬化症である。このような政治家に指導されるならば、日本の若返りは不可能だ」と激しく非難した。吉田の天皇観は戦中派である中曽根ともすでにこれだけの開きがあった(12)。

世代だけではなく、政治家個々人のパーソナリティーや思想によっても、天皇に対する態度は違ってくる。前掲の石川真澄は、パーソナリティーの点でも経歴、そして思想の点でもおなじ保守政治家ではありながら権威主義的、ナショナリスティックな佐藤栄作とは対照的に現実主義、プラグマティックな田中角栄の天皇観についても記している。石川に天皇観を聞かれた田中は、けげんな顔で、

「そりゃあ、天皇陛下と皇室を私は敬っておるよ。両陛下の写真を応接間に掲げている。しかし、天皇が象徴天皇であって政治的権能を有しないことは、もちろんわきまえている。戦前とは違う」と答えている。(13)

2 「内奏」——天皇と政治家たちとの密かな政治的交信

政治家たちのこうした天皇観を背景に行なわれた天皇と政治家たちとの密かな交信が「内奏」であった。(14) 佐藤栄作の日記にも、この内奏の模様がしばしば記されている。佐藤の場合、「内奏」は定期的に行なわれるわけではないが、一、二ヶ月に一回は必ず行なっているし、重要な政治的事件が生じた際などは皇居やときには那須の用邸までもわざわざ駆けつけて「内奏」を行なっている。また、国会での審議や外国の賓客に対する応接のスケジュールを切り上げてまで「内奏」に馳せ参じることがあった。時には、外国からの賓客を迎えての宮中での会食が終った後の時間を利用して「内奏」が行なわれたこともあった。佐藤は「内奏」を行なう日の朝には必ず身を清めていた。(15)

また、佐藤の場合、一回の「内奏」に一時間半ほどをかけて、かなり事細かに報告を行なっている。一方、「陛下に報告をする。大変熱心にきかれるので、一時間と十五分、大変な長説明になった」というように、天皇は佐藤の「内奏」に熱心に耳を傾けた(Ⅱ—二二七)。昭和天皇は、いわゆる「聞き上手」であったと言われている。(16)「内奏」の内容は日記に記されている限り、ほとんどが政治的な内容であり、国内政治や外交、国際情勢の変化などが報告されている。佐藤は天皇に対してだけではなく、ときどき皇太子夫妻に対しても「政情の一端を奏上」している。

「内奏」の報告内容について、より詳しく見ていくと、一九六〇年代後半から七〇年代初めの佐藤内閣時代の重要問題がほぼ網羅されている。すなわち、ベトナム戦争、学生運動、日米安全保障条約、日米繊維交渉、物価上昇、公害、二回にわたるニクソン・ショック、日中および日台関係などである。佐藤が一方的に報告するだけではなく、しばしば天皇が「御下問」し、それに対して佐藤が答えるという場面も少なくない。佐藤の報告そのものは短かくても、「御下問」が多く、それに「奉答」するために「内奏」が長引くこともあった。[17] 首相に就任して間もないころの佐藤は、「御下問」に接して天皇の関心が広範かつ詳細にわたっていることに驚きかつ感激している。「陛下から文部、厚生、農政、経済、外交等各般に亙り御下問あり。御関心の程を拝して感激する」(Ⅱ―二八二)。

昭和天皇の佐藤に対する「御下問」の内容は、「内奏」が重なるにつれて政治や政治指導に踏み込んだものになっていく。「ベトナム各地でベトコン荒れる。日本海にも米艦三〇隻集まり騒がしい。陛下も大変御心配の御様子なので、二時に内奏して、我国のこれ等に対処する態度並に真相をつぶさに内奏する」(Ⅱ―二二八)。「御下問」は議会政治、政党政治についても行なわれた。「陛下から国会の模様等御下問をうける」(Ⅲ―二七八)。「今日の党情、荒船(同運輸大臣が権限を使って選挙区内の駅に特急を停め国会で問題になった事件―引用者、以下同様)、上林山(同防衛庁長官が自衛隊機、音楽隊つきで選挙区入りした事件)等の御下問に奉答」(Ⅱ―五〇二)。

このようなニュアンスを持った「内奏」に対して、では天皇はどのような態度をとり、政治家たちとの間にどのようなコミュニケーションが生まれていたのか。そもそも「内奏」については法律的な規定があるわけではない。明治憲法には第四十九条に「両議院ハ各々天皇ニ上奏スルコトヲ得」と規定されているが、「象徴天皇」を定める現憲法が天皇による政治的行為を禁じていることは言うまでもない。[18]「内奏」は憲法第七条が限定的に定める天皇の「国事行為」（裁判官などの認証）十項目にも含まれていない。[19]この「国事行為」を限界として天皇による政治への関与がきびしく禁じられている現憲法においては、「内奏」のような現実政治との通路は憲法の枠の外へ逸脱したものである。

にもかかわらず「内奏」が継続しているのは、佐藤のような政治家たちの天皇への思い込みだけではなく、昭和天皇の側に「内奏」に対する強い希望があったからでもある。一九四八年（昭和二三）当時の芦田均首相は、天皇に対して「新憲法によって国務の範囲が限定せられ、旧来のように各大臣が所管政務を奏上いたさないことになりましたが、しかし、陛下に対する閣僚の心持ちには毫末も変わりはありません」と述べて、所管事項についての報告を取止めようとした。だが、天皇は「内奏」の廃止を許さなかった。「それにしても芦田は直接に宮内府を監督する権限を持っているから、時々来て話して呉れなくては……と仰せられた。（芦田は）左様いたしますとお答へした」。[20]芦田は結局、天皇のこの「希望」を無視することができなかった。新憲法の成立によって天皇と政治（家）との間の直接的な通路が消えるか否かのきわどい政治的な駆け引きであったが、ついこの前まで「臣下」であった芦田の心理の読み込みも含めて昭和天皇の勝利であった。[21]芦田内閣が昭和電工事件で総辞職し吉田内閣が成立すると、吉田は天皇のもとに足繁く通い、戦後における「内奏」の慣例は定着するのである。

そして、やはりここから天皇の政治への関与問題が生じてきた。もとより「内奏」は「密室」で総理大臣や各大臣によって一対一で（宮内庁による「内奏」の規定以外の場合は侍従長などが立ち会った）行なわれ、天皇の政治への関与が憲法で禁止されていることもあり、大臣たちは事後にその内容については明らかにしないのが原則である。新憲法の規定を熟知していたと思われる天皇も、「内奏」が密室の会談であっても、それほど簡単には政治への関与を口にはしなかったようである。ただ、大臣たちの報告に対する反応や質問の内容を通じて、天皇はたくみに自分の意思を彼らに伝える術を心得ていた。「ああ、そう」という有名なあいづちにも、実はさまざまなニュアンスが込められており、昭和天皇は相手がそのニュアンスを読み取ることによって、あからさまには表現できない自分の意思を理解することを期待していた[22]。

しかし、天皇の政治的意思表明は政治家たちとのそうした暗黙の交信に止まってはいなかった。天皇はしばしば積極的に、かつ明確な言葉を発して政党政治に働きかけようと努めたのである。なぜ、天皇はそのような行動に出たのか。しかも前述のように、戦後の一時は退位まで考えたにもかかわらず、なぜ天皇は政治に対してそれほど強い関心を抱き続けたのか。一つの解釈は、四半世紀以上にわたって権力の中枢に存在し続けた自負心が、昭和天皇をして政治に対して容易に沈黙せしめなかったというものであろう。実際、戦後の政治家たちで昭和天皇の政治的キャリアに優る者はほとんどいなかったであろう。したがって、首相はじめ政治家たちを「教育」するのが自分の任務であると天皇が考えていたことも想像しうる[23]。もちろん、それはそれとして「院政」にも似た政治的野心であることに変わりはない。

もう一つの解釈は、天皇がかつての自分をはじめ重臣や政治家、軍人たちが犯した過ちを繰り返さないために、戦後政治家たちにたいして助言を禁じえなかったというものであろう。天皇にしばしば「内奏」したことのある外務官僚が、天皇は「ハト派的発想法」と「国際協調主義」の持ち主であるという印象を得たというのは、この推測を裏づけるものであろう。[24] この二つの解釈は部分的には重なり合うだろうが、いずれにしても象徴天皇や国民主権を定めた現憲法を逸脱していることに変わりはない。

ともあれ、天皇は政治、外交などについて並々ならぬ関心を抱き続け、「内奏」の機会に自分の意見を政治家や官僚たちに向かって発していたことは間違いない。ある外務官僚は、「中国問題にしろ、ソ連に対しても、ほかのことでも、非常に重大発言がいっぱいあったけどね。しかし、これは記事にならんどころか、たとえオフレコでも、しゃべってはいかんのだろうね。言えることは、国内問題であれ、外交問題であれ、一つ一つについて陛下には、実に明確なるご自分の意見があったということだな」[25] と、天皇が「密室」においてではあるが、しかし明確に意思表示を行なっていたことを明言している。

そのような天皇の意思表示の内容が例外的に記録に残っているものとして、芦田均首相の例がある。一九四八年（昭和二三）三月一〇日、首相に就任した芦田は皇居で天皇と対面した。芦田は「特に拝謁の上、御言葉を賜ることになってゐた。設けられたイスに腰を下ろすと先ず自分から進んで言上した……芦田は国会に指名を受けて大任を拝することになりました。時局は誠に重大であり、前途は困難と信じますが、一切の毀誉褒貶を度外して全力を尽くし宸襟を安ずることに努力いたします」。芦田はここで涙にくれ、天皇は一瞬顔を曇らせたが、単刀直入に問いただした。「共産党に対しては何とか手を打つことが必要と思うが」。芦田はこれに対して、「共産党の撲滅は第一に思想を以ってしなければなりません。共産党といえども合法政党でありますから、非合法手段をとる場合でなければ手をつけることはできません。進駐軍にしても本国のような法律が日本にない以上、進んで弾圧をするわけにもいかないのでとかく控えがちであります」。天皇は重ねて問いただしている。「左派の入閣はどんな影響があるか」。芦田は答えている。「容共左派でないかぎり、加藤（勘十、労相）野溝（勝、国務相）の程度ならば、大きな影響はありえないと存じます。左派の入閣はかえって左派を穏健にするゆえんでありましょう」。天皇の「質問」は、共産党撲滅、社会党左派の内閣からの排除と響いており、芦田は「回答」の中で天皇の要請を退けていることがうかがわれる[26]。

もう一つは重光葵の例である。重光は外相であった一九五五年（昭和三〇）八月二〇日、訪米を前にして、那須に滞在していた天皇に「内奏」を行なった。「午前九時、上野発、那須に向かふ。駅より宮内省（庁の誤り）の自動車に迎えられ、御用邸に行く、控え室にて入浴、更衣。昼食を賜り、一時過参入、拝謁す。渡米の使命に付いて縷々内奏、陛下より日米協力反共の必要、駐留軍の撤退は不可なり、又、自分の知人に何れも懇篤な伝言を命ぜらる[27]」。重光はワシントンでダレス国務長官と会談することになっていたが、当時日本政府は自主防衛とひきかえに米地上軍の撤退を要望していた。こうした背景を考えると、天皇は政府の外交方針に対して異を唱えたことになる。また、「日米反共の必要」は、当時ロンドンで日ソ交渉が始まっており、重光・ダレス会談でも重要議題であった。天皇の発言はこの議題に対する自分の意思を表明したものであった。

さらに一九六〇年八月十五日に小坂善太郎外相が「内奏」を行なった際に、天皇は、日米安保改定に反対する連日のデモのために「アイゼンハワー大統領の訪日が取り消しとなって、訪日が実現しなかったは残念であるが、大統領退任後でも招待することが出来ないか」と発言した。これを受けて外務省は具体的な行動に入った。結局、米国側が難色を示したために、この件は実現しなかったが、天皇の「内奏」での発言が実際に政府を動かした例であった[28]。この他にも、外相の任免に関して口を挟もうとして侍従長に相談し止められた例や、首相が下した判断について「きわめて適切であった、よくやった」という気持ちを宮内庁長官に命じて伝えさせた例などがある[29]。

3　増原発言問題——天皇の政治関与発覚に対する政党の態度

「密室」においてであれ、話しかける相手が実際に政府の実権を握っている人物たちであれば、天皇の発言は政治的な効果を生む可能性がある。また、天皇や皇室に対して多かれ少なかれ敬愛の感情を抱いている保守政治家たちや政界にとって、天皇の意思がどこにあるのかが気にならないわけがなかった[30]。そこに天皇の政治関与の可能性が生れる。否むしろ、そうした可能性がなかったならば、天皇がそれほどの時間とエネルギーを使い、憲法違反という大きなリスクまで冒して政治的な発言を試みただろうか、と考えるほうが自然である。天皇は「内奏」という狭い、きわどい通路を使って、戦後政治に働きかけたのである。そのかぎりにおいて、天皇による発信は受けとめられ実現される可能性があったが、しかしその分だけ政党政治や、ひいては国民主権の原則が歪められたことも明らかである。

しかし、「密室」での発言という約束は必ずしも守られず、そこから漏れてくる天皇の政治的発言と政治家たちの反応は、象徴天皇を定めた「憲法違反」であるとして批判されたのである。その典型的な事件が一九七三年（昭和四八）に第二次田中内閣の防衛庁長官増原恵吉の発言が巻き起こした問題であった。増原はこの年の五月二六日、所管の防衛政策について「内奏」し、その後記者団との雑談のなかで「内奏」の様子を明らかにしたのである。それによると、増原はまず、第四次防衛力整備計画（四次防）や近隣諸国の軍事力などについて地図を広げて説明した。

天皇は、まず次のように質問した。「新聞にいろいろ書かれているようなこと（当時、自衛隊員による不祥事が頻発し、新聞によって報道、批判されていた）を防止し、同時に隊員の士気を高めるのはなかなか難しいことだろうが、どんなことをしているのか」。増原は、「ただしっかりやれと言うことだけではうまくいきません。隊員の待遇改善についても、学識経験者の知恵を借りて努力しています。また、四次防策定でも、自衛隊員に名誉ある地位を与えることを考慮していますが、なかなか難しい問題です」と答えた。天皇は重ねて質問した。「説明を聞くと、自衛隊の勢力は近隣諸国に比べて、そんなに大きいとは思えない。国会でなぜ問題になっているのか。新聞などでは随分大きいものをつくっているように書かれているが、この点はそうなのか」。

これは単なる質問ともいえない。焦点をしぼり、自ら政治指導者の立場にシフトしつつある。増原は、わが意を得たりとばかり答えている。「おおせの通りです。わが国の防衛は、憲法の建前を踏まえ、日米安保体制のもと、専守防衛で進めており、野党から批判されるようなものではありません」。最後に天皇は、次のように増原に防衛政策について注文をつけている。「防衛問題は大変難しいが、国の守りは大事なので、旧軍の悪いことは見習わないで、いいところを取り入れてしっかりやってほしい」[31]。

増原が披露したこの対話によって、天皇が「内奏」において自分の要望をはっきりと伝えていることが明るみに出た。この対話が公になると、当時、自衛隊の増員を盛り込んだ防衛二法改正案が審議中だったために、「そんなに大きいとは思えない」、という天皇の発言を政治利用したとして野党は増原の辞任を求め、増原を防衛庁長官に任命した田中角栄首相の政治責任を追及した。この問題が象徴天皇の政治関与、憲法違反という重大な問題をはらんでいたことは言うまでもない。天皇、皇室を尊重し、そうした態度が自らへの支持の重要な要因の一つであると考えていた自民党は強い危機を感じた。田中首相は自民党実力者閣僚との会談で、「これは、一閣僚の進退を超えた、内閣としての重大事件」と発言し、「内奏」の三日後には早くも増原更迭の方針を決め、増原は同日辞表を提出した。

野党各党はこの問題が「天皇の憲法違反問題」に発展することについて慎重な態度をとりつつ、なおこの問題を追及した[32]。社会党、民社党、共産党は、「内奏」は制度上の根拠がないことや天皇の政治的行為を前提にするものだとして、その中止を求めた。社会党は内閣部会で「天皇を政治的に利用しようという動きをチェックし、象徴天皇制を守るために、厳しく政府を追及する」ことを決めた。社会党の本音は、「政府が天皇陛下を政治的に利用するといういまのような状況が進めば、問題がこじれて天皇陛下の戦争責任を追及するような議論が出てくる恐れもないとはいえない。そういう事態を防ぐためにも、社会党は天皇制廃止を掲げる党ではないということをはっきりさせた上で、象徴としての天皇陛下の地位を守るためにも、政府の政治責任を追及する」というものであった[33]。横路孝弘などの若手の間には「増原辞任のいきさつは不明朗である。伝えられる天皇発言が事実であれば、憲法で定めた天皇の地位を超えたものであり問題だ」というように、天皇の責任を追及する声もあったが、社会党執行部はすでに世論に根を下ろした象徴天皇制を敵に回すようなことは避けたかったのである。

共産党は、「もし天皇陛下のご発言が事実だったとすれば、憲法で定めた国事行為を越えており、また自衛力増強ということで憲法九条にも違反することになる」と事実上、天皇の責任問題に踏み込んでいるが、責任追及の鉾先は「天皇を助言するという役割を果たさなかった内閣」へ向けた。共産党にも天皇の責任を正面から追及することにはためらいがあったのだろう。公明党と民社党は、この問題を増原辞任にとどめておきたいという態度をとった。すなわち、「天皇がどういうことを言ったとしても、それは政治行為ではない。私人が内輪で話すのと同じである。天皇のお話だと称している増原発言こそ政治的な意味を持つものであり、従って増原長官が辞任すればそれで落着だ」(佐々木良作民社党書記長)「増原長官は天皇が政治に介入したかのごとき発言をしたが、これは増原長官が天皇を政治的に利用したことになり許せない」(竹入義勝公明党委員長)というように、増原に責任を限定しようとするものであった[34]。

これらの野党の態度に対して政府、自民党が主張したのは、「天皇は質問されても、ご自分のご意見をいわれることはありえない。増原発言は自分の説明と天皇のいわれたことを混同したもので、全くの増原氏のミスだ」というものだった[35]。六月七日、「天皇と政治」問題となった増原防衛庁長官発言問題は、衆院内閣委員会において初めて国会論議の場に持ち出された。答弁に立った田中首相は、

「増原長官がいろいろなことを申し上げたことは事実だ。記者との懇談の機会に、その模様を話したことも事実と思う。その後、増原長官から、『自分が述べたことが適当でなかった。天皇がご意見を述べられたような印象を与える結果になったが、そのような事実はなかった』として誤解を生んだ責任をとって辞任したいということだった。ここで重ねていっておく。天皇からご意見の発表があったような印象を与えたが、その事実はなかった」と述べ、同様の趣旨を繰り返した。

社会党を代表して質問に立った大出俊は、「天皇は旧軍と自衛隊、旧憲法と新憲法をごっちゃにしている。このことは、天皇が自らも憲法を擁護する義務があることを規定している憲法第九九条を理解されていないことになる」「天皇が四次防を肯定する立場で発言することは、国民の象徴としてやるべきことではない。四次防関連の防衛二法案は沖縄配備のためのものである。もし天皇が防衛二法案を肯定する発言をされたとすれば、また、天皇がそのような心境ならば慎重に考えなければならない」と田中を追及した[36]。大出は、第二次世界大戦において大きな犠牲を強いられた沖縄に言及して、天皇の戦争責任、とりわけ沖縄県民に対する責任問題を示唆する踏み込んだ質問を行なったのである。しかし、両者の発言は終始並行線をたどり、天皇の政治関与への限界を主権者である国民の代表が国会で明確にする絶好の機会は実らずに終わってしまった[37]。

一方、増原発言事件を知った昭和天皇は、「もう張りぼてにでもならなければ」と側近にもらした。「内奏」の交信の内容については秘密を守るという了解が破られ、交信の通路そのものが利用しにくくなったことへの失望の表明であろう。長官交代の報告に来た田中首相は、「そのうちにピシッとやります」を述べたという。これは天皇の交信継続の要請に対する応諾であると考えられる。

4　外遊、イベント――保守政権による天皇の利用

一九七〇年八月二九日、佐藤首相は夫人の寛子とともに皇太子のもとを訪れている。用件は天皇訪欧の可能性を打診することにあった。「十一時半から皇太子殿下に最近の政情その他思いつくまゝ話し込む。同時に何とか都合して天皇陛下を（に）御外遊をすゝめるわけにはいかないかと皇太子様のご意向を打診する。一寸むつかしい問題か。寛子（佐藤夫人）と二人で両殿下から御昼をいたゞく。浩宮［徳仁親王］様や礼宮［文仁親王］様等御すこやかに御成人の御様子を拝し、誠によろこびに耐へない。意外に永い話となり、三時半に漸く退出」（Ⅳ―一五三）。戦後初めての天皇外遊計画を進めることは容易ではなかった。しかし、佐藤はあきらめ切れなかった。

同年一〇月一六日、佐藤は天皇に訪欧の話を持ち出している。日記の記述からすると、それ以前にすでに天皇にこの問題を切り出しているように思われる。「二時から内奏。陛下の御渡欧の話を当方からさらにすゝめる。勿論只今の処部外秘」（Ⅳ―一八六）。天皇や皇族の海外への公式訪問は内閣が決定すべきことであるが、佐藤は天皇の意向をたずねている。同年十二月一日、英国から承諾の連絡があった。「夕刻になり、天皇陛下の御外遊に付、英国から内密に連絡あり。十月四日から十月廿日迄なら都合がつくとの事。万々才」（Ⅳ―二二五）。

その後も佐藤は慎重に天皇訪欧の準備を進めている。七一年二月一九日の項には、「山中（貞則）総務長官に両陛下の御外遊の件をもらす。然し極秘を守る事、と閣議前に話する」（Ⅳ―二七五）。し

かし翌日、天皇訪欧計画は『朝日新聞』によって報道された。「今朝の朝日に両陛下の外遊計画がスクープされる。困ったものだが、宮内庁側の問題で政府は知らぬ存ぜぬで意見を統一する」(Ⅳ―二七六)。その後も、佐藤は公式、非公式に天皇訪欧の準備を進めていたことが日記に記されている(Ⅳ―二八九、三〇三)。九月二〇日の項には、「此の辺で首相談話でも出して世論を導く要ありと思ふ。今日で成田空港建設の代執行は終了したが、両陛下の御訪欧も近付いて来たので、暴力学生に対して圧力を加えると共に、国民の協力を積極的に求める要あり」(Ⅳ―四二五)と記されている。

天皇訪欧の当日の九月二七日、佐藤はほとんど手放しで天皇・皇后の出発を喜んでいる。「午前八時に空港に出かけ、今日は両陛下御訪欧の日、その御見送りの為。連日の悪天候も今朝はからりと晴れ天皇日和。二日前の暴徒学生の件があったので厳重な警戒もあまり批判はない。両陛下とも御機嫌麗しく御出発。午前四時にはアンカッレジに於けるニクソン大統領夫妻の歓迎会の模様をテレビで見る。インテルサットの中継で非常に明瞭。両陛下とも非常に御元気な御様子で安心したが、一寸寒いのではないかしら。明日は北欧か」(Ⅳ―四三〇)。

そして一〇月一四日、天皇・皇后の帰国を羽田に迎えている。「五時前寛子と共に両陛下の御帰国の出迎へに行く。厳重な警戒をしいたが、生憎の降雨でその点はかへって好都合で何等変わった事はない。雨天のお迎へをする。皇太子同妃両殿下、常陸宮同妃両殿下、秩父宮妃、高松宮同妃[両]殿下等で、御無事の御帰国を心から祝す。自然に起こる万才の声に陛下もほゝえまれて御応へになる。大変結構づくめで小生も重荷を下した感が深い」(Ⅳ―四四二)。

佐藤の日記には一言もふれられていないが、このときの天皇・皇后の訪欧は「大変結構づくめ」どころか、行く先々で天皇の戦争責任を追及するデモに遭遇するなど惨憺たる結果に終わったことは、今日広く知られている。ともあれ佐藤が熱心に推進したこの訪欧が、天皇にとって戦後初めての外遊であった。ところで、日記にもしばしば記されているように、この天皇訪欧計画についてはさまざまな困難が予想されていたにもかかわらず、なぜ佐藤はこの計画にそれほど執着したのか。

まず第一に、図（門奈直樹「天皇死去報道の思想」岩波新書編集部『昭和天皇の終焉』一九九〇年所収）のマスメディアへの登場頻度にも現れているように、皇太子の結婚がブームとなって以後、六〇年代後半から天皇や皇室に対する日本社会の関心が薄くなりつつあったという状況を考えるべきであろう。高度経済成長において開発志向が伝統主義や本来の保守主義に対して優先され、また一方では人々の関心は社会の統合よりも私的な生活の充実に向けられていた。その意味では、天皇や皇室への関心が薄らいで行くのは自然の勢いであった。しかし、天皇・皇室を敬愛してやまない佐藤にとって、このことはきわめて憂慮すべきことであり、天皇の訪欧によってこの傾向に何とか歯止めをかけようとしたことが考えられる。高度経済成長を達成した当時の日本にとって世界への、とりわけ西欧世界への進出は当然の課題であり、天皇・皇后によるヨーロッパの王室との交際は東京オリンピックに続いて日本人のプライドに訴えるイベントであった。

第二に、当時の保守政権の不人気を回復するための手段の一つとして天皇訪欧が計画されたのではないかと考えられる。このころ、沖縄返還交渉は一応解決したものの、日米繊維交渉が難航をきわめていたことと、二回にわたるニクソン・ショック、すなわち日本の頭越しの訪中と突然の米ドル・金交換停止は、佐藤政権にとって寝耳に水で、まったく打つ手がなかったなど、外交面で行きづまって

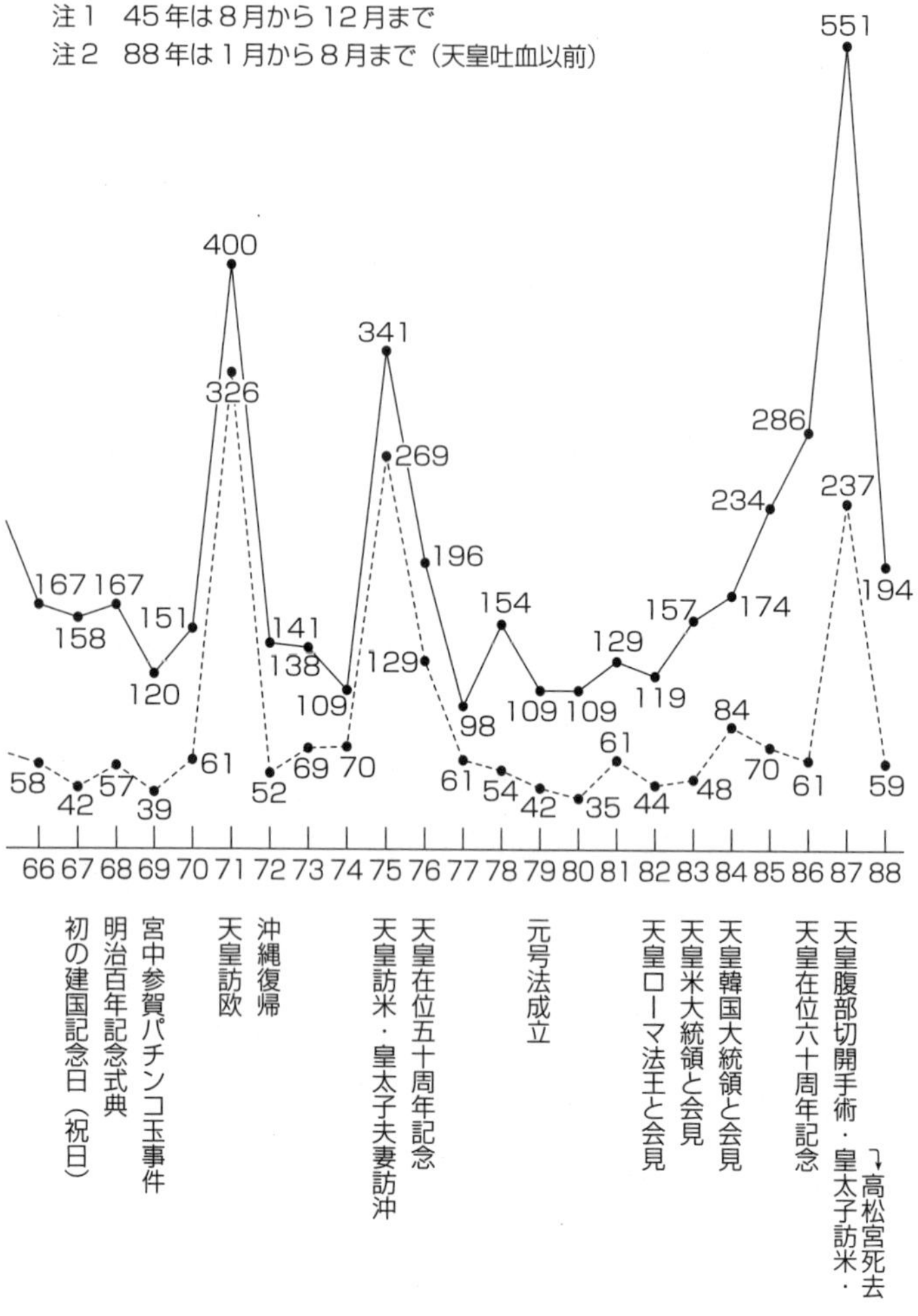
注1　45年は8月から12月まで
注2　88年は1月から8月まで（天皇吐血以前）
551
400
341
326
286
269
237
234
196
194
167 167
158
151
120
141
138
109
129
154
109 109
129
119
157
174
98
58
42
57
39
61
52
69 70
61
54
42
35
61
44
48
84
70
61
59
66 67 68 69 70 71 72 73 74 75 76 77 78 79 80 81 82 83 84 85 86 87 88
初の建国記念日（祝日）
明治百年記念式典
宮中参賀パチンコ玉事件
天皇訪欧
沖縄復帰
天皇訪米・皇太子夫妻訪沖
天皇在位五十周年記念
元号法成立
天皇ローマ法王と会見
天皇米大統領と会見
天皇韓国大統領と会見
天皇在位六十周年記念
天皇腹部切開手術・皇太子訪米・
高松宮死去

図　朝日新聞にみる年次別皇室関係ならびに天皇関連記事数

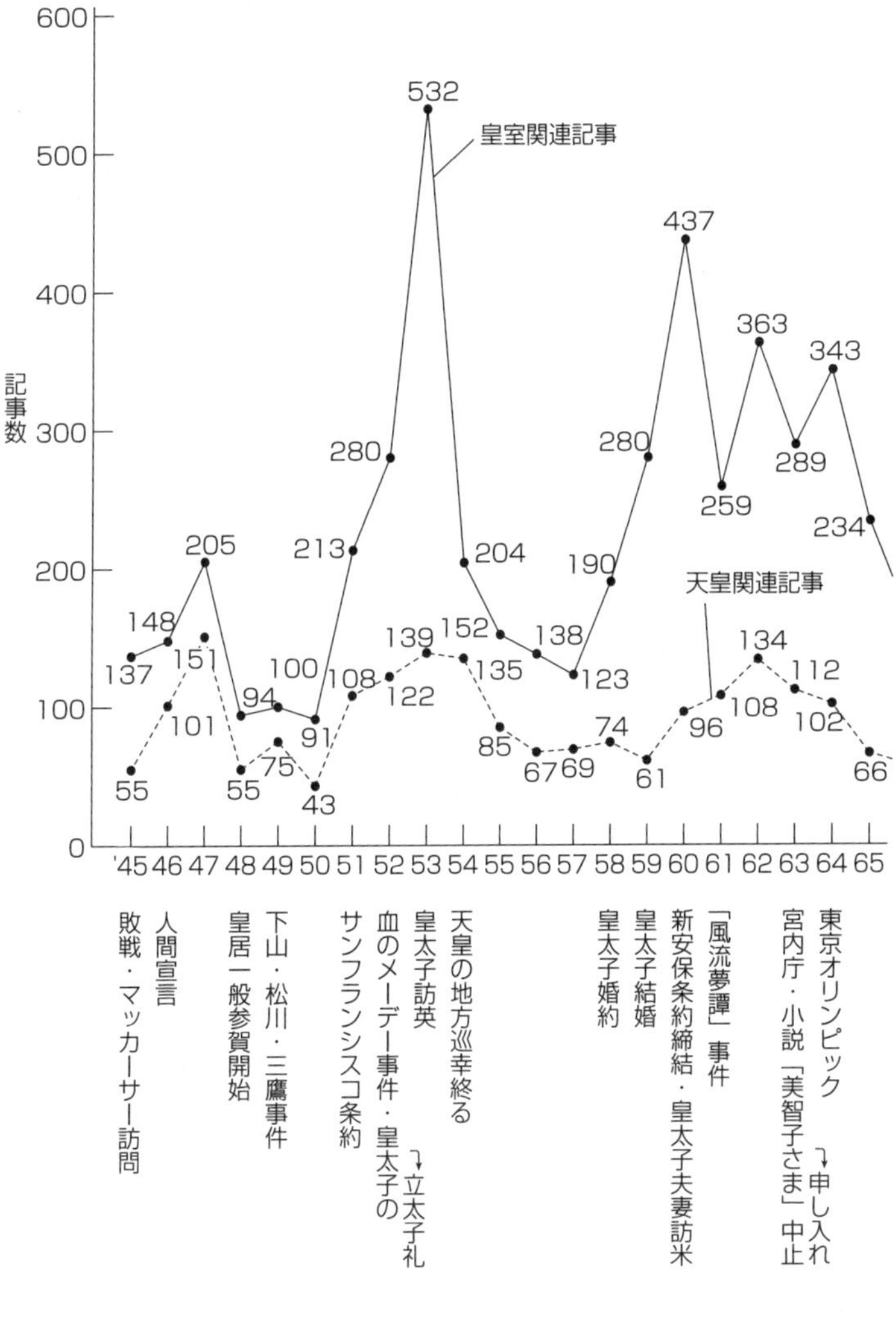

いた。また内政面を見ても、高度経済成長がもたらした社会的な歪みとそれに対する反発が、公害やインフレ問題、そして学生運動、住民運動、市民運動などとして顕在化していた。「ストップ・ザ・サトウ」は批判的な世論の合言葉になっていた。一九六四年に佐藤政権が発足してからすでに七年がたっており、異例な長期政権となると同時に、政治指導に弛緩が生じていたことも明らかだった。

天皇と皇室の存在は「国民統合の象徴、安定のあかし、過去との安らぎに満ちた情緒的絆[38]」であると国民の一部には感じられており、その存在をアピールすることは社会党や共産党、公明党などの野党の利益になるとは考えにくく、池田政権以来すでにかなり薄められてはいたものの、民族主義や伝統主義の側に立つ「保守」党である自民党にとって有利な国民的感情や雰囲気を作り出すと考えられた。実際に、高度経済成長社会のなかで多くの日本人は、その達成にプライドを感じると同時に、あまりにも激しく変動してきた社会的環境に疲れ、「過去との情緒的な絆」もふくめて安らぎを必要としていただろう。いわば、こうした保守志向とこの時代における国際化志向との結びつきが天皇訪欧の背景にあった。

これ以後、一九七五年の天皇訪米をはじめ、皇太子夫妻など皇族によるいわゆる「皇室外交」が展開されることになる。皇室外交の詳細については4章および5章にゆずるが、皇族による外国訪問は一九八八年九月までに通算一〇三回にのぼっている。それらについての報道は、そのたびに天皇や皇族の存在を国民にあらためて知らしめることになった。とりわけテレビによって報道される諸外国の王室や元首などの国賓たちとの交際の儀式や晩餐会などの映像は、日本社会の対外的な代表者、「元首」が象徴天皇であるかのような印象を視聴者に与えている。そのことは前述のような意味において、保守政治家たちにとっても決して否定すべきことではなかった。

皇室外交が本格化するのは七〇年代初めの田中内閣時代である。国賓の天皇訪問が政治的行為を禁じた憲法第四条に抵触するのではないかという批判に対して、田中は国会答弁で、「元首である天皇にお目にかかりたい、拝謁を願いたい、という申し入れがございますので、外国人は日本の天皇を元首と考えておる。憲法上も元首ではないというような規定はないわけですし、国民の統合の象徴として代表者であるという意味で、そういう二段構えでいうと、元首と言っていっこう問題ない」と、いかにも田中らしい視角から、外交における皇室の役割、「皇室外交」の意味を実利的、積極的に認めている(39)。

天皇や皇族たちにとっても、自分たちが伝統的、保守的な存在であるだけでなく「国際化」の時代の先端的役割を担っているということは、時代に適合した皇室のイメージを作り出すことになり、積極的にこの役割を買って出た。とくに若い世代の皇族は海外留学を経験し、国際交流に積極的な態度を示している。たとえば皇太子は、「皇室に属するものが国際親善と世界の平和に寄与するよう、諸外国の皇室、及び国民と交流を深めていくことは大切なことと思います。今後、そのような機会が増えていくとよいのではないでしょうか」とこの役割を歓迎している(40)。

皇室外交以外にも、毎年行なわれる国民体育大会や植樹祭、終戦記念式典などの行事は、それらの行事に出席する国民に、そしてテレビの映像を通じてより多くの国民に対して、皇室外交とおなじ様な効果を生み出しているであろう。なかでも一九八六年に行なわれた天皇在位六十年記念式典は、ときの首相であった中曽根康弘による天皇の政治的利用であるとして野党および右翼から批判、攻撃された。かつて吉田の天皇にたいする旧憲法的な態度を批判した中曽根も、インタビューに答えて次のように伝統的権威、文化的統合の中心としての天皇を肯定している。「ご在位六十年の式では、私は涙がぽろぽろこぼれました。『陛下、長い間ご苦労さまでした』と言った時です。……（天皇は）伝統的権威をいうものを背負っている。天皇という人間が背負っていると、そういう力というか貴重性というものは厳然としてあるんだと。その伝統的権威は無一物、無尽蔵をいう東洋的なものなんだ。元来、剣を下げた天皇というものはないんですね。文化の保持者としての天皇ですよ[41]」。

結びにかえて――平成時代の象徴天皇と政党政治の行方

昭和天皇の死とともに彼の肉体（natural body）を通じての明治憲法体制下の天皇制との連続性は消滅した。肉体的な連続性ゆえに新憲法下における天皇が果たし続けた政治的役割を「止むを得ない」こととして看過することもできなくなったのである。実際に、一九八九年一月九日の「朝見の儀」において新天皇は、「ここに皇位を継承するに当たり、大行（昭和）天皇の御遺徳に深く思いをいたし、いかなるときも国民とともにあることを念願された御心を心としつつ」と述べながらも、「皆さんとともに日本国憲法を守り、これに従って責務を果たすことを誓い、国運の一層の進展と世界の平和、人類福祉の増進を希望してやみません」と「護憲宣言」を行なって、この変化を肯定したのである[42]。平成の天皇のこの姿勢は、戦前の天皇の権威をできるかぎり維持したいと考えてきた自民党のナショナリスティックな政治家たちや皇族の一部、右翼勢力の一部に衝撃を与えた。

一方、天皇の代替わりの式典において、海部俊樹首相は、天皇が皇位継承の言葉を述べた高御座《たかみくら》の下の一段低い位置から寿詞《よごと》とよばれる祝辞を読み上げた。そして、二、三歩後退してから、「ご即位を祝して、天皇万歳」と発声し、参列者たちも唱和して万歳を三唱した。この位置関係と海部首相による万歳三唱（外国人の参列者には、あらかじめ唱和の必要がないと説明されていたことも、この行為が天皇と日本国民との間のものであり、了解されるべきものであると考えられていたことを示している）が、主権者である国民の代表として憲法上適切であるかという疑問が提出された。また、海部首相の祝辞中の、「私たち国民一同は、天皇陛下を日本国及び日本国民統合の象徴と仰ぎ、心を新たに、世界に開かれ、活力に満ち、文化の香り豊な日本の建設と、世界の平和、人類福祉の増進を目指して、最善の努力を尽くすことをお誓い申し上げます」という件《くだり》について、なぜ国民が天皇に「お誓い申し上げ」なくてはならないのかという疑義も提起された。(43)

米国の日本史、日米関係史研究者であるジョン・ダワー教授は、これらの光景を目撃して、次のような興味深いコメントを行なっている。「儀式全体の印象は、『美しき矛盾』とでも言うべきか。美的観点からは『幡（ばん＝旗のこと）』の彩りといい平安風の服装といい、本当に美しかった。天皇のお言葉も憲法、平和、それに象徴ということがはっきりでていた点で、よかったと思う。しかし、耳で聞いたその言葉の内容と、目で見る儀式の様子に、ある種の矛盾も感じた。たとえば象徴という点。『賢所大前の儀』や三種の神器など、基本は戦前とあまり違わない。憲法にいう象徴とは異なり、あたかも神話的、伝統的なものの象徴のような印象を受けた。また、視覚的には天皇が総理大臣の『上』に位置し、高御座により『隔離』されていた。これも憲法の民主主義とは矛盾しているのではないか、と思った。日本人一般について言えば、即位の礼や大嘗祭にそう深い関心は持っていないように感じるが、違いますか」[44]。

言葉の表面では民主主義や平和が表明されているが、視覚的には伝統的な天皇制が「物語られていた」のである。そして保守政権は、天皇制のこのイベントが醸し出す伝統的なムードを、自党の保守イデオロギーに向けて最大限に引きつけようとしたことは疑いない。

また、先行する天皇、皇室関係の祝事と同様に、これらの儀式に際しても恩赦の政令と基準が閣議決定された。恩赦の対象者は二五〇万人で、法務省によれば「小規模」なものであったが、この時の恩赦の特色は公職選挙法違反者の比重が大きかったことで、「政治恩赦」と呼ばれた。公職選挙法違反者が恩赦によって復権すれば、選挙権、被選挙権、選挙運動を行なう権利を回復することになるが、その対象者に該当するための基準は「社会に貢献するところがあり、刑が公共的社会生活上の障害となっている者」と定めていた。法務省は「貢献」の内容について、「たとえば市区町村議、民生委員、PTA役員、自治会役員、消防団役員、同業組合役員など」と例示している。いうまでもなく役職者は地域において保守政権の草の根の選挙活動を担っている人々である。このころ各級選挙において得票率をじりじりと下げていた自民党にとって、恩赦による「救済」は選挙運動のために不可欠だったという事情がある。自民党政権は、皇室行事をこうしたかたちでも利用し続けてきたのである。

ところで平成の天皇は、前述のように戦後民主主義を肯定する認識の上に立って、現代日本における天皇の役割について、次のような再解釈を打ち出している。すなわち、「長い歴史を通じて政治から離れた立場において、苦しみあるいは喜びに国民と心を一つにし、国民の福祉と幸福を念ずるというのが日本の伝統的な天皇の姿でした。日本国憲法は『天皇は、日本国の象徴であり日本国民統合の象徴』であると定めています。天皇は国政に関与せず、内閣の助言と承認によって憲法に定められた国事行為を行なう、と規定しているのは、このような伝統に通じてのものであります」と述べている。(45)

実際、即位以来、平成の天皇は皇后とともに、植樹祭や国民体育大会などのために精力的に全国各地を訪ねているが、なかでも福祉施設や被災地への訪問が目立っている。各地の公式行事に出席する際には、福祉施設などを訪問して子供や老人、身体が不自由な人々との交流を心がけている。長崎県・雲仙普賢岳噴火の被災地である島原市、北海道南西沖地震の奥尻島、阪神大震災の兵庫県などには、時を置かず訪れ被災者を見舞っている。その様子はテレビのニュース番組などを通して国民に知らされ、新しい天皇、皇室像が印象付けられている。

なかでも雲仙普賢岳噴火の被災者を見舞う天皇・皇后の姿は、多くの国民に新しい天皇、皇室像を強く印象づけた。当日、体育館に避難していた被災者を見舞った天皇は靴を脱ぎ、上着を取り去りネクタイをはずしワイシャツの腕をまくった姿で被災者たちに近づき、被災者たちがマットレスの上に座っているのに対して、天皇・皇后は一段低い床の上にひざをついて語りかけた。そして、天皇・皇后の見舞いについて感想を尋ねられた被災者の一人は、テレビのインタビュアーに向かって、「胸に刺さっていた棘が消えたような気がしました」と印象深い表現で感謝の気持ちを表現したのである。

天皇自身は、こうした福祉や被災者にたいする強い関心や熱心な慰問について、「障害者や高齢者、災害を受けた人々などに心を寄せていくことは私どもの大切な務め」であると述べるとともに、「天皇には行政に求められるものに比べ、より精神的な支援としての献身が求められているように感じます。私どもの社会との接触も限られたものになりますが、社会の諸問題への理解を深め、心を寄せ続けていかなければならないと考えます」と現代日本における皇室の役割についてもふれている。

天皇・皇后はまた、戦後五〇年にあたる一九九五年には、大平洋戦争で地上戦が戦われた沖縄、被爆地の広島と長崎、大空襲の攻撃を受けた東京の下町で犠牲者を追悼し、平和を祈る「慰霊の旅」を行なった。広島、長崎については、「強烈な破壊力と長く続く放射能の恐ろしさを世界の人々にしっかりと理解してもらうことが世界の平和を目指す意味においてもきわめて重要です」と語っている。また、天皇・皇后は皇太子・皇太子妃の時代から、沖縄に対してとりわけ強い関心と思いを抱いていた。その心情について天皇は、「苦難の道を歩み、日本への復帰を願った県民の気持ちを日本人全体が忘れてはならないと思います。私が沖縄の歴史と文化に関心を寄せているのも、復帰に当たって歴史と文化を理解することが、県民を迎える私どもの務めと思ったからです。後に沖縄の音楽を聴くことが非常に楽しくなりました」と述べている[46]。

このように平成の天皇・皇后は、戦争や災害、身体的障害、高齢化などによって、被害を受けた人々、弱い立場にある人々を思いやり、慰め、癒すことが、新しい時代における天皇・皇室の役割であると思い定めている。そのことは、天皇自身の言葉にもあるように、「行政」のように大多数の平均的な人々を念頭に置くのではなく、むしろマージナルな少数者の人々に思いを馳せることである。また、現代社会を支配する合理主義による処理よりは、「精神的な支援としての献身」によって救済することをめざしている。いわば、現代社会の合理主義的な手法によっては救いきれない部分を掬いあげることに、これからの天皇・皇室の存在意義を見出そうとしているかに見える。

しかし、そうかといって、このことは天皇・皇室が少数派の側に立つことを意味するわけではない。現代社会に生きる誰しもが、場合によっては追いやられるであろう立場に思いやりの手を差し伸べることによって、実は社会全体を包摂することになるのである。また、脱工業化社会といわれる現代日本社会においては、福祉や癒し、平和などはきわめて現代的な課題であり、その意味では、天皇・皇室は時代を先取りしているとも言える。

天皇・皇后は、政治に対して無関心であるわけではない。在位十周年に際しての記者会見で、過去十年間でもっとも印象深かった出来事はと問われた天皇が「ソビエト連邦の崩壊」をあげ、また「ベルリンの壁」のないブランデンブルク門を通ったことを「忘れ得ない思い出」と述べたことは、世界情勢や政治の動きに対して鋭い関心を持っていることを示している。(47)

平成の天皇・皇后のこのような姿勢に対して、政党政治家たちはどのように向き合おうとしているのだろうか。現在、天皇に対して、かつての昭和天皇に対するような「臣下」意識を持っている政治家はきわめて少ない。平成の天皇は、現在の皇族そして国民の多くとともに戦後民主主義社会の中で成長したのであり、昭和天皇のように戦前の天皇制国家の天皇と肉体を共有したり、イメージを重ね合わされるようなことはない。

国内外への旅行、訪問のスケジュールが多いこともあってか、首相などによる「内奏」の機会は少ないようだ。(48)昭和天皇のように政治への「実践的」な関心が少ないこともあり、「内奏」に際しての政治的会話もそれほど漏れては来ない。しかし、国内の行事への出席は昭和時代より多くなり、前述のように天皇・皇室という伝統的な存在が公式の場に登場することによる伝統的、保守的雰囲気の醸成という役割を果たしている。また、「皇室外交」も世界各国へ向けて一〇年間に七回と、昭和天皇の六〇年間に二回と比べれば格段に増えている。そのなかには中国訪問のような政治的意味の強い訪問も含まれている。天皇・皇室を取り巻く政治家たちの思惑に基本的な変化はなく、また天皇・皇室もそうした役割を明確に拒否することもない。

2 胸に一物

評論界における「昭和天皇の戦争責任」論争

ボブ・T・ワカバヤシ

1 問題の性質と所在

一九四五年八月一四日、いわゆる「御聖新」（戦争終結の詔書）を得た大日本帝国政府は、「ポツダム宣言」を受諾することによって、足かけ一五年間にわたる「アジア・太平洋戦争」を終結させた。陸海軍の解体、「鬼畜」英米軍の保障占領、日本人戦犯に対する占領当局の一方的で「厳重ナル處罰」等々、未曾有の屈辱を数々のまされたこの「終戦」のありかたは、条件付ではなく、まさしく無条件降服以外のなにものでもなかった。「ポツダム宣言」には、「日本國政府ハ日本國國民ノ間ニ於ケル民主主義的傾向ノ復活強化ニ對スル一切ノ障礙ヲ除去スベシ、言論宗教及思想ノ自由並ニ基本的人權ノ尊重ハ確立セラルベシ」、また、「日本國國民ノ自由ニ表明セル意思ニ従ヒ平和的傾向ヲ有シ且責任アル政府ガ樹立セラルル」など、民主主義や人権尊重の保証を強要する明文規定が付されていた。(1)それにもかかわらず、一〇月に入っても、憲兵隊や特高警察によるきびしい人権弾圧がおとろえる気配をみせぬまま、連合国最高司令官（SCAP）こと、ダグラス・マッカーサー元帥は、帝国政府の引き延ばし戦術に業をにやし、新たに「政治、信教ナラビニ民権ニ対スル制限ノ撤廃」（人権指令）を同月四日に指令した。

「一億総懺悔」を呼びかけるかたちで、敗戦責任を国民大衆に転嫁したばかりの東久邇稔彦内閣は、右の占領軍指令に対抗して、「国体護持」の一念貫徹につとめようとした。昭和天皇が『大日本帝国憲法』下に保持していた権能と神聖不可侵の地位をあくまで保全する任務を最大至上命令としていた同内閣は、つぎのような態度表明を占領当局側に提示した。すなわち、「（治安維持法の）撤廃は考慮してゐない、国体の変更、不敬罪を構成する如き運動は厳重に取り締まる……政府形体の変革、とくに天皇制廃止を主張するものは、すべて共産主義者と考え、治安維持法によって逮捕する」。かかる強硬方針に固執した東久邇内閣は、それがゆえに占領当局から即時総辞職を命じられた。六日後、徳田球一ら共産党の非転向・獄中一八年組をふくめ、五〇〇人もの政治犯や信仰犯は、占領軍の厳命により、やっとのことで釈放され自由の身となった。しかるに、三木清はじめ多くの言論人がすでに獄死していたのである。(2)

こうして、「ポツダム宣言」が受諾されてから二カ月もたち、しかも、まがうかたもなく外国人の「日本たたき」を受けた結果として、基本的人権に数えられる言論の自由が日本国臣民にもたらされた。いわば、敵国アメリカの恩恵にあずかって初めて昭和天皇ら支配層の戦争責任について論ずることが可能となった。当時、日本文学報国会の一員であった高見順は、表現の自由が突如与えられた感慨を、皮肉にみちた筆法で日記にこう書きとめた。「戦に負け、占領軍が入ってきたので、自由が束縛されたというなら分かるが、逆に自由を保障されたのである。なんという恥ずかしいことだろう」(3)。

東久邇内閣にかわって一〇月九日に誕生した幣原喜重郎内閣もまた、国体護持の動機から、「天皇に戦争責任なし」という、すでに発表された政府の公式見解を踏襲しつつ、ふたたびそれを内外に言明する目的で、「戦争責任に關する件」を一一月五日の閣議で正式に決定した(4)。しかし、当時、海外で行われていた各種の世論調査によれば、昭和天皇を最大級の戦争犯罪人とみなす見解が圧倒的であった。のみならず、日本国内においてさえ、敗戦を契機に、さまざまな理由から天皇に対して抜きがたい不信感や怨念をいだく「赤子」は、けっして少なくなかった。

皇室に対する内外の非難がかくまで高揚するなかで、東京帝国大学の憲法学者横田喜三郎は、第一次世界大戦後のドイツ皇帝ウィルヘルム二世を引きあいにだしながら、国家元首の国王でも戦犯訴追を受けた先例について重要な指摘をした(5)。また、東京帝大総長南原繁、学習院長安倍能成ら、数人の著名な学者や、帰国した亡命政治家大山郁夫らは、道義上の観点から昭和天皇の自発的な退位(実は譲位)を促した。南原は、昭和天皇の退位について、「これは私一人ではなく全国の小学教員から大学教授に至るまでの共通意見となっている」との声明文を『朝日新聞』に発表したのである(6)。また、万世一系の皇統を安泰ならしめようとする国体護持の意図から、東久邇宮稔彦、三笠宮崇仁、近衛文麿、田島道治、木戸幸一ら、一部の皇族や宮廷の側近までが、退位のまぬがれない趣を言上するにいたった(7)。

こうした国内の風潮を背景に、大原社会問題研究所々長高野岩三郎は、「日本共和国憲法私案要綱」

なる原稿を「改定憲法私案要領」と改題したのちに、四六年二月号の『新生』誌上に公表して、天皇制廃止論を世に問うた。[8] 同年三月二一日付の『(東京帝國)大學新聞』紙上には、「荒井作之助」という筆名をかりた加藤周一が、「今日までに天皇に関する議論は沢山出て、云うべきことは殆ど言い尽くされた。天皇制をやめるかやめないかと云う点に関する限り、もはや何も加えるところはない」、という天皇制廃止論を公然と主張した。[9] つまり、高野や当時の加藤は、昭和天皇の個人的戦争責任の有無にとどまらず、制度としての天皇制ならびにその中核となる皇室そのものにメスを入れようとしたのである。

しかし、「もはや何も加えるところはない」どころか、その後、昭和天皇の戦争責任をめぐるかまびすしい討議は、なおいっそう激しさを増していった。一方では、「天皇に戦争責任あり」とする声が確実に全国民の間に広がりを見せた。たとえば、皇室関係のルポライターであり、「天皇を敬愛してやまない」一人をもって自任する河原敏明は、「天皇の戦争責任について、国民は誰しも、内心では『ある』と認めながら、あえて追求しようとせず、暗黙のうちに看過している、というのが、実相ではないだろうか」[10]と述べている。

また、超国家主義者からA級戦犯容疑者をへて、戦後右翼の巨頭、自民党の黒幕などとつぎつぎ豹変していった児玉誉士夫でさえ、「戦争の責任についていえば、軍閥があろうがなかろうが開戦の責任は陛下にある」[11]として、「(終戦直後に)陛下に天皇としての責任を明らかにしていただきたかったのである、具体的に言うならば、それは、天皇の御退位を願いたかった」とまで陳述した。[12] それに対して、天皇制ファシズム、ひいては児玉に代表されるような人物を徹底的に断罪してきた政治学者丸山眞男は「戦争責任の盲点」と題して、奇妙にも符節を合わせるかのように、次の『思想』の言葉」を発した。いわく、「具体的にいえば天皇の（戦争）責任のとり方は退位以外にはない[13]」と。

ただし、これらの「引責退位論」は若干の検討をくわえることによって、その性質を明らかにする必要があろう。平安朝の摂関政治に遡ることができるこの退位論は、正確には「廃立」措置というべきである。すなわち、藤原良房・基経ら忠実なる廷臣が諫諍を通して暴虐なる「治天の君」に皇位を東宮に譲るよう強制する、という処置に相当する。ところが、問題は、諫諍を行う廷臣の動機と目的にある。たとえば、「昭宣公（基経）ノ陽成院ヲオロシマイラセテ、小松ノ御帝（後の孝光天皇）ヲタテマイラセ」たという、八八四年に記録された有名な一件について考えてみよう。『愚管抄』の著者・慈円にいわせると、「國ヲ治ルスヂ」からすれば、「コレハ君ノタメ世ノタメニ、一定コノ君（陽成）ワロクテカワラセ給ベシト、ソノ道理サダマリヌ。コノ君（孝光）イデキ給テ、コノ日本國ハ始終メデタカルベシト云道理ノヒシトサダマリシ[14]」ということになる。

仏教的澆季史観・終末論に立脚した慈円は、ここで基経が強行した天皇退位兼幽閉工作を、もろ手をあげて讃美した。それはとりもなおさず、天壌無窮の皇統を磐石ならしめる効果を期待してのことである。つまり万世一系の皇室をあくまで保持しつつ、不徳義を働いたがために、もはや帝位を占めるにふさわしくないと判断された個々の天皇を譲位に追いつめるかたちで、その悪政の引責を強要するのである。このような慈円の「廃立」措置は、ある意味では「勤王」の概念にあてはまる。現に、かつて「尊皇論者」と謳われた北畠親房や頼山陽も（慈円と同様）、非難の標的——したがって皇統にとってマイナス——となった陽成天皇に詰め腹を切らせた藤原基経の功績を最大限に賞賛したのである。[15]

そういう角度から考えれば、前掲の「引責退位論」を唱えた南原繁、安倍能成、丸山眞男らのいわゆる「引責退位論」は、「天壌無窮」の皇統そのものの存否を何ら問題にしなかった点では、「万邦無比の国体」イデオロギーを、思わず肯定し補強さえする結果となった（もちろん、近衛文麿、木戸幸一らの側近は、それを意識的に唱えた）。したがって、右の「引責退位論」と高野岩三郎や加藤周一などの提唱した「天皇制ならびに皇室廃止論」とが厳密に区別されなければ、議論の本位が定まらない、ということをここで指摘しておきたい。

それはともあれ、昭和天皇に対してかくまで厳しい見解がしめされているのと並行して、天皇の戦争責任を否認するのみならず、戦時中、逆境に立たされた天皇の人徳と統率力を礼讃する人物も数多く現れてきている。初代国連大使加瀬俊一の子息で、ときおり外国のマス・メディアでも皇室関係の評論をする加瀬英明もその一人である。「戦争を終わらせたのは連合国ではなく、あくまで天皇の御聖断であった。御聖断は日本だけでなく、世界をも救ったのである。海外で、この事実がまったく理解されていないのは残念である」[16]と述べ、たんに昭和天皇の無罪を消極的に訴えるのにとどまらぬ加瀬は、昭和天皇を全世界・全人類の救い主として無限大に謳歌している。と同時に、日本異質論めいた口調で「御聖断」の——ひいては昭和天皇自身の——真価が外国人には到底、正当に評価されるはずがないとの慨嘆まで吐露している。

加瀬よりも、なおいっそう迫力のある陛下美談は、「天皇の真実を知る会」の代表者で、日本船舶振興会の関係者でもある、呉市の河内正臣から紹介されている。すなわち、戦争末期に伝えきいた陸軍大臣杉山元の談話によれば、「実はわが日本軍が（せっかく）ウランを入手し新兵器開発が今将に現実的になった段階で」、たとえ開発競争で敵側に追い抜かされ、さきに核兵器の使用対象にされたとしても、「御上」は人道的な立場から、日本軍による原子爆弾の製造・使用計画を断乎として中止するように下命した。[17] 河内のおどろくべき発言で初めて明らかになった右の「偉大のご功績」は、極端な事例であるとはいえ、程度の差こそあれ、このたぐいの昭和天皇擁護論・賞讃論は、戦争体験の風化にともない、なかんずく「大喪・即位の礼」当時において、一世を風靡した観がある。

以上、簡単に概括したように、敗戦当時よりこのかた、天皇の戦争責任をめぐって、すこぶる活発な論議が間断なく行なわれてきた。「恰も一身にして二生を経るが如く」、戦前・戦後をまたがって日本国家に君臨してきた昭和天皇が問題の対象になるだけに、議論の奥深くに潜んでいる究極の争点は、客観的な実証精神以前のイデオロギー性や規範意識を包含している。

そもそも、「フン族・アッティラ王の戦争責任」などが論題にのぼらないところを見れば、「戦争責任」という問題設定自体は、国家権力に対抗した人権論の風潮が社会にひろく浸透してきた近・現代（史）にのみ通用する、ということがいとも簡単にわかるであろう。[18] 白村江や文禄の役など、前近代史の分野でも、日本の侵略責任が問われなくもないけれども、その根底をなすのは、学術的な関心ではなく、いちじるしい時代錯誤にみちた、あからさまな政治的意図である。実は、この「昭和天皇の戦争責任」論争にも、通常の学術論争とは決定的に違った要素がある。近代における日本人の「ありかた」や、日本国家の「あるべき」政治形態など、まぎれもなく「当為」の諸問題がつきまとっているところに、それらの要素が見出されよう。たとえ、日本の、または昭和天皇の、戦争責任に関する研究テーマを虚心坦懐に取り上げようとしても、その研究者の心構えとは関係なく、到達された結論や研究成果は、周囲の政治勢力によって、しばしば歪められたかたちで利用されることが多い。

たとえば、一九八八年、五月一九日の参院本議会の答弁において、E・ライシャワーが著した日本史概説書を論拠に、当時の国土庁長官奥野誠亮は、一九三七年七月七日の盧溝橋事件に端を発した日中事変が「侵略」に当たらず、「偶発的」に起きたとして、日本側の戦争責任を全面的に否認した。[19]この奥野発言を契機に、近隣諸国との深刻な外交問題が生じた。あるいはまた、筑波大学教授故村松剛は、ある座談会の席上で、昭和天皇の評価について、このように指摘したことがある。「何といっても陛下のご遺徳が大きいでしょう。ライシャワーが『タイム』に……昭和の天皇に日本人は大変な恩恵を受けているといっています。『その治世において最長だっただけでなく、史上最も偉大な君主だったとされるだろう[20]』」と。

戦争責任問題全般もさることながら、とりわけ昭和天皇の戦争責任にいたっては、是非善悪の価値評価をはなれた、非政治的で局外中立のいわゆる「科学的」な論述などは、到底、ありえない。それどころか、政治目標が学術論争や評論の場をかりて横行することが多々ある。露骨な策略は論外としても、「昭和天皇の戦争責任」論争にくわわる両陣営の立役者のなかには、「胸に一物」を忍ばせつつ論戦に挑むものが決して少なくない。本章では、筆者のこのような試論にもとづき、昭和天皇の戦争責任に関する賛否、それぞれの所論を大づかみに分析・整理し、必ずしも正面に顔を出すとは限らない双方の政治的意図を明らかにしたのちに、戦後の有力な天皇制擁護論の一つとなる「君民一心論」について、検討を加えてゆきたい。

なお、本稿の執筆に用いた資料について、ひとこと付言しておく。戦後（なかんずく、五五年保革対抗体制のもとで）の国民大衆の世論形勢への影響力をはかる目標から、専門書、学術雑誌、大学の紀要などアカデミックな出版物よりは、新書本や文庫本、および一般向けの新聞、雑誌などを可能なかぎり引用することにつとめた。逆に、一九九五年現在、学術雑誌や大学の紀要で発表された専門家による研究の動向を知るためには、補注に掲載された研究整理の参考文献を参照されたい。

2　天皇弾劾派――共和制・革命論の挫折

昭和天皇の戦争責任を糾弾する立場にある人々を「天皇弾劾派」（以下、「弾劾派」と記す）と呼ぶことにしよう。論敵のひとりである村松剛の見解では、弾劾派による「天皇制否定の底流をなすひとつが共産党であり、ひとつが戦時中への怨念を棄てきれない心情的な人々」であるという。(21)これに、労組、キリスト教団体や、大学教授をはじめ世にいう「進歩的文化人」などの諸グループを加えてもよかろう。「日本人としては日本語の使用の拙劣な天皇(22)」、「猿回しにあやつられて動く猿のよう」な天皇、(23)国民の「家畜主」である天皇、(24)「敵（ＳＣＡＰ）の前にさながら犬のように頭をたれてしまった」天皇、(25)という調子で昭和天皇を罵倒する傾向がはっきりと見てとれる。共産党員であるかどうかは別として、「左翼」のイメージが払拭しがたい弾劾派は、たしかに強烈な感情論に特徴づけられている。以下、制度としての天皇制、ならびに昭和天皇の個人的な戦争責任概念に関する弾劾派の所論を大づかみに紹介しておこう。

独占資本階級と封建的地主との結合のうえに奇妙なかたちで形成された近代天皇制国家は、絶対君主制のなかでも稀有の一形態にかぞえられる。国家の「元首ニシテ統治権ヲ総攬」する昭和天皇は、『大日本帝国憲法』で規定された最高権力者であったのみならず、国家神道の現人神としても、常に国民大衆に絶対服従と無限の犠牲を強要した恐ろしい存在であった。別言すれば、近代的立憲君主という化けの皮をかぶった昭和天皇は、内実、このうえない世俗的権力と絶大な神権的権威を一身に兼備したのである。

まず、「陸海軍ヲ統帥ス」る大元帥天皇は、軍の最高司令官として、一五年間にわたる「アジア・太平洋戦争」の全過程を通して、たびかさなる重要な軍事作戦計画を逐次、親裁・下命した。かかる歴然とした事実からみれば、昭和天皇を最大の戦争責任者に位置づけるのは当然過ぎるほど当然である。帝国海軍きっての撃墜王でベストセラー『零戦の真実』、『大空のサムライ』などの著者としてもひろく知られている坂井三郎でさえ、外国人記者クラブで講演を行なった際、「最高指揮官には最高の責任がある」と明言した。そのうえ、繰り返し念を押すかのように、「軍人から言うと、天皇の責任はもちろんある。最高指揮官であり……命令した人に責任がないということはありえない(26)」との意見を開陳した。こうして坂井は「昭和天皇＝陸海軍の総司令官」という、旧軍人の持つ常識的な通念を明示している。

実証史学の厳密な定義においては、大日本帝国の国家体制を「ファシスト国家」と断定してよいかは議論の余地がある。しかし、憲兵隊や特高警察など国家の暴力装置を最大限に駆使した帝国政府は、市民的自由や基本的人権を徹底的に弾圧するかたわら、大規模な侵略戦争を海外で押し進めていった。そうした侵略戦争を遂行するなかで、他民族に対する極悪の残虐行為を数多く犯した事実は、ヒットラー率いるナチ・ドイツ、ムッソリーニ率いるファッショ・イタリアと何ら変わらない。したがって、いかなる状況酌量を施しても、天皇制国家がファッショ国家であるドイツやイタリアと大同小異であったことは、たやすく察せられよう(27)。ちなみに、作家の村上兵衛も五六年に執筆した論稿で指摘したように、対英米宣戦の詔書を起草する過程で、昭和天皇は故意に国際公法遵守の条項を削除したのであるが、その条項の削除がアジアの民衆や連合国の捕虜に対する日本軍の残虐行為を間接的に促進する結果を生んだ。あるいは、逆にいえば、満州事変以来、現実に行われつつある残虐行為を「正当化するために天皇は詔書の中にその条項を挿入することをためらわざるを得なかった」のであろう(28)。

『帝国憲法』第三条に「神聖ニシテ侵スヘカラス」と規定された天皇は、国体観念や国家神道にもとづいた日本特有の神権的権威を有していた。国体論の帝国憲法学者上杉慎吉が三五年の著書で強調したように、「天皇は天祖血統の御子孫であって、現人神として国家を統治したまう……されば、我が憲法第三条たる、諸国の憲法に……同様の(神聖不可侵の)規定があるのとは、全くその意義を異にして居ることは云うまでも無い(29)」。三五年に起きた天皇機関説事件・国体明徴運動を契機に、上杉流の帝国憲法解釈が止めがたい勢いを発揮するにいたったことは、公知の事実である。

重要な国策決定は、必ずしも立憲政治の原則にのっとり、国民の代表機関である国会の議員から選ばれた内閣でなされたのではない。むしろ、密室で天皇と側近や軍当局とのあいだに交わされた御下問→内奏→裁下、という非公式・非合法的な過程でなされたことが多かった。そうした場合、御下問というかたちで、昭和天皇は自らの政治的意思表示を行なうことによって、政策決定を決定的に左右したのである[30]。同様に、帝国憲法に根拠をおかない、いわゆる御前会議も、たんなる儀礼的・儀式的なものでは決してない。むしろ、それは、非公開の場で決定済みの国策事項について、国民に有無をいわせず服従を強制するために、天皇の神権が利用された仕組みである[31]。

つまり、一種の王権神授説に政治的正当性を求めた天皇制支配原理は、近代法治国家の原則とは明白に矛盾する。正式な閣議決定事項（国務事項）とは違って、しばしば発せられた各種の「勅語」や「勅諭」は、国務大臣の副署を必要とせず、法的根拠をまったく欠いていたのであった。それにもかかわらず、満州事変を謀略で惹起した関東軍に対して、昭和天皇が「朕、深ク其忠烈ヲ嘉ス」という勅語を与えた途端、日本国臣民の側から軍部への異議申し立ては、実際上、不可能となった。かかる事実が雄弁に物語るように、前近代的な神権概念に基づいた天皇の「お言葉」には、法を超越した拘束力があった。その反面、治安維持法、不敬罪、憲兵隊、特高警察等々、国家の暴力装置によってむきだしに発揮された天皇制の強制力[32]を考え合わせれるならば、その非民主的・非立憲的・隔世遺伝的な性格が、いとも簡単に判明されよう。言論の自由をはじめ基本的人権が尊重される西洋の近代市民社会と天皇制国家とは、明確に相容れないものであった。

いわゆる「御聖断」を下すことにより、裕仁「大元帥陛下」は凶暴な軍部を抑え、さして混乱もなく大戦争を終結させうるほどの絶大な統率力を実際に行使した。したがって、心中、平和を念じつつも、軍部が無理強いした開戦決定をくつがえすすべはなかったとする俗説は、明らかに虚構としか言いようがない。実際問題として、陸海軍のたてた作戦用兵計画を、昭和天皇が無謀なりと断定した場合、中断を下命した例証は山海関、熱河省、張鼓峰、その他の作戦にも歴然と示されている。要するに、大元帥陛下がその気になりさえすれば、統帥大権を発動することによって、軍部を抑制し戦争拡大への流れをくいとめることは可能であった。三一年に始まり、三七年に全面化した対中国侵略戦争はいうにおよばず、四一年の対英米開戦決定に際しても、帝国陸海軍の首脳部より提供された資料と情報を熟慮したうえ、最終的には勝利を収める自信が持てたからこそ、昭和天皇は真珠湾攻撃に踏みきったのである。(33)

開戦のみならず、終戦に関しても天皇の責任問題は山積している。たとえば、四五年二月、戦争の早期終結を進言した近衛文麿に対して、「モウ一度戦果ヲアゲテカラデナイト中々話ハ難シイ」との意向を表明した昭和天皇は、故意に講和交渉を遅らせてしまった。六月に入って、ようやく本土決戦を断念し終戦交渉の止むなきを、不本意ながらも認めるにいたった時点でも、「國體ハ護持シエ」たことが再三確認されるまでは、御聖断をしぶった。別言すれば、陸海軍の大元帥で、国家元首でもある昭和天皇は、勝ち目のないことが明らかとなった後にも、戦争終結に向けての敏速かつ適切な措置をこばみつづけた結果、三一〇万にものぼる将兵および無垢の非戦闘員同胞までが、助かるはずの貴い人命を落としてしまう結末となった。(34)

これは、敗戦責任論——つまり、戦争指導が拙劣で、結局、負け戦となったがゆえに責任がある——という視点から天皇を非難するのではない。勝算のない戦争をいたずらに長びかせたという天皇の無作為は、敗戦責任とは別な次元で糾弾されてしかるべきである。すなわち、明白に予期された敗戦にともない国民が受けかねぬ膨大な被害を意に介さぬ昭和天皇の態度こそ、弾劾されねばなるまい。「天皇は一般国民を民草と称し踏みつけても刈り取っても、差し支えない意味を露骨に表現し」たといっても過言ではない(35)。要するに、国民の生命と財産を保全するという国家元首の当然の責務を放棄した昭和天皇は、近代の民主的政治理念よりも、万邦無比の皇統、三種の神器を重視した点において、為政者としての正当性や存在理由が当然、問われるべきである。

市民的人権の伝統が浅く、表現の自由も抹殺され、知る権利までいちじるしく制限された当時の日本国臣民は、昭和天皇および天皇制によって小羊のごとく飼いならされていたために、「盟邦」ドイツやイタリアの国民とは違って、下からの革命闘争を通して戦時体制を打ちやぶり、国家元首を殺害し、もしくは自害に追いやるだけの力を持ち合わせていなかった(36)。いな、それどころか、無益の死を強いられながら、民族滅亡をもたらす「一億玉砕」の一歩手前まで忠節をつくした日本国臣民は、しょせん、上からの御聖断によってのみ、戦争終結の切望がかない、かつまた、米進駐軍の御恩によってのみ、支配層の政治責任を問いただす権利が与えられた。こうして、封建遺制である天皇制のために、革命勢力の形成を妨げられ、健全な「近代的」成長が阻まれていたところに、日本民族の致命的な欠陥があった。しかも、今日におよんでもそれが克服されたとは到底いえない。

昨日の敵である米軍は、冷戦中の政治的・戦略的配慮から極東国際軍事裁判（通称、東京裁判）で、昭和天皇をA級戦犯訴追の対象からはずした代わりに、「象徴」の地位に転落させることに決定した。国民主権の原則が明記されている日本国憲法に忠実にしたがえば、象徴天皇が執り行ないうる「国事行為」は、非政治的で儀礼的なものに限定されているはずである。しかも、それらは明確に「内閣の承認と助言を必要」とすると規定されている。しかるに、「象徴天皇」なるものは、元来、マヤカシである。まず、儀礼の範囲内に止まるはずの「お言葉」などは、「自民党政治に対する肯定的発言に終始し、いわば自民党のスポークスマン的役割さえ果たしている……政治的発言である」[37]。丸山眞男によれば、戦前・戦後を問わず、「自らの地位を非政治的に粉飾することによって最大の政治的機能を果たすことに」、天皇の特質がある[38]。占領軍は、昭和天皇を戦犯として処刑すべしとの国際世論をよそに、オメコボシしたうえ、法廷に証人としての喚問すら要求しようとしなかった。かかる御慈悲を施す最大の理由は、「二〇個師団に匹敵する」利用価値が天皇に見出されたことによる。また、逆にいえば、お家断絶をまぬかれんがために、昭和天皇は渋々ながらも占領軍の傀儡をつとめた。いずれにせよ、本来、政治的配慮に左右されてはならぬ東京裁判には、次のような計算ずくめの「不手際」がみられた。

第一に、指揮官が部下の「犯罪行為を摘発し制御するための効果的努力をしなかった」、という不作為の過失責任で、山下奉文《ともゆき》や（皮肉にも「朕、ソノ忠烈を嘉賞ス」との勅語をすでに受けていた）本間雅晴ら大元帥陛下の幕僚が、BC戦犯として死刑判決を受けたことはよく知られている。しかし、横浜市立大学教授神田文人が説明するように、「もしこの二人を裁いた論理が（一貫して）適用されるならば、最高戦争指導の責任は、もっと追及されなければならなかったはずである。また、とうぜん、天皇訴追も不可避であった」のである[39]。

第二に、もっぱら米軍任せの戦犯指名にも大問題があった。「戦時中への怨念を棄てきれない」海軍復員兵渡辺清が四五年十一月の時点で睨んだとおり、「日本人のことは日本人自身がいちばんよく知っている……だからその指名も逮捕もすべて日本人の手でやったほうが間違いない」はずであったものの、その好機を逃がしてしまった。また、日本側の戦争犯罪人を処罰するのに、事後法の遡及適用など法理上、到底、認めがたい手続きに頼る必要もなかった。東京教育大学名誉教授家永三郎がかねてからしきりに主張していたように、業務上過失致死罪など、戦前・戦中の国内法に照らしてみても、（天皇以外の）日本人戦犯容疑者を訴追することは可能であった。[41] それにもかかわらず、日本政府も、日本国民も、ズボラな連合軍の裁きとは別個に、独自の戦犯追及を今日までおこたってきているのである。

第三に、アジア近隣諸国に対する戦後処理問題との関連で、東京裁判における昭和天皇の無罪放免で示された欺瞞性は、近年、新しい視点から注目されるようになった。それは、忠良なる皇民の義務である兵役に服した元植民地出身者で、戦後、サンフランシスコ条約を根拠に、政府から一方的に日本国籍を剥奪され、軍人恩給や生活援護などの対象からはずされてしまった、ＢＣ戦犯となった朝鮮人や台湾人の問題である。極端な例でいえば、帝国陸海軍を統帥し最高戦争指導の任に当たった昭和天皇が免訴となったのに対して、なぜ末端の罪を犯したにすぎぬ他民族の人々が、日本人として戦犯裁判で死刑判決をうけねばならないのか。あるいは、日本人として戦犯扱いをされた後に、なぜ五二年四月以降、日本国籍を剥奪され社会福祉行政から切りはなされねばならないのか。内海愛子らが指摘するとおり、そこには「日本の戦争責任の構造的問題がある」としか理解のしようがない。[42] 岸信介ら大勢のＡ級戦犯が釈放後、池田克ら元特高の刑事局長が公職追放解除後、平然と政界や法曹界などにまいもどり、象徴裕仁天皇のもとに、国の要職を占めるようになった事実を考えあわせるとき、なおさらのことである。[43]

こうして米軍のご都合主義で生み出された象徴天皇制は、いささかの羞らいをも示さず返り咲きした日本の支配層にとっても、決して不利には働いたものではない。その結果、「戦後、『免れて恥じなし』の思想は、戦争責任者たち――政治家・財閥・軍閥・官僚たちの範例から、国民の倫理を脅かしながら今日に至った[44]」という、かつて村上兵衛が提示した見解は、当を得ているといえよう。ブラジルの新天地に移住していった「帝国陸軍最後の将校」小野田寛郎も、あたかもロッキード事件に発端した一連の汚職政治疑惑を予測したかのように、つぎの指摘をした。「天皇は自ら（戦争）責任をとるべきだった……そこんところをあいまいにしたことが、いまの無責任時代の源流になったのではないか。若者でも小役人でもなにか間違いを犯して追及されるとすぐひらきなおるでしょ、〈こんなちっぽけなことでガタガタ言うな、もっと大きなことで責任をとらなきゃならん人がいるじゃないか〉と……[45]」。

別な角度から考えれば、天皇制をふくめ、あらゆる王政や貴族制は、元来、封建時代の政治形態であるから、「万民は、法のもとに平等である」という民主的原則が君臨する近代期に入った以上、それら時代遅れの遺物、骨董的な残滓は潰えてゆく運命に定められている。その線にそった君主制から共和制への移行は、歴史の法則であり、世界人類の普遍的な趨勢であるともいえよう。そういう意味でもっとも示唆的なのは、第一次世界大戦前夜には、共和国・フランスが列強中の例外的な存在であったのに対し、第二次世界大戦後には、王政をとる国々は少数しか存続していない、という事実である。正木ひろしや、ねず・まさし等が主張するように、西洋最大の君主国家・イギリスの場合でも、ピューリタン革命期に、英国民が王の頸を刎ねることによって、みずからの「家畜」状態から脱却したのである。その点では、日本国民とは雲泥の差がある。[46]

このように、天皇弾劾派からすれば、昭和天皇および天皇制が近代日本における諸悪の根源である。骨の髄まで戦争悪に染まってしまった万世一系の皇統は、まさに日本国民のガンにも相当する。象徴天皇制というマヤカシモノがこの世に存在するかぎり、国内権力に対しては「家畜」同然の隷属状態を脱却しえず、また、アジア近隣諸国の他民族に対しても好戦的な優越感も払拭しきれないであろう。天皇制というガンが切除されなければ、真の平和と民主主義は実現される見込みがない。したがって、昭和天皇の戦争責任を追及することは、すなわち平和と民主主義を戦後日本社会に定着させる第一歩にあたる。奴隷的「臣民」をして、近代的「市民」たらしめるためには、天皇制をいちはやく撤廃し共和制を確立するほかない。それこそが天皇弾劾派の究極のポイントである。

以上、天皇弾劾派の主たる論点を大づかみに要約・紹介したのであるが、ここでその政策綱領をも簡単に吟味しておこう。四五年一二月初頭に開かれた共産党第四大会では、戦前の「三二年テーゼ」とほとんどかわらぬ内容を盛りこんだ行動綱領が掲げられたのであるが、その冒頭には、「天皇制の打倒、人民共和政府の樹立」という事項が公然と提示された。[47] プロレタリア作家中野重治も、四六年一月二九日の『赤旗』紙上で、「東京の宮城へ畑十五坪建坪十五坪の家を建てると二万二千軒ほど建つ。一戸五人として人口十一万の美しい町が建つ。そこへ子供づれの戦災者たちを薪炭つきで住まわせたい」として、日本国の最大規模の地主を農地改革の対象とするメリットについて、力説したのである。[48]

こうした弾劾派の過激な主張は、少なくとも占領初期においては、実現しそうにみえた。四六年の

「食料メーデー」には、二五万人ものデモ大衆が皇居前広場に参集し、デモ隊の一部が赤旗をかついで皇居内にまで侵入した。そうした緊張にみちた状況のなかで、「革命まぢかし」との錯覚が広がっていた。しかるに、九大法学部教授横田耕一が認めるように、敗戦直後においてすら、「もし、日本国民の多数が天皇に反感を持ち、反対しているなら、いかに(マッカーサー)元帥が天皇を利用しようと考えても利用価値はなかったに違いない」[49]。つまり、過激な共和制革命論はいうにおよばず、「昭和天皇の戦争責任追及→天皇制の廃絶→平和と民主主義の確立」、といういかにも穏健な構図でさえ、国民大衆の受けいれるところとはならなかった。それは、なぜなのか。横浜市立大学名誉教授遠山茂樹によれば、皇室を撤廃し共和制を確立したところで、「日本の政治条件にどう明るい見通しを与えるかという点を」明示しようとしなかった共産党の無策と怠慢に起因する[50]。

結局、「象徴」であれ天皇制の存在そのものを否定する弾劾派の政策綱領は、大量消費者・「新中間層」と化した日本国「人民」から、みごとに跳ねのけられた。新井直之は、調査報告「マスコミと象徴天皇制」において、「皇太子明仁結婚を報じる号外が神奈川県下で最も売れた地域は川崎であった。組織労働者は、春闘・賃上げ・合理化反対には熱心だが、『シンデレラ物語』には無批判であった。また、『女性自身』は創刊号で皇太子妃に関し一行も載せない見識を示したが、五二%が返品となったため、二号からは一転して皇室記事を満載して人気を集めた[51]」と記している。

武力革命はおろか、平和裏の合法的な改憲による皇室廃止ですら、戦後日本にはついぞ実現しなかったのである。

このように惨敗を喫した天皇弾劾派陣営は、不本意ながら「護憲運動」への政策転換をよぎなくされた。それは、要するに、現行憲法に規定された象徴天皇の持つ権能と、第一二条あるいは第一三条の国事行為とが、憲法の運用上、なし崩し的に拡大解釈されないための苦しい善後策に過ぎない。弾劾派の唱道する天皇制廃止論と、天皇の地位を「世襲の」「象徴」と規定した『日本国憲法』との間には、万丈の深淵があるはずである。本来なら、あくまで撤廃せねばならぬ天皇条項を、逆に「護」らざるをえない事態に陥った弾劾派にとって、もっとも深刻な悩みの種は、憲法に明記されておらず、国事行為ならぬ「公的行為」にあたる皇室外交の濫用であり、かつまた「お言葉」、元号法制化、「君が代」の国歌化等々、象徴天皇をめぐる巧妙な政治操作である。日本国民を代表するシンボルである象徴天皇が、自民党全盛時代の歴代政権のために、しばしば政治的に利用された。その事実をうらづける事例は多数あるが、ここでその二、三をあげてみよう。

上智大学教授渡辺昇一はこういう。「フォード大統領が来たときなどは、天皇陛下がいてくださって本当によかったと思いましたね。ちょうど角栄問題で、日本が非常に具合の悪いときだった。それが天皇陛下に会うことで、恰好がついたようなところがありました(52)」。天皇を出現させることによって、ピンチに陥っていた自民党政権が助かったというのである。また、姪の婚姻によって天皇家と親戚関係に入った評論家江藤淳も認めるように、「……決まったことしかおっしゃらない陛下に、大変おそれ多いいい方ながら、われわれはオンブしてきているところがあると思います……いざとなったら陛下が出て来て下さるから、勝手なことをいっていられるという面がある(53)」。

象徴天皇の政治的利用を反証する興味深い実例として、奥野誠亮のつぎの発言があげられる。「私は、社会党も共産党も、今の社会体制を変え、社会主義、共産主義へ持っていくことが考えの基本だと理解している。そのために、今の社会体制を強める効果を持つ国家や国旗に反対している」[54]。今日、学校行事のあるごとに生徒・児童に歌わせる「君が代」という「国歌」に謳われている「君」とは、日本国の「君主」をさすのであるが、現行憲法を文面通りに読めば、君主とおぼしきものは出てこないのである。

六一年十月に行なわれた共同討議の席上で、当時、法政大学の助教授であった藤田省三は、天皇制廃絶へ向けての執念について熱弁を振るった。「(この) 執念を持っている者は、少なくとも孤立奮闘することを覚悟する必要がある。一人で気張っているから、世間からみると、喜劇的存在にみえてくるかもしれない。しかし、天皇制が存在するかぎり、その喜劇的存在に耐えつづけることに、あるいはかなり大きな意味が出てくるかもしれない」[55]。かくまで「一人で気張って」「孤立奮闘」してゆく「執念」をみせた天皇弾劾派は、どのように姿勢を変えてきたのであろうか。

それから三〇年、時はめぐり、象徴天皇制に関する公式見解として、「共産党は、将来、日本の社会が進歩、発展し民主主義が前進していくにつれ、当然、廃止されていくという展望をもっています」との声明文を九一年秋、『赤旗』紙上に発表したのである[56]。あらん限りの力を振りしぼって果敢に皇室を廃止「していく」ような闘志は、到底、読み取れない。成りゆきまかせの、いつかはどうにか廃止「されていく」という、受動態の活用形からもわかるように、右に描かれた天皇弾劾派の「展望」は、「執念」には程遠い。それは、どうにもならぬ夢物語か、さもなくば、たんなる自慰に過ぎない。

3　体制維持派——元首化の試み

天皇弾劾派に対抗して、昭和天皇を擁護しその戦争責任を免罪にしようとする立場にある人々を「体制維持派」（以下、「維持派」と記す）と呼ぶことにしよう。維持派は、財界、官界、法曹界、かつての永久政権党の自由民主党や、それらに志を同じくする学者、評論家、ジャーナリストなど、日本のエスタブリッシュメント（現存秩序・既成権益）を代表する幅広い諸勢力によって形成されている。維持派の一部には、論争の相手を特定の政党と結びつけて不遜の言辞を弄する傾向がある。

たとえば、「死者に鞭打つかのように昭和天皇の戦争責任を追及する共産党[57]」、「（平癒の）記帳にケチをつけ、天皇を『元首』としたことを非難する共産党[58]」、「戦争責任をやかましくいう革新政党の生き残り闘志も、漫画的存在[59]」、「戦争責任を問う愚かしさ[60]」、「天皇の戦争責任を云々する無知[61]」、「それを大袈裟にいいふらしてあるく革新政党は、高校生以上の知能の票を取ることができないと承知しておく必要があろう[62]」等々、罵倒の言説が目につく。維持派の推論からすれば、百歩ゆずって、かりに天皇の戦争責任が「皆無というわけにはゆかない」にせよ、「それは広告に使用される商標権といった程度の、微弱なもの[63]」に過ぎず、軍部や他の政治勢力に比べものにならぬほど微細なものであるという。

以下、「昭和天皇の戦争責任」論争について、維持派が主張する基本的な論点をまとめてみよう。

何よりもまず、「天皇の戦争責任」という用語自体に、維持派にとって大問題がいくつかある。

第一に、海外の近・現代史家がニュールンベルク裁判を議論する場合、意味内容や適用範囲などについては論議する余地があるにせよ、戦争「犯罪」という厳密な法律用語が使われる。それとはうらはらに、多義で漠然とした戦争「責任」という日本語が、なぜ国内でまかり通るのか[64]。国学院大学教授大原康男が示唆するように、「責任」の「明確な概念規定がなされないままに、ただ声高な議論だけが先行してきた」という「知的怠慢[65]」もあげられようが、それればかりではあるまい。唯物史観が圧倒的な権威と影響力を誇った戦後日本史の学界では、概念の輪郭と内容が明白ならぬ「戦争責任」が横行するからには、それなりの理由があるはずである。要するに、「責任」という字句を「犯罪」にすり替えたり、あるいは、開戦、敗戦、法的、政治的、道義的、個人的、制度的等々、それぞれ趣きのまったく異なった「責任」概念を故意に混同することによって、昭和天皇に対する不信感を国民にうえつけ、皇室を撤廃するよう仕向ける、という策略が陰険にも図られてはいまいか。革命煽動の疑い、なしとしない。

正木ひろし、ねず・まさし等に提起された「国民家畜論」――つまり、家畜主である天皇のために飼いならされてきた日本国民は、イギリス国民にあやかって共和制革命を惹起する過程で一度くらい国王の頸を切らねば近代民主主義を担う主人公には成長できないとする議論――に対して、元東大総長、元衆議院議員林健太郎は毅然として切りかえす。「イギリスでは王を処刑にして共和国をつくったけれどもその結果がよくなかったから王制に復帰したので、そのことを全然無視しているのはおかしい[66]」。転向以前のみずからの思想・信条や政治的立場を「逼塞していたマルクス主義者[67]」と告白した林は、ある対談の席上で、第二次世界大戦後、「天皇の存在は日本の共産化を防ぎ、世界の民主主義のために大きな貢献をしている」と謳歌した[68]。ここで、天皇制下の防共政策＝民主主義社会の擁護、という維持派の基本的なテーゼのひとつが明白に打ち出されている。

第二に、「天皇の」戦争責任に関していえば、『帝国憲法』第四条には、「天皇ハ国ノ元首ニシテ統治権ヲ総攬シ」と定められたものの、「此ノ憲法ノ条規ニ依リ之ヲ行フ」という規定も明示されている。つまり、天皇は大日本帝国の最高権力者であったとはいえ、その統治権行使には、確然たる法的制約が加えられていた。マルクス・レーニン主義のイデオロギー性が抜けきれぬ「天皇制」という熟語の使用に反対する向きは、維持派の一部にある[69]。しかし、かりにそれを「天皇を頂点とした日本固有の政治形態」という意味で使用するならば、近代日本の天皇制は、本質的に英国流の君臨すれども統治せざる立憲君主制とほとんど異同はない。しかも大正・昭和初期までは、憲政の常道――近代議会制民主政治の原則――がほぼ正常に機能していた。

ところが、残念なことに、法制上の重大なアキレス腱があった。何となれば、『帝国憲法』が発布される以前に、軍部の独走をおのずから容易ならしめるプロイセンの参謀制がすでに設けられていた。政府と軍部の要職を兼任していた薩長出身の元老らが健在であった明治・大正期には、大きな弊害を生ぜずにすんだが、昭和期に入ってから、そのアキレス腱が致命的となった。やがて猛威をふるった軍部は、「天皇ハ陸海軍ヲ統帥ス」という『帝国憲法』第一一条を曲解することにより「統帥大権の独立」を膨張させ、思うにまかせて議会政治を蹂躙するにいたった。三一年九月の柳条湖事件以降、大陸駐屯軍とその特務機関に対する中央政府の統制能力が衰えるにつれて、満州事変の謀略、日中事変の誘発等々、軍の強行した既成事実に対し、天皇は允裁を与えるほかなかった[70]。他方、日独伊三国同盟の締結、対英米戦の開始は、憲法上、立憲君主の勝手な干渉が許されぬ閣議決定事項であった。要するに、立憲君主としての法的制約をあくまで尊重した昭和天皇は、まさに立憲君主であったがゆえに、平和を切望しながらも軍部や政府に対する有効な牽制措置がとれないまま、しょせん、心ならずも全面戦争を追認する結果となった。

「天皇」の訳語としては、「ツアー」、「カイゼル」、「エンペラー」、「ゴッド」のいずれも適当ではなく、誤解を招きやすい(71)。これに加えて、戦時中、昭和天皇を他の枢軸国の元首にみたてるような宣伝活動が連合国で政策的に遂行された。その結果、「天皇裕仁は、法的にも政治的にも犯罪人であり、ヒトラーやムッソリーニと同列に取り扱われるべき(72)」との「妄想」が、日本の特殊事情にうとい外国人の間では広く流布していた。そればかりではなく、かくのごとき誹謗に起因する昭和天皇像が、弾劾派の手によって日本へ逆輸入され政治的に悪用されている。したがって、維持派は、「昭和天皇＝ヒットラー大総統」という虚像を、つぎのように論駁する。

『帝国憲法』下の昭和天皇が有していた機能と権威は、確かに邪悪な目的のために利用されたのであるが、昭和天皇自身は決して神権をふりかざすような独裁者ではなかった。また、帝国主義時代の風潮を真にうけた日本国家も考えかたによってはアジア近隣諸国を「侵略」したといえるかも知れない。だが、日本をファッショ国家と決めつけ、非人道的な残忍性を帯びた第三帝国になぞらえて論ずることは、あまりにも短絡的であろう(73)。『帝国憲法』第三条に「神聖ニシテ侵スベカラス」とあるのは、国体論や国家神道にもとづいた神懸かり的な概念では決してない。現に、西洋の立憲君主制諸国の成文憲法にも類似した表現や規定がみられる(74)。しかも、戦前の法曹界で最高の権威をほこった美濃部憲法学でも、そのような解釈が施されていた。美濃部の『憲法講話』(一八年版)によれば、「英吉利では、王は悪事をなす能わずと云う格言が有ります。其れは敢て真に悪事をなすことが出来ぬと云う意味ではなく、唯如何なる事があっても、法律上として制裁を加えることが出来ぬというのであります。矢張、『天皇は神聖にして侵すべからず』と云うのと、趣意に於いて変わりは無いのでありま す(75)」。

また、「国務各大臣ハ天皇ヲ輔弼シ其ノ責ニ任ス」とも、「凡テ法律勅令其ノ他国務ニ関ル詔勅ハ国務大臣ノ副署ヲ要ス」とも規定されている以上、天皇は、まぎれもなく無答責となっていた。したがって、天皇の「戦争犯罪」という用語自体は、そもそも撞着矛盾もはなはだしい。もちろん、昭和天皇はロボットでも、まして絶対君主でもなかったから、重要な国策決定、もしくは作戦用兵計画を通じて、自らの意見なり希望なりを述べることはした。しかし、最終的には国務事項に関しては国務大臣(内閣)の決定を、また、統帥事項に関しては陸海軍参謀部の決定を、それぞれ尊重し裁下する以外に途はなかった。それこそが天皇が終始一貫してとった立憲君主としての立場である。昭和天皇が自らの意思で政府を率いた事例は、二・二六事件の鎮圧・処理、および終戦を実現させた御聖断の二度あるのみ。その両方とも政府が麻痺したことに起因する例外処置であったから、それをもって天皇の立憲君主たる性格を否認するわけにはゆくまい(76)。

なお、念のため、統帥大権行使にまつわる、ある戦争責任問題をここで取り上げねばならない。すなわち、某学派の謬見によれば、「『帝国憲法』第五五条の規定により、国務事項が決定される場合、天皇の裁下に先だち閣僚の副署が義務づけられるのに対して、統帥事項が決定される場合、参謀総長および軍令部総長の副署が必要とされない。したがって、国務事項に関していえば、天皇が立憲君主的な性格を相当程度に備えていたのかも知れないが、統帥事項に関していえば、陸海軍に対して最高の絶対的な命令権、すなわち統帥大権を有していた。その統帥大権を行使することによってのみ、軍部の独走を阻止することができたにもかかわらず、昭和天皇は、軍を抑制しようとしなかったので、無作為の過失責任は免れない[77]」。一理ありそうな右の議論は、実は、まったく事実無根である。実際問題として、参謀部の合意が得られてはじめて下命するのが、帝国軍隊における確固たる慣行であったし、昭和天皇といえども、その慣行に拘束されていた。それのみならず、正確に言えば、昭和天皇は帝国陸海軍の「大元帥」ではあっても、「最高指揮官」でも、「総司令官」でもなかったので、厳密な意味では命令権というものを有しなかった。まさにそれがゆえに、大陸駐屯軍やその特務機関に属する将校、または下士官が、あえて天皇の意向に反して、随所随時に勝手な作戦行動を強行しえたのである。

「天皇の戦争責任（犯罪）」という用語に関する維持派の第一と第二の論点を煎じつめていけば、つぎのことに帰結する。要するに、『帝国憲法』のもとでは、天皇の大権行使にともなうありとあらゆる法的・政治的責任は、輔弼する立場にある内閣各大臣、ならびに輔翼する立場にある参謀部の長官にかかる。したがって、国内法に照らしていえば、戦争犯罪や戦争責任を昭和天皇に帰着せしめる筋がない。国際法についていては後述する。

第三に、形式的な法律論・政治論はさておき、昭和天皇の人柄やその実際に演じた歴史的役割を緻密に検討してゆくほど、戦争責任に結びつきそうな節は一切見つからない。元首相中曽根康弘が言明したように、「天皇は平和主義者で、あの大戦については消極的態度をとってこられた」[78]。また、崩壊直後に発表された竹下登の「内閣総理大臣謹話」で簡潔に表明されたとおり、「世界平和と国民の幸福とをひたすら御祈念され、日々の姿を見るに忍びずとの御決意から、御一身を顧みることなく戦争終結の御英断を下された」[79]。右の「謹話」は閣議決定をへただけに、昭和天皇の戦争責任問題に関する崩御当時の日本国政府の公式見解とみてもさしつかえない。

竹下が述べた「御一身を顧みることなく」云々は、「ポツダム宣言」を受諾する「御聖断」のみならず四五年九月二七日に行なわれた天皇・マッカーサー初回会見のことをも含めてさしていると解釈してよかろう。懺悔の念に耐えかねて、SCAPにわざわざ面会を求めてきた昭和天皇が部下の戦争責任を潔く一身に引きうけようとした経緯は、『マッカーサー回想記』に記載されている。自己顕示欲と誇張癖の顕著なマッカーサーの性格から考えれば、このエピソードを裏づける別個の資料が見つからないかぎり、聞き流すのが歴史学の常識である。現に『マッカーサー回想記』の信憑性について、疑問視するジャーナリストや研究者がいる[80]。しかし林健太郎は、「マッカーサー（自身）が……書いていることですからまちがいありません。天皇はここで退位どころか、一身を犠牲にする覚悟をしておられた」と、右の天皇美談の真実性を全面的に肯定する。林ら維持派にいわせると、SCAPは、昭和天皇が示した「勇気に満ちた態度」[81]に感服した。そればかりではなく、戦前・戦中、天皇の終始一貫してとった反軍・平和主義を高く評価したために、東京裁判で天皇を訴追の対象からはずすことに決めた。つまり、あらかじめ無実の罪と断定したものを起訴しなかったまでのことである。それが天皇を戦犯裁判にかけなかったひとつの理由となる。

第四に、前述したとおり、国内法に照らしていえば、天皇の無答責は抗えない事実である。そのうえ、ＳＣＡＰが天皇の戦争責任について、国際法を適用しない方針をたてたので、はじめから不起訴が決定されていた。しかし、維持派の観点からすれば、起訴と不起訴とにかかわらず、東京裁判そのものは国際法による正当な裁判ではなかった。まず、裁判官も検察官も、連合軍側の人員によってのみ構成されていた。さらに、共同謀議で侵略戦争を仕掛けたとして、日本側の指導者が「平和と人道に対する罪」という罪名で裁かれる対象となったのであるが、この種の戦争犯罪は、罪刑法定主義という近代法の根本原則に反したところの、事後法の遡及適用によって初めて成立するものである。したがって、これら「平和と人道に対する罪」が「ポツダム宣言」第一〇項に明記された通常の意味での「戦争犯罪」には相当しない。何となれば、第二次世界大戦が勃発した時点では、一般市民の殺傷や捕虜虐待などを禁ずる条約はあったものの、自衛戦以外の戦争をしてはならないとする国際法は、一切なかったからである。かりに領土拡張の目的で日本が外国を侵略したとしても、実行当時において適法行為であった侵略戦争は、敗戦後初めて「平和と人道に対する罪」と決まったので、刑事上の責任は問えないはずである。(82)

こうしたはなはだ不合理で不公正な司法措置は、占領軍当局よりきわめて強権的に押しつけられた。したがって、東京裁判は、いわゆる「勝者の裁き」にほかならず、また、その実施のしかたは、日本側が誠心誠意受諾した「ポツダム宣言」という停戦協定に明記された条件をまったく無視した連合側の背信行為にあたる。これは取りもなおさず、奢れる戦勝者による一方的・懲罰的な仕打ち以外のなにものでもない。(83)かくまで正当性を欠いた裁判において、天皇の戦争責任を追及する議論は、そもそも筋違いとしか言いようがない。維持派のこの論旨をつきつめてゆけば、先の大戦がたまたま敗北となったために「戦争責任」がかまびすしく問われており、もし勝ち戦となっていたら何ら問題にはならなかったであろうとの見解になりかねない。

占領当局より強制された昭和天皇の「象徴化」は、日本国家の無害化をはかった憲法第九条と並んで、いわゆる行きすぎた戦後改革の是正すべき最大のものである。かりにガンというものが日本にあったとすれば、それは、与えられた権限を踰越《ゆえつ》・濫用した軍部のことをさしていうのであり、昭和天皇には何ら関わりがない。したがって、進駐軍のめざす方向にそって、大日本帝国憲法の条文に字句の修正をくわえ、若干の加筆・削除を施すことが好ましかったとしても、君主で国家元首であるミクライには、断じて手をふれるべきではなかった。

占領改革の多くは、「過去を等しなみに蒙昧として塗りつぶすアメリカの啓蒙主義的思想[84]」、もしくは「一切の舊體制、なかんずくその頂点としての天皇制は悪[85]」であると決めつけた連合国側の傲慢な謬見に由来する。日本の立憲君主制が正常に機能していた大正・昭和初期の健全な政治と社会に復帰しさえすれば、戦後改革は十分間にあったはずである。具体的にいえば、幣原流の対欧米強調主義的な経済優先・平和外交路線を採用し、帝国軍隊に相当する自衛隊に対する不動の文民統制を確立したうえで、皇室の伝統的なプラスの遺産をフルに活用していたならば、国情に合致した民主主義を展開する道が開かれたであろう。それにもかかわらず、進駐軍の独断的な失策にいつまでも追従し、無分別にも「羹《あつもの》に懲りて韲《なます》を吹く」がごとき愚行に終始する戦後日本国民は、独立主権国家の担い手にはふさわしくない。

五五年に発足した自由民主党は、右の「占領改悪史観」に立脚して時局に合わせて明文改憲構想を提出してきた。象徴天皇制に関する同政党の党是は、大要、つぎのとおりである。新憲法には、「皇位は世襲のもの」とは規定してあるが、腑に落ちぬ曖昧な「象徴」の域に止まらせられている天皇陛下のためにも、不当に剥奪された「君主」ないし「元首」の地位を取りもどさねばならない。昭和天皇自身も「象徴」の身分には憤慨していたということが、七三年五月に起きた増原内奏事件でも明らかとなった。自衛隊の規模や旧帝国軍隊の長所の採用をめぐる「御下問」が公表され、それが重大な政治問題となったことについては、「もうはりぼてにでもならなければ」象徴天皇がつとまらないとの愚痴までこぼした[86]。こうした昭和天皇の不平不満については、はやくから江藤淳によって指摘された。皇室と姻戚関係を結んだ江藤は、数年前のインタビューで、昭和天皇の心中を察してつぎのように述べた。「日本の君主として戦前、戦中から戦後、一貫して国民の衝立てになろうと心がけておられるという意味で」、「依然として世界と四つに組んでおられる方が、私にいわせれば、陛下なのです[87]」。

維持派の元首復古構想は、あるいは憲法第九条の改正とともに、あるいはそれとは別個に自民党より提唱されてきた。たとえば、七三年八月二日、当時の自民党青嵐会の代表世話人渡辺美智雄が簡潔に表明したとおり、「いまの憲法は、日本に軍隊を持たせないという米国の意図が入っており、これは改正して専守防衛の自衛力は『持てる』と明記すべきですよ。九条だけではなく天皇の規定も改めて元首とすべきですよ。君主制国家はなぜ悪いんですか[88]」。しかし、概していえば、昭和天皇の元首復古をめざす維持派の明文改憲運動は、主に五〇年代に試みられていた。六〇年代から七〇年代にかけて、安保闘争、国民所得倍層、高度経済成長など激しい社会的変遷と、それにともなう国民意識のいちじるしい変化に応じて、明文改憲の動きは次第に減退していった。(89)

要するに、戦力不保持・戦争放棄とともに「象徴」天皇制を保障したところの現行憲法が国民の間にきわめて広範な支持をえたために、維持派の推進する天皇元首化政策は、弾劾派に提唱された共和制革命論・皇室廃止論と同様、戦後日本社会から素っけなく拒絶されてきた。そうした事態をいちはやく鋭敏に察知した自民党憲法調査会は、「時代遅れの君主観、国家元首観をすてきれない人びとが多く、このこと（明文改憲）がかえって天皇制に対する反感をあおるようなことがあったら、なにも無理をしてまで明文化する必要もなかろう。すでに実際の運用においても、諸外国の取扱いにおいても、天皇は国家元首とされているのだから、これを改めて規定するまでもない(90)」、という見解を六四年に示した。かかる打算のもとに、自主憲法制定を従来の党是としてきた自民党は、明文改憲運動を断念したかわりに、解釈改憲による自衛隊の肥大化を思わせるような「名をすてて実をとる」戦術に踏み切ったのである。

現に、七三年の参院本会議で当時の田中角栄首相は、「天皇は国の象徴であり、外交関係で国を代表する面を持っておられ、元首ということにもなる(91)」と述べたのであるが、それ以来、外務省は対外的に「天皇＝元首」との公式見解を踏襲してきた。単独政権党としての地位が崩壊した後にも、自民党は教科書検定制度の強化とともに、『学習指導要領』による行政指導を通じて、「日の丸・君が代」の国旗・国歌化政策を積極的に展開してきた。また、公立学校の行事では、国歌とされた「君が代」の斉唱に参加しない児童・生徒に対して、懲戒処分を加えることもありうる、という旧文部省の指導

方針が九三年五月に国会で公式に確認されたのである。(92)

このように既成事実を積み重ねることによって、維持派は、憲法の文面に規定された象徴天皇の地位と機能について、実際上の行政改憲、ないしは解釈改憲を強行しつつある。維持派は、憲法の運用上、自らの採ったこの巧みな政略について肯定的な発言を率直に繰り返している。たとえば、八九年の「即位の礼・大嘗祭」に先だって行なわれた「特別対談」の席上で、林健太郎は「日本国憲法は翻訳憲法であることは明らかですが、特に宗教問題についてそれがよく出ていますね……全く憲法には問題がありますが、今、憲法改正なんていったってすぐできることではない。だからやはり解釈論で、大嘗祭のような行事は憲法で禁じているような宗教的行事ではないということで、(天皇の)国事行為の一つとしてやるということでしょう」と自認したが、それをうけて村松剛は、「私もそうすべきだと思います。これは皇室だけでなく日本文化の根幹にかかわる重要なことですから、このまま放っておくことはできないでしょう」と答えた。(93)

同じ頃、別の座談会に出席した林は、当時の東大教授で昭和政治史の専門家伊藤隆と、つぎのようなやりとりをした。なお、その時点では、林と伊藤はともに国家公務員であったから、当然、憲法第九九条に明記されているとおり、「憲法を尊重し擁護する義務を負う」立場にあったことは、念のために記しておきたい。

林、「いまの憲法の規定からすると天皇は元首ではないという人がいます。しかし、国家に元首は不可欠で元首のない国家はない……いまの憲法でみたって、それならば天皇の国事行為を定める必要はないわけですよ、もし総理大臣が元首ならばね。にもかかわらず国事行為があって、形式的にせよ署名がなければ成立しないいんだから、これは内閣より上のものを想定しているわけですよ」……

伊藤、「ちょうど自衛隊を、『あれは軍隊ではない』というようなもので、あれは対外的に完全な軍隊なわけですね……（天皇が）外国に行けば、それなりの礼砲を浴びるわけですしね。要するに世界の常識に従えば、天皇は元首である。ただし、憲法に明確にはそうは書かれていない」(94)。

前述した渡辺美智雄の明文改憲論とは異なって、林、村松、伊藤の三人は、憲法と現実がくい違った場合、第九条および天皇条項を正面から改正しようと主張せず、むしろ、憲法と矛盾した日本の特殊な現状をそのまま肯定する。あるいは、大嘗祭でもみたとおり、憲法の文言を曲解することによって、その空洞化、形骸化を図っている節が見られる。普遍的な「世界の常識に従えば」との指摘は、もちろん重要であるが、「国の最高法規」にお構いなく「名をすてて実をとる」ような巧妙な方便がかくまでまかり通れば、名にこだわり筋を通す勢力は必然的に潰《つい》えさってゆくほかあるまい。それも維持派の狙いの一つともいえよう。教科書検定問題で近隣諸国の猛然たる反発をかったために辞任の止むなきにいたった元文部大臣藤尾正行が漏らしたとおり、「結局、靖国問題を解決するには、（反対意見の）風化を待つ以外に手はないんでしょうな」(95)。象徴天皇の地位にまつわる改憲問題もまた、しかりである。

4 「国民統合」(大御心を心とすること)

以上、戦後の評論界で戦わされてきた「昭和天皇の戦争責任論争」を概観してきた。天皇弾劾派は天皇制の打破、もしくは共和制の確立を究極の政治目標としながら、みじめな挫折を喫した。それにひきかえ、体制維持派は、皇室の威信失墜につながりかねぬ戦争責任追及を巧みに退けた。そのうえ、かつての自民党単独政権のもとで、明文改憲を断念するかわりに、昭和天皇の実際上の君主・元首復帰をめざすべく、元号の強制使用、「君が世」の国歌化、皇室外交等々の策略をテコに、現行憲法の形骸化を企図してきた。そして、その企図は相当程度功を奏したといえよう。それにしても、一体、なぜ、それほどまでに天皇の地位を擁護し天皇の権威を高揚する必要があるのか。

この問題をとく一つのカギは、「国民とともに」というイデオロギー的なモチーフに求められよう。たとえば、「大喪の礼」に際して、当時の竹下首相が述べた弔辞には、「昭和天皇は、六十有余年の長きにわたり御在位あらせられ……世界の平和と国民の幸福を心から願われ、常に国民とともに苦難を乗り越えてこられた……特に、戦後においては……国民統合の象徴として公務に御精励にな」ったというくだりがあった(96)。あるいは、「大行天皇には御在位六十有余年、ひたすら世界の平和と国民の幸福を祈念され、激動の時代にあって、常に国民とともに幾多の苦難を乗り越えられ」たという「朝見の儀」で発表した「お言葉」には、新天皇の認識が明示されている。そのような認識を踏まえて、新天皇は、あらたに、「大行天皇の御遺徳に深く思いをいたし、いかなるときも国民とともにあることを念願された御心を心としつつ、皆さんとともに日本国憲法を守り、これに従って責務を果たすことを誓」った[97]。

生存中の昭和天皇も、七五年の記者会見で、「皇室が（二千年も）存続してきたのは、歴史を通して国民の安寧を第一に考えてきたからだと思う[98]」との意見を開陳したことがあり、さらに、「……国体というものが、日本の皇室は昔から国民の信頼によって万世一系を保っていたのであります……その原因というのは、皇室もまた国民を赤子と考えられて、非常に国民を大事にされた。その代々の天皇の伝統的な思し召しというものが、今日をなしたと私は信じます[99]」。ここで、昭和天皇は、「国民とともに」堅持してきた「万世一系」の超歴史的な「国体」の継続性を明白に強調している。

象徴天皇制が議論される場合、「国民とともに」というイデオロギー的なモチーフは、維持派によってしばしば引き合いに出される。たとえば、ノンフィクション作家児島襄は、「国民の胸奥には、無意識にせよ、世代の流れの中に、自分たちの生活の永続性と天皇の存在とは不可分だとの認識が保持されてきた」と力説している[100]。一方、東大名誉教授平川祐弘も、「天皇制が万世一系で続くというのは、自分たち日本民族の命が長く続いているというような安心感にもつながる」との感慨を披露した[101]。目に見えぬところで、天壌無窮の皇統と現在における日本国民の精神生活との間に、いまだ確固たるつながりがあるというのである。

こうした民族感情は、個人のレベルに止まることなく、国の政治や外交にも大きな影響力を発揮する。『朝日ジャーナル』主催の討論の席上で、天皇弾劾派に属する東京教育大学名誉教授大江志乃夫に対抗して、伊藤隆は、昭和天皇の戦争責任を法的・政治的な観点から否認するという文脈のなかで、戦時中の極限状態にあって「天皇陛下万歳」と叫んで散っていった日本軍の兵士たちの心境を、「それは天皇個人に対してじゃなくて、日本民族であるという感情だろう」と弁明した[102]。また、「戦後でも『象徴』という言葉を誰がつくったのか知らないが、本当にうまい言葉を持ってきたものだ。自分が日本国民であることのアイデンティフィケーション（一体感）を求める対象でしょう[103]」と、伊藤は天皇が持つ「象徴性」の意味合いを述べた。

伊藤は、日本人が国際化してゆくなかで、皇室を中心とした一種の国粋保存の重要性をつぎのように説明する。

日本が非常にユニークだとすれば、日本語を使ってるとか、独特な象徴天皇制を持っているとかいうことだ。要するに、白人社会以外で近代国家になったのは日本しかない。少なくとも数年までは。国際連盟ができたときに、日本は初めて常任理事国になるわけですけど、そのときも日本をのぞけば全部白人でキリスト教の国です。いまG7とかなんとか言ってても、そのときと同じじゃないか。何も変わらない。そういう中で生きていくのは、実に大変なことだと思いますね。やはりナショナル・アイデンティティはある程度必要だ[104]。

作曲家で「日本を守る国民会議」の運営委員長黛敏郎は、七七年に、弾劾派の元号法制化反対運動に対抗して、「天皇の存在と日本国民の年号の数え方が一致してどうして悪いのでしょうか。それをいかんというのは、天皇と国民との強いきずなを断ち切ってしまおうとする意思、つまり日本に革命をもたらそうという意思のあらわれである」とまで言いきった[105]。それよりもなおいっそう顕著な事例をあげるならば、八六年三月、衆議院予算委員会で、天皇の戦争責任を執拗に追及する共産党議員正森成二に向かって、政府側答弁に立ちあがった当時の中曽根康弘首相は、つぎのような容赦のない非難をあびせかけた。

国が滅亡するという危機に瀕しては御聖断を発せられた。そういうことで今日の日本があり得るんだと私は確信してやまない。そういう国民の大多数の考えを無視して、あえて異を立てるというものは国家を転覆するという気持ちを持っておる人でないと出てこない。……天皇制を破壊しよう……と考えたのは共産党だけでしょう。今でも共産党だけでしょう。……九十九%に近い国民はやはり二千年近いこの伝統と文化を持っておる日本、及び天皇を中心に生きてきた日本のこの歴史とそれから我々の生活を守っていこうと考えておる。これは戦争に勝っても負けても一貫して流れてきている民族の大きな太い流れであります。……もしマルクス共産主義によって日本が支配されておったら……あるいはどこかの国の衛星国になっているのではないか[106]。

戦後の日本がどこの国の衛星国になったかは別として、維持派の基本的命題がここで鮮明に示されている。要するに、「九十九%に近い」国民が切ってもきれぬ「強いきずな」で天皇陛下と結ばれているにもかかわらず、昭和天皇をないがしろにする少数派は非国民にひとしく、まして終戦時、「滅亡するという危機に瀕して」いた日本民族を救って下さった大恩人に、ありもせぬ戦争責任をなすりつけるような異端者がいるとすれば、それは、社会秩序の転覆をたくらんでいる革命家にほかならない。中曽根のこの陳述には、占領当局に提示された東久邇宮内閣の国体護持に関する態度表明に酷似する節々がうかがわれる。ちなみに、弾劾派の横田耕一が指摘するとおり、皇族に対して無礼をはたらいたり、皇室ゆかりの建物などを毀損したりする少数の国民は、精神障害者にしたてられ処理される傾向が顕著である。(107)

「君民一心論」ともいえる右の観念の根底をなす心情は、皇国史観、さらにさかのぼれば、近世国学の尊王論に通じる要素がある。以下、このような共通項をいくつか探り出し、それらが持つ政治的意味合いを「昭和天皇の戦争責任」論争との関連において検証してみたい。国学的な色彩がくっきり浮かんでくるこの「君民一心論」は、維持派によって展開される論述のなかで大きな位置を占めるのであるが、ここで特に吟味したいのは、国民大衆がおのずから天皇へよせる（とされている）「心」や、天皇と国民をむすぶ（といわれている）「きずな」のありかたなのである。

近世国学の大成者である本居宣長は、著書『玉くしげ』において、異国の先進文化から比較的に影響を受けていない上古にあった日本固有の政治形態を「神髄《カムナガラ》天下《アメノシタ》しろしめす」と呼んだのであるが、その「神髄」の実態をつぎのように描いた。すなわち、「神代」の歴代天皇は、占いで伺いしった天照大御神の「みはからい」のままに天下を治めた。それに呼応するかのように、だれに教化されたのでもなく、「臣下たちも下萬民も、一同に心直く正しかりしかば、皆天皇の御心を心として、ただひたすらに朝廷を恐れつつしみ、上の御掟のまゝに従ひ守りて、少しも面々のかしこだての料簡をば立てざりし」。しかるに、「西戎《カラ》の道をまじへ用ひらるゝ時代に至りては、おのづからその理屈だての風俗のうつりて、人々おのが私のかしこだての料簡いでくるまゝに、下も上の御心を心とせぬにな」った[108]。

つまり、上古にあっては、歴代天皇のマツリゴトが神々の意向にそって行なわれていた。しかも、純真で飾りけのない国民の一人ひとりまでが、だれにお説教されるまでもなく、心から天皇と一体化していた。ところが、「もろこしぶみ」とともに伝わってきた「かしこだての」先進文明が次第に拡がってゆくにつれて、原始的で素朴な「臣下たちも下萬民も」、すっかり「さかしら」の「からごころ」に染まってしまったために、神代にあった素直な「大和心」ともよばれる君民一心の状態が次第に失われていった。

本居宣長自身の考え方からすれば、江戸中期の当点では上古の根源的「大和心」を呼びもどすことはもはや期待困難であったが、後世、日本固有の理想的な政治形態として、「君民一心」の概念が大いに謳歌された。また、天皇の「御心を心」とする心情は、排他的な国粋主義や狭隘な国体観念の有力な支柱として、日本人のアイデンティティを構成する重要な要素となった。つまり、日本国家の政治形態のみならず、国民一人ひとりの民族的自己確認や文化上の自意識までが天皇と深くつながっているると観念されるようになった。かかる観念は各時代の要請に合わせて豹変しつつも、後々まで継承されていった。とりわけ「危機に瀕して」いるとき、その理想が浮上してくる。たとえば、主権在民の原則を盛りこんだ新憲法構想が占領軍から押しつけられようとしていた四五年一一月、元法制局長官金森徳次郎はつぎのような心境を吐露した。

万世一系の天皇が統治権の総覧者であること（国体の原理）は……敢て憲法を俟つて定まつたことではない。古来より日本人の確信し確認し来つたところである。我等の先祖は隆替隠顕はあるにしても終局此の思想の発展の為に心楽しく生き、力の限り働いていたのである。私自身としては確信的に信仰的に――合理論を超越して――此の国体の原理を尊重すること我々の先人例えば本居宣長と同様である。(109)

あるいは（時代が前後するが）、西洋列強による植民地化の「危機に瀕して」いた幕末期において、獄中の吉田松陰は『孟子』の解読を通して「我が君を愚なり昏なりとして、生國を去りて他に往き君を求むる」中国的な「人臣の道」と、日本的なそれとの異同を論ずるなかで、「漢土の臣は縦へば半季渡りの奴婢の如し。その主の善悪を擇んで轉移すること固より其の所なり。我が邦の臣は普第《ふたい》の臣なれば主人と死生休戚を同じうし、死に至ると雖も主を棄てて去るべきの道絶えてなし」、と力説した一節がある。(110) 松陰にとっては、世襲の君に対する被治者の無条件的服従が「我が國體の外國と異る所以の大義」(111) であった。実は、同様の思考は児島襄にもある。昭和天皇をヒットラーと同列に議論する外国人の無知に反発した児島は、為政者に対する日本人の理念を、アメリカ人のそれと比較して、つぎのように批評した。「米国人一般が信奉する共和制では象徴的な元首は考えられない。元首すなわち大統領もいわば国民に雇われたリーダーであり、リーダーとは与えられた権限と権威を行使して組織の発展をはかる存在である。成功すれば賞賛されるし、失敗すれば放り出される」(112)。

為政者の正統性に関する右の二つの「日本的な」考えかたを総括的に検討してみれば、つぎの共通認識が指摘されよう。一方では、国の元首であり国民の「主」でもある天皇は、智愚、徳不徳にかかわらず、万世一系の皇統を嗣いだがゆえに、臣下に対しては一切の政治的責任を負わないという無問責の原則がある。他方では、治者・被治者の間柄を期限つきの契約関係とみなし、勤務評定次第で治者を平然と取りかえたりする外国人と違って、天皇の無問責について「よくもあしくも」あげつらうことなく、素直に従《つ》いてゆくのが日本人の「心」である。そこにこそ、日本民族の誇るべき優れた独自性が見出される。

戦前の李王家など特殊な例外をのぞけば、外国の王族と皇室との婚姻がありえぬ日本の現実からみた場合、天皇制は日本民族の「心」のみならず、その「血統」でもつながっているといわねばならない。独文学者で、『ビルマの縦琴』の作者、『昭和の精神史』の著者としても名声を馳せた竹山道雄は、六三年四月に発表した「天皇制について」と題する論稿で、「日本の皇室よりはるかに歴史が浅く、しかもおおむね各國の王室のあいだでのインター・マリジで、よそからきた人が多い」西洋の王家とは違って、「神代以來つづいて、同質の國民の中である意味での精神的中心でありつづけた」[113]とところに日本の特異性があると強調した。また、歴代天皇が発揮した人心収攬の効果についても次のように力説した。「ミカドは國の成立の神話以來ひきつづいて、いかなる強制にもよらずに、すべての日本人の心の底にそれを統合する點となつていた」[114]。さらに、「この島國に住んでいる……すべての人々が信頼して、そういうことをむりなくきく精神的な権威ができた。教團の祭主がまつりごとを行つて、全國民の上に世襲のカミとなつた。神道が媒介となつて國民同士をまた國民と天皇とを結びつけた」とまで主張した[115]。

天皇制の、年代を越えた核心部分となる君民間の心のきずな、血のつながりなどは、いかなる政治的側面を持つのか。宣長の師にあたる堀景山の著した『不盡言』には、それを掘りさげてゆくための手掛かりが見つかる。「日本國中ノ人ハ、今ノ世ニ至リ天照大神ノ御子孫ヲ日本ノ主ト思イ込ミ天子ヲ戴ク心ハ日月ノ如ク也、昔ヨリ度々ノ乱世在リシニ、イカナル大英雄ガ出テモ、天子ニ刃向カヘバ即時ニ朝敵ノ名ヲ被ル也、朝敵ノ名ガツケバ、人心コトゴトク離レ叛キ、忽チ滅亡スルコト土崩ノ勢イナルコト、イヤヲウナラヌ神妙不測ナルコト也[116]」。堀景山によれば、「朝敵ノ名」にまつわる「神妙不測」を肝に銘じた「足利義満太政大臣」は、外交通信の過程で「明ヨリノ返簡ニ、日本国王トカキ來リシヲ大キニ悦コバレケレドモ、ソレハ内證ノコトバカリニテ、日本ニテハ王ヲ稱スルコトヲ憚カラレシハ、兎角ニ懼ロシイトコロノアレバ也[117]」。

『不盡言』に盛りこまれた右の論旨は、作家杉森久英の論稿「日本民族の心象としての天皇」に、ほぼそのまま受け継がれている。後藤新平や本間雅晴の伝記作者として知られている杉森に言わせれば、「日本人は単一民族から成り立っていて、それぞれ血縁関係に」あるがゆえに、「すこし先祖を遡ると、ほとんど親戚同士だと思っても、まちがいないだろう」。また、「天皇は神であって、専制君主ではないのである。つまり、政治的に中立であるばかりでなく『神聖にして不可侵』である。この人に刃を向けた者は、立ちどころに神罰を受けなければならないというのが、何千年来、日本の国の掟である。これは憲法以前、歴史以前から存在し論理や科学的分析では説明できないものがある[118]」。要するに、血をわけた君民のきずな、皇室に対する国民がいだく畏憚の念などは、平成の代になってもなお何ら変わらないのである。

日本古来の「君民一心」状態を理解するに当たって、前近代の伊勢参りと、昭和天皇病気中の平癒記帳参列との類似性に注目したい。堀景山は、ときたま勃発的におきた「神妙不測ナル」「伊勢参宮」の現象を、「日本國ノ人西ヨリ東ヨリ南ヨリ北ヨリ、其子ヲ襁負《きょうふ》シテ一人モ参宮セザルモノナク、小兒ノ内カラハヤ参宮ノ志デキテ、遠国カラ小兒女子マデ必参宮スルコトニテ……是即チ天照大神ノ聖徳ノ聲香ハ、数千年ヲ歴テ人心ニ薫陶シテウサラヌユヌノコト」《(ママ)》とみなした[119]。それに対して、阪大法学部教授榎原猛は、天皇の発病後に現れた国民の群集心理をつぎのように描写している。「ほとんど自然発生的に、ご平癒を祈る国民の『記帳の波』が全国に広がりました……理屈をもって説明しきれない、ある種の不思議とも思える現象です。長い歴史の間に形成された天皇家と日本国民との間の、目に見えない血の絆のゆえであるのでしょうか[120]」。

旧漢字・旧仮名づかいを好んで用いる小堀桂一郎にいわせると、「日本国民の十五人に一人」、つまり「八百万人余に達した」お見舞い記帳者の姿が、説話集にでてくる「不条理の世に唯一つの慈悲のあかしを求める中世の素朴な民衆の姿と二重写しになって見えた[121]」。また、「老天皇に寄せる国民の厚い心情の謎を、中世的な苦しむ神への帰依という脈絡を借りて説明しようと試みてゐるわけではない[122]」と断っておきながら、小堀は「この二つの事象の間が強い連想の糸でつながってしまった」と記す。しかも、「国民の誰彼がその映像のうちに見て取つたのは、肉親や己自身が同じ状況に置かれた時の苦痛の写し絵である……先帝陛下は、老・病・死といふ個々人の人間の生の次元に於いてのみならず、より広くて高い、国民全体の運命といふ次元に於いて、夙に、苦しみ悩む神である、代受苦の聖父」であった[123]。

林健太郎も、天皇の見舞いにおもむいた「六百万人」にものぼる国民大衆について、民族の歴史的経験からこうも観察した。

年寄りばかりではなく若い人もたくさんいるのですね。明治天皇御病気の時、大ぜいの人が宮城前に跪いて御平癒を祈っている絵を見たことがありますが、形こそちがえそれと少しも変わりません。やはりそれが日本人の心というものなのでしょうか。……全く、誰に言われたのでもなく、自発的にこれだけの人が集まるというのはたいしたことですね。これはやはり天皇陛下がいかに国民に敬愛され、その御病気を皆がいかに心配しているかということの現れでしょう[124]。

実は、「全く、誰に言われたのでもなく、自発的にこれだけの人が集まるというのは」虚構にほかならない。この一見不思議な記帳現象を利害関係で合理的に説明することは、十分に可能である。自民党本部が「天皇陛下御平癒祈念記帳について」という通達を各県連に出して、「多くの県民が記帳するよう御指導を」要請したのが実情である[125]。一橋大学教授渡辺治が推察するように、「自民党を通じて各種の行政の便益や補助金をもらっている自治体が、こういう要請をムゲニ断るはずがない」ので、「恐らく、六百万という記帳のかなりの部分は、こういう自民党——自治体の利益政治のルートを通じてかき集められたものと思われる[126]」。維持派の山口朝雄でさえ、「自民党は、各都道府県連に対し、『都道府県や市町村などにお見舞いの記帳所を設けるようにすべきだ』との口頭通達をだしている[127]」というふうに、渡辺の推察を裏づけている。

虚偽意識の問題は別として、維持派は平癒祈念にくる国民の「自発性」にあくまで拘泥する。「あれだけの数の国民が皇居前の記帳所に押し掛けた」情景をまのあたりにした作家の阿川弘之も、『日本人の血のなかにある何かが何かを告げているんだろうナ』としか思えなかった」と評している。[128]竹山道雄は、数年前にその「何か」をこう弁明した。「むかし伊勢の抜け参りがはやつた年のことをしらべてみると、それは饑饉その他の幕府の失政で人民が困つた年に多かつたのだそうである。今度の戦時のときでも、情勢が苦しくなるにつれて、誰がはじめるともなく宮城の前を通るときには敬禮したし、いよいよ終りに近くなると、人々は天皇が救つてくれないかと待つた。そして事実、玉音は電波によつて放送され、この神託によつて戦争はうち切られた」[129]。前述した中曽根元首相の国会答弁にある、「国が滅亡するという危機に瀕しては御聖断を発せられた……大多数の国民は……日本の天皇制というものを守っていきたい、それでそのためにあの終戦、あるいは終戦後みんな努力して天皇制を守ろうということで今日の日本がある」[130]という主張を思い出されずにはいられない。

黛敏郎のいう「天皇と国民との強いきずな」、竹山道雄のいう「國民同士をまた國民と天皇とを結びつけた」一体感、等々の性質がここで明らかとなったであろう。要するに、開闢以来、日本民族が常日頃、おのずから天壌無窮の皇室に帰依する→歴代天皇が「危機に瀕して」いる国民を救済する→国民が一致団結して天皇家を内外の脅威（革命勢力と連合軍）から「護持」する、といった政治的メカニズムにほかならない。

終戦当時、アメリカをはじめとする連合諸国が、なぜ厳しい国際世論を無視して、あえて昭和天皇を無傷に存続させたかという肝心な争点で、右の政治メカニズムは「天皇の戦争責任論争」に連結してくる。前節でもみたとおり、維持派の論述からすれば、ＳＣＡＰが昭和天皇を戦犯裁判にかけなかった一つの理由は、あらかじめ無罪と知悉していたからである。しかしそればかりではない。極東国際軍事裁判で弁護団副団長として敗戦国日本の大義名分を粘りづよく弁明した清瀬一郎は、もう一つの理由をつぎのように述べた。

トルーマンにしろ、スチムソンにしろ、ないしはグルーにしろ、当時は戦争末期であって、日本を憎む心はいっぱいであったにちがいない。従って天皇ご一家に同情してこの行為（不起訴）に出たものではなく、日本人の性格、ことに南方戦線または沖縄戦線において日本軍の抵抗がいかにも強烈で、日本本土作戦を実行すれば、どんなことが起こるかもわからぬの心配から、（米）国内の世論を心配しつつ、徹底的な無条件降伏、天皇排斥をなすことを得なかったのである。そう考えてみると、今次戦争における戦没英霊は、わが国の全滅を救い、不満足ではあるがポツダム宣言による条件的降伏と、天皇制護持の結果を得せしめてくれたものと考えてしかるべきものであろう。[131]

児島襄も、まったく同意見を提示している。「この沖縄陥落は、米国の対日政策、とくに天皇制に対する姿勢を転換させるきっかけになった。沖縄戦のバランスシートは、過酷なものであった」[132]。グルーは、「ひとしお『暗い感銘』をうけ、ますます日本を政治的に降伏させる必要を痛感」した一方、スチムソンは、「これは戦争のワクをこえる。破滅だ。米国にそれだけの破滅を日本に与える権利はないし、米国人百万の生命をかける名分もない」ことを憂慮したといった[133]。児島の見解では、「米国側が天皇の『戦争責任』の追及を中止した」決定的な要因の一つは、「自国の流血の防止と占領業務の円滑な遂行のために、天皇の存在を利用すべきだ、との配慮が働いた」ことにある。しかし、もっとも注目すべき点は、「米国側にそのような配慮をうながし、天皇と立憲君主制を維持したのは、日本国民である、といえる。……わが国には、それまでも国民が天皇を守りつづけてきた伝統がある[134]」。さらに、マッカーサーがワシントンに進言したとおり、「天皇が裁かれ絞首刑にでもされることがあれば、日本国内は混乱とゲリラ活動におおわれ、占領軍は少なくとも百万人の増強が必要になるだろう[135]」。

維持派の右の言説は、つぎのように要約されえよう。四五年七月末現在、連合国側より発した「ポツダム宣言」という停戦協定の申し入れを受諾した日本国政府は、ナチス・ドイツと異なって軍事的には完敗していなかった。いざ本土決戦となれば、「君民一心」の伝統をほこる日本民族は、皇室を「護持」するために、一丸となって果敢に戦うであろうことを、米国首脳は百も承知していた。数年間の血みどろな苦戦を通して、莫大な犠牲をしいられた後に、ようやく米軍の保障占領が開かれるという段階において、万一、昭和天皇の身に危害でも加えられることがあったら、日本民族の怨恨はやみがたいものとなり、米国の占領行政に協力をこばむどころか、ふたたび徹底抗戦に立ちあがる可能性も高い[136]。いずれにせよ、冷戦下の極東における反共戦略体制には計りしれぬ悪影響が及ぶことは必定である。そういう深刻な配慮から、米国は強硬な対日無条件降伏要請をやむなく断念して、国体護持を暗黙のうちに諒承したのである。

この尊王攘夷論の現代版からすれば、「誰に言われたのでもなく自発的に」皇室を守りぬこうとする日本民族のひしとした思い――君民一心の団結力――が、米軍に不承不承、対日「条件つき降伏」を容認させた。こうして、御聖断のお陰で滅亡から救われた日本国民は、逆に天壌無窮の「皇統」、万邦無比の「国体」を「護持しえた」。その後の占領期間について、小堀桂一郎は、つぎのように強調している。「外國の軍事力を背景としての主権侵害も、（神武天皇の即位後）二千六百五十年の長い歴史の年月からみれば極めて僅少なる六年半の例外的事態として過ぎ去り、又その間に皇室を核としての國民的統合が傷つけられたり、脅かされたりといふこともなくて済んだのである[137]」。さればこそ、昭和天皇が「国民とともに苦難を乗り越え」たということもできよう。

5　結びにかえて――「大国民」の慢心

今後、内外の状況が急激な転換を見せないかぎり、「天壌無窮」の皇統を軸にすえた戦前・戦中型の狂信的な超国家主義、ないし凶暴な天皇制軍ファシズムは、よみがえる可能性が皆無にひとしい。したがって、天皇弾劾派がかつて恐れていたような、天皇制の復活にともなう絶対主義や侵略主義の再現は、杞憂にほかならない。とはいえ、昔とは姿を変えたかたちで、皇室を中心に形成された一種の国粋主義および日本至上主義が、脈々と生きつづけている現状は、前節でも見たとおりである。そこで、戦後の評論界で激しく争われてきた「昭和天皇の戦争責任」論争との関連において、現体制維持派の一部より提示された「大国」志向（または「普通の国」志向?）という角度から、戦後の天皇制と日本的ナショナリズムについて言及してみたい。

八五年に発表された『日本人の意識』と題するNHKの世論調査報告書には、「天皇に対して肯定的な感情が強い人ほど日本に対する愛着心が高く、対外的な優越感も強い」との指摘がされている。(138)同年三月、「大帝ヒロヒトの時代」を謳歌するなかで、渡部昇一は「理屈ということだけでいえば、あの戦争は天皇の署名で始まったんだから、その責任をとって退位せよ、ということも言えると思うんですね」など、ふと一瞬、弾劾派の議論と見ちがえるかのような見解を開陳した。ところが、舌の根がかわかぬうちに、「単純な理屈でわりきれないところをたくさんもった国が大国民なんでしょうな」(139)といって、さりげなく前文否定の本音をはき、民族的自負心までぶちまけたのである。換言すれば、本来、退位しなければ償われえぬ昭和「大帝」の戦争責任は一応、承認するものの、「大国民」に成長してきたニッポン人とその「統合の象徴」は、さしたる「単純な理屈」や筋論に照らして裁断される対象ではない。

維持派の重大関心事のなかには国家的シンボルが数えられる。実は、維持派の政策綱領のなかで、少なくとも三つの戦前・戦後の継続事象が強調されている。第一に、大日本帝国の壊滅を経ても、「日の丸」と「君が代」は撤廃されることなく、法的根拠の有無はともかく、国旗・国歌として今日まで世界に向かって日本国を表象してきた。第二に、まったく同様のことは昭和天皇自身にもあてはまる。「現人神《あらひとがみ》」が「象徴」に衣替えをさせられたとはいえ、戦前・戦後を通して、同じ「天皇」の名称で、同一人物が国内では国家の頂点に位してきたのみならず、対外的にも「元首」としての地位をまがりなりにも保ってきた。第三に、敗戦より半世紀を経過した今日、日本は経済大国にとどまらず、政治的、軍事的な側面をもふくめて、ふたたび世界屈指の超大国に成長しつつある。

右の継続事象は、たんに現実認識として受けとめられているのではない。将来、日本国民の遂行すべき課題としても積極的に肯定されている。さればこそ、戦後（未）処理の諸問題を過去のかなたに埋蔵してゆく。さればこそ、主権在民の時代まで続いてきた「君が世」を改めようとせず、そのまま国歌として指定する。さればこそ、国威の高揚をいちじるしく損ね、民族的自尊心をふかく傷つけかねぬ戦争責任問題を避けて通る。さればこそ、歴史的真実を隠蔽・歪曲してまで、昭和天皇を侵略戦争のなかで善玉あつかいをする必要が生じてくる。要するに、これらの日本国家・日本国民の汚れをしらぬ純真なシンボルを、民族的な誇りの持てるものとして、永久に賞賛したいのである。そうした切実な願望が、目にみえぬところで維持派を突きうごかしているに相違ない。

家永教科書裁判で展開された国側の近・現代史解釈は、まさにそういう願望のうえに存立する。たとえば、国側証人として喚問されたことのある児島襄は、著書の『日中戦争』につぎのように陳述している。戦後日本のいわゆる進歩的文化人は、中華人民共和国に対して、「ひたすら前科者意識の下に恐縮しつづけ、歴史観の干渉までうけいれるというのは、異常である」[140]。外国人力士の横綱昇進に最後まで反対で通した児島[141]は、同著のなかに、正体不明の「あるドイツ人学者」から伺った歴史認識に関する談話を紹介している。「敗者が卑屈の淵に沈めば国家としての活力を失う……ドイツでも戦後は過去否定型の史観が流行し、いまも尾を引いている。それは外国からの輸入史観であると同時に、自己弁護心の作用によるものでもあった。しかし、その史観が生み出したのは、やり切れない自己嫌悪感」である[142]。つまり、厳しい国際競争に直面している現在、民族の生活共同体となる自国の過去に対する自虐性のあまり、国力が殺《そ》がれる結果とならざるをえない。

伊藤隆も、「過去否定型」の「輸入史観」にあたる「東京裁判史観」に対して、憤懣やるかたない反発を座談会の席上で見せた。「要するに日本文化が悪いとなって、日本文化の象徴であるのは天皇だから、これが悪いという議論を戦後ずっとやってきたんですね[143]」。また、別の対談でも伊藤は、「天皇責任というのは、裏返していえば国体責任ですからね。それは、日本の歴史全体をカバーする。日本人が存在したことが悪い、という議論にまでなりかねない」とも明言している。[144]「歴史研究において責任という視点で考えたことがない[145]」、「誰の責任かという形で歴史を見ていくことに、どういう意味があるのか[146]」と疑義の念をもつ伊藤は、「戦争責任」概念について、いたって現実的な解釈を施している。「戦争があれば、必ず正義の側と悪の側があるということを想定する。そして、勝ったほうが正義であるという以外、定義のしようがない[147]」。一口にいえば、勝てば官軍である。

その一方で、伊藤は、「第二次世界大戦が終わって、あそこで戦争裁判が行われたわけですが、それ以後、切れ間がないぐらい戦争は続いているのに、戦争責任の問題はどこへ行ったのか[148]」という大切な問題提起をしてくれる。さらに、「アメリカ人などがよく天皇の戦争責任をいいますから、僕は、『それでは、ベトナム戦争と朝鮮戦争は、一体どっちに責任があったんだ。なぜあれは戦争裁判が行われないか[149]』」というわけで、アメリカ人にありがちな独善的虚偽意識や欺瞞的な態度を、毅然として指摘する。現に、伊藤の鋭い批判は、少なくとも二つの点では的確であり妥当性に富んだ見解であるといえよう。

第一に、国内法でいえば、天皇の無答責は『帝国憲法』に規定されていた一方、国際法でいえば、天皇は東京裁判で不起訴となったために、法的責任は追及されるすべがない。第二に、反戦平和運動が盛況をみせた六〇年代から七〇年代にかけてのわずかな一時期をのぞけば、「共同謀議」で開始したインドシナ侵略戦争について、「人道に対する罪」を犯したかどで、国家元首にあたるケネディ、ジョンソン、ニクソンら元大統領のお歴々を、戦犯裁判で訴追し死刑判決を求めるような動きは米国内ではみられない。それどころか、侵略戦争当時の最高戦争指導を担った一人であるロバート・マクナマラ国防長官にいたっては、退職退官後、世界銀行の総裁という栄職にさえ就任した。告訴されぬまま、戦犯容疑者が羽振りよく経済界などで躍進する現象は戦後日本にのみ見られたものではないのである。

しかし、伊藤が右の大切な指摘をしてくれた言外の意は、おそらく、第一次世界大戦以来、当然視されるようになった人権尊重の風潮にかんがみ、生存しているアメリカの最高戦争指導者も、我々日本人と同様、国際法に照らして戦争責任を問われるべきである、というのではなく、むしろ、戦争責任に口を拭ってきたアメリカ人には、昭和天皇をはじめ日本側の戦争指導者について、とやかく容喙する筋合はない、というところにありはしまいか。伊藤自身の主観的意図とは別に、ことの成りゆきからいって、日本国民もアメリカ人と同様、かつて遂行した侵略戦争など気にとめる必要もなく、また、かつて行った数々の残虐行為で犠牲となった他民族に相構わず、大国民にふさわしい振舞いをしていればよい、という見解にもなりかねない。少なくとも読者の側からみれば、そうした受けとめ方は自然であろう。

現に、それらしき見解は、東大教授長尾龍一によってすでに指摘されている。八六年に再版された清瀬一郎『秘録・東京裁判』の解説文で、長尾は、日本人戦犯被告の主任弁護人清瀬の功績を称えるかたわら、ナチス戦犯追及を執拗に続行しつつある西洋人に比較して、戦後日本人の対照的な対応ぶりについて、次のような弁明を行っている。いわく、「『石井部隊』の人体実験の実情の一部が近年明らかにされたが、アイヒマンのような人物も日本にいると思われる。しかし……転向に寛容な日本人は（容疑者の）二十代前半にしたことなど、何十年も経た後それを詮索するような野暮なことはしない[150]」と。

追記

ちなみに林健太郎『歴史からの警告』には次の一節がある。「他人につけこまれるような言論を吐いてはいけないし、他人から批判されて有効に反駁し得ないような主張をしてはならないのである[151]」。

3 天皇制文化の復活と民族派の運動

ケネス・J・ルオフ（木村剛久・福島睦男訳）

建国の日と神武天皇は無関係。現憲法の下では、今上陛下は象徴天皇であって、御祖先の神武天皇を総理出席の式典で祝うことはむずかしい。

——中山正暉衆議院議員。首相も出席できる建国記念日式典を準備するにあたって、一九八四年に首相の代理として右派の団体と話し合った際の発言。

政府の式典には、神武天皇建国の大詔も、天皇陛下万歳の声も、橿原神宮遥拝もない。いったいどこの国の建国なのであろうか。

——右派のリーダー中村武彦。中曽根康弘首相時代に始まった半ば公式の建国記念日式典に対する一九九二年の論評。

一九五〇年代後半に憲法改正の見通しがつかなくなると、改正に熱心な人々や団体はそのエネルギーをほかの問題、とりわけ象徴天皇にかかわる分野に向けるようになった。右派団体は、紀元節(後の「建国記念の日」)の復活や元号法制化の運動の先頭に立ち、七九年に「元号法」が制定された。このときから日本では、公式には元号によって年数を数えることになった。

「上から」天皇制の再確立を図ろうとする与党自民党に対して批判は相次いだものの、すでに手遅れだった。国会が建国記念の日を定め、元号法を制定したのは、こうした二つの法制化を求める「下から」の国民的運動を受けて、自民党がようやく重い腰を上げた結果だったからである。左派は既存体制に対する自分たちの抗議と関連させて、民主主義を「異議申し立て、ないし参加型の社会運動」ととらえる傾向があるのだが、[1]右派グループもまた社会運動を通して現状に挑戦した。この章の目的は右派を正当化しようというのではない。[2]戦後日本における右派のポピュリズムに対する理解を見直してみようというのである。

紀元節復活と元号法制化をめざして国会に圧力をかけるために、右派の団体はこれまで左翼運動につきものだったさまざまな草の根運動のテクニックを取り入れた。こうした右派の組織は日本の多様な「世間」、つまり「市民社会」の一部を構成しており、[3]政治的影響力は無視できない。一方にリベラルな市民社会、他方に保守的な国家を想定するといったあまりにも単純な二分法は、このあたりでやめた方がよさそうである。天皇制に絡む問題でさえ、こうした前提は人を益するよりも誤らせることが多い。左派からお定まりの批判が出されたにもかかわらず、戦後天皇制のさまざまな局面は、広範な国民の支持を受けて進展したのである。

紀元節の復活ないし建国記念日の確立を求める運動（一九五一―六六年）がとりわけ注目に値するのは、これが右派団体に率いられた最初の運動であり、しかもかなりの数の支持者を引きつけ、基本的な政治目標を見事に達成したからである。建国記念日運動と元号法制化運動（一九六八―七九年）は、それに関係した参加者と、その政治的展開方法の両面から見て驚くべき連続性がある。何年もかかって、彼らは民主的な政治秩序の中で、運動を成功に導く秘訣《ひけつ》を学んだといえる。

ここでは占領期に廃止され、後に復活した二つの制度に焦点を当てるが、同時に戦前の天皇制に対する日本人の支持が、戦後になって次第に衰退していったことも示す。建国記念の日と元号制は広く国民の支持を受けたが、それはあくまでも新憲法によって規定された戦後体制の枠内においてである。これまで多くの愛国運動が組織されたが、民主主義に反対する愛国運動は広く国民の支持を得るには至っていない。皇室は国家的象徴の中心という地位を保っているが、戦前のような国体神話は日本国民の大半にはまったく受け入れられていない。また復活した建国記念の日をどのように祝うかをめぐって、政治的右派の間にはっきりとした亀裂がもたらされたのである。

1　建国記念日の制定運動

世論調査では常に「消極的多数」が紀元節の復活に賛成していたが、この祝日の意味をめぐる論争はずっと続いていた。二つの陣営が激しく争っていたのだ[4]。左翼の歴史家や教師、それに祝日化に反対する人々にとって、紀元節は封建的で非合理的、非科学的、非民主的かつ軍国主義的な旧体制の象徴であり、根絶せねばならない過去の痕跡にほかならなかった。科学的合理性は憲法にはっきり謳《うた》われていたわけではないが、とりわけリベラル派は、これを戦後の積極的理念として持ち上げた。紀元節に反対する人々は、天皇中心の欺瞞《ぎまん》的イデオロギーをつくり広めることによって、庶民を戦争支持に向かわせた責任が政府にあると思っていた。紀元節復活運動はこれまでのコースを反転させ、戦後の民主体制を攻撃する、さらに大きな試みの一環と見なしていたのである。

歴史家は神武天皇が存在したという科学的根拠はどこにもなく、まして神武天皇が紀元前六六〇年の二月十一日に日本という国をつくったと考えるのはあまりにも空想的だと強調し(5)、国家がまたもやこうした神話に正統性を与えるのは間違いであると論じた。二月十一日を建国記念日とすることに反対する人々は、国会では日本共産党や社会党の支援を受けていた。社会党は日本国憲法が施行された五月三日を建国記念日として祝えばいいと提案した。左派の多くは「日本国」が唯一その創設された日を祝えるとしたら、戦後の民主的な日本が生まれた日しかないと信じていた。彼らは二月十一日を建国記念日とすることを阻止できなかったが、祝い方には制限を加えることができた。

これとは対照的に推進派は、過去の体制と日本の伝統をおおむね評価していた。彼らからすれば占領は国家の恥だった。復活派は民主主義に不熱心で、敵対的な感情さえ抱いていたかもしれないが、それでもこう強く主張した。国民がかつて喜んで受け入れていた紀元節を、連合国軍総司令部（GHQ）が非民主的に廃止してしまったのだ、と。建国記念日の支持者は、占領軍によって確立された戦後体制の下で、日本人の間に精神的な空虚感――愛国心の欠如――が広がったことを強調した。占領軍は日本の政治体制を変えてしまっただけでなく、日本の文化的伝統まで踏みにじったというのである。かつての建国記念日は、日本人に国家を愛する心を持たせるようにする仕掛けだった。日本が日本たるゆえんは、神武天皇に遡る万世一系の皇統を有することであり、記念日が皇室の重要性を再び広く知らしめる契機になる。彼らはこれを祝日とするだけでなく、戦前と同じような政府主催の祝典を行なうよう求めた。

神社本庁は紀元節復活運動の中核ともいうべき組織だった。毎朝、背広姿の職員（その多くが大学出だ）が東京の繁華街に近い、明治神宮の森に囲まれた本部に通勤してくる。普通のサラリーマンと同様、毎年のボーナスの額を気にするのは変わらないが、仕事は「神社界」の目的を主張し促進することが中心である。神社界という言い方は曖昧だが、神道を生活の糧にしている個々の神主も、単に神道に関心を持つ人々も含まれるといってよいだろう。

日本が独立を回復してから数十年の間、神社本庁は明治の政治体制とイデオロギーを復活させる足がかりとなる施策を強く支援してきた。[6] 米国製の憲法に象徴される戦後体制を拒否しながら、戦後、主として(1)政教分離を定めた憲法第二〇条の廃止もしくは別の解釈の確立、(2)皇室崇敬の強化——を目標に掲げてきた。[7] そして日本の四七都道府県にまたがる支部を通じて、八万以上にのぼる神社の活動を統合している。[8] 神社本庁はまたいくつかの関連団体を支援しているが、その中には神道青年全国協議会や全国敬神婦人連合会[9]なども含まれており、これらの団体は紀元節復活運動と、それ以降の政治運動で大きな役割を果たした。運動に深くかかわった神道学者の田中卓は、神社界は必ずしもこの祝日を復活させたいという方向でまとまっていたわけではないと強調するが、[10] 最も熱心な支援が神社界からなされたことは間違いない。

神社本庁は建国記念日の法制化に協力してくれるさまざまな団体をまとめ上げ、一九五五年には、紀元節奉祝国民大会運営委員会を支える主要組織となっていた。この委員会は戦前の紀元節を擁護する八〇以上の団体から構成されていた(11)。そこには日本郷友連盟や日本遺族会といった多数の会員を抱える組織、それに「生長の家」(13)のような宗教団体も含まれている(12)。こうした組織や団体に加入している青年・婦人グループが運動で大きな役割を果たしたのである。

紀元節復活運動の始まりは、吉田茂首相が五一年三月九日、国としてこの祝日を再び制定したいと述べた時点に遡るといってよいだろう。国会の委員会で、政府はどのように国民の愛国精神を高めていくつもりなのかと聞かれて、吉田は「独立後は当然紀元節は回復したいと考えている」と答え、さらに「国民の総意により盛りあがる力で紀元節を回復することは結構だ」と発言している(14)。この年の初めに神社本庁は、どうすれば国会に紀元節を元通り祝日として認めさせることができるかについて、対策を練り始めていた。そしてサンフランシスコ講和条約の調印直後に、紀元節復活運動を開始する意向を表明する(15)。五二年に神道青年全国協議会は、新年に神社を参拝する人々から紀元節復活に賛同する署名を集めた(16)。十五年にわたる運動で用いられた最初の民主的手法の試みだった。

当時の政治環境は、復活に見方するように見えた。祝日を支持する吉田茂の自由党は権力の座にあった。しかし、国家神話の解体をめざす和歌森太郎のような歴史家に率いられた熱烈な少数派が、精力的に反対運動を展開する。紀元節をめぐる論争は、さまざまな占領改革に関する左右の広範なイデオロギー対決を代表していたのである。

『朝日新聞』に掲載されたある記事は、紀元節支持者の活気についてこう書いている。「紀元節の復活を熱願する人たちは根強い草のように、ふまれてもふまれても、ことあるごとに芽を出そうとする」[17]。この記事は、五三年暮れに組織された「建国記念日（紀元節）制定促進会」の政策表明に疑問を投げかけている。草の根の民主的運動を育てたいとする促進会の意向は表向きであって、実は上から天皇制を再び押しつけようとする意図を隠しているのではないか、というのだ[18]。記事に見られる批判的態度は、戦前とは違い、戦後のマスコミの主流派がこの祝日を拒否しようとしていたことを表している。

復活をめざす連合体は毎年の催しを二月十一日に設定し、これを建国記念日への広範な支持を求める景気づけにした。五四年に神社本庁はすべての神社に紀元節を祝うよう指示し、この年から東京で紀元節の年次大集会を開催するようになる。毎年数千人の参加者が集まり、さまざまな団体のリーダーが一緒になって国会への働きかけについて議論する場が生まれた。集会では、愛国的な演説、歌や踊りなどが披露された。最後に紀元節復活を支持する決議が採択され、決議文はその後政府に届けられた。

集会への参加者は初めのうち、地方によってまちまちだった。地方集会を支えていたのは、運動に参加していたさまざまな団体の支部、もしくは互いにゆるやかに協力し合っていた組織である。しかし奈良県橿原《かしはら》市ほど派手な運動を展開した地域は、ほかにどこにもなかった。

一九四〇年の紀元二千六百年行事で国中から注目された橿原は、敗戦後は財政面でも社会的地位の上でも敗者となった。かつては紀元節といえば橿原神宮だったが、その神宮も悪質な神話に加担したとして戦後は信頼を失った。訪れる観光客も大幅に減少する。五六年、元陸軍参謀少佐の好川三郎が合併で誕生した橿原市の初代市長に当選した。当時三八歳だった好川は紀元節の復活に政治生命を懸けた[19]。彼は地方の名士、とりわけ橿原を再び国の指定観光地にしたいと願う地元商人の支持を受けて、市長に送り込まれたのである[20]。好川市長は四期（一九五六―七二年）勤め上げ、その在職中に橿原市の人口は三万九〇〇〇人から倍の七万八〇〇〇人になった。

市長室に神武天皇のブロンズ像を飾っていた好川は、五六年秋、市の予算を毎年の紀元節行列に計上することを市議会に認めさせた。パレードは単に市の発展を促すだけでなく、紀元節を国民の祝日として復活させるのにも役立つだろうと考えていた[21]。市長は神武天皇ゆかりの橿原で、市の成長と発展に寄与しようとするあまり、六〇年代には考古学者や歴史学者が藤原京跡と推定する場所に、国道のバイパスを通す計画を支持するほどだった[22]。バイパスは結局建設されず、考古学者は橿原市内で藤原京という古代の壮大な史跡を発掘する作業を進めることになった。その一方で、神武天皇陵と橿原神宮の信憑性を示す証拠はまったく見つかっていない。

好川のアイデアで「大和古代行列」が初めて実施されたのは五七年のことだった[23]。日本全国からすぐ大勢の参加者が集まった。奈良県知事は地元選出の国会議員とともに、県を代表してしばしば行列に加わった。大和行列での主な役どころは、地元の名士に割り当てられていた。好川は神武天皇に扮《ふん》し、先頭の白馬にまたがった。これに続くのが市議会議長の日本武尊《やまとたけるのみこと》[24]。その後聖徳太子役の自治会長が続いた。商工会議所会頭は日本史上、強大な権力を誇った中大兄皇子《なかのおおえのおおじ》（後の天智天皇）である。次がこの年の〝ミス紀元節〟。そして二〇〇〇人近い女性が「建国踊り」を踊った[25]。

古代日本にちなんだ祭りにミス紀元節が登場するのは、カトリック教会のお祭りでビキニ姿のミス・エデンの園が姿を現すのと同様、不謹慎と思えたのかもしれない。(26) 最後のミス紀元節が選ばれてから何十年も経った二〇〇〇年に、橿原神宮宮司西野敬一は、好川がこうした仕掛けを使ったことを批判している。(27) ミス何とかという名前をつける習慣は、文化的には米国から輸入したものだが、行列を計画した人たちの動機は愛国主義だけに基づいていたわけではない。しかし女性を加えることで、何かをからかおうというのではなかった。それは祭りの意味合いと雰囲気の変化を表していたのである。

ほかの地方でも次第にミス紀元節が選ばれるようになるが、全国コンテストで最高のミス紀元節を選ぼうという動きはついに起こらなかった。皮肉屋ならこう言うかもしれない。一四世紀の南北朝の出現という歴史的出来事が、どちらが正統かという論争を引き起こしたように、ある年にミス紀元節が一人といわず大勢出現したとすれば、その正統性をめぐって争いごとが起きたのではあるまいか、と。

ミス紀元節と紀元節踊りは、しばしばミス建国と建国踊りと言い換えられている。紀元節と建国記念日は英語で表記すれば、ともにFoundation Dayだが、意味の上からすれば重要な相違があるといってもよい。紀元節は戦前の祝日の名称であり、戦前流にこの祝日を復活させたいと願っている人々が、しばしば意識して用いていた。これに対して建国記念日はこの祝日を戦前のものと区別したいと思う人が、はっきりとそう口にしてきた。状況をさらに複雑にしたのは、この祝日に賛同する側と反対する側が、時と場合に応じて両方の言い方をしてきたことである。

大和行列は毎年数千年の見物客を集め、紀元節の行事としては日本で最大のものとなった。宮崎県も戦前の紀元節行事から経済的利益を得ており、奈良県に次いで熱心にこの日の復活を支持していた。神話によれば神武天皇は国家の創建に結びつく東征を、宮崎県の高千穂地方から始めたとされている。

宮崎県民は自分たちの県が神武天皇のふるさとであることに誇りを抱いており、その〝栄誉〟によって利益を得たいと考えていた。一九六〇年代後半、日本は「ふるさとブーム」に包まれた。だんだんと都会暮らしをするようになった日本人が、田舎に自分たちの存在理由を再発見したいと思うようになったからである。同時に「東京文化」が日本列島全体に広がるにつれて、地方は自分たちのはっきりした特色を持ちたいと思うようになった。こうした傾向は、好川市長が橿原を日本の心のふるさとにしたいと願い、また宮崎県観光課の担当者が建国記念の日制定直後に、「神武さんはここから大和へ出て行かれて、国をおたてになった。神武さんのふるさとはここですからな」と話しているのを見ても明らかだろう。観光課の担当者を取材した記事には、宮崎県の人は「神武天皇」とかしこまって言うのではなく、「神武さん」とまるで氏神さまのように愛着を持って話すと書かれている(28)。建国記念の日が復活するまで、宮崎市の紀元節行事は毎年、数千人の参加者を集めていた。東京と同様、宮崎と橿原でにぎやかな行事が始まったのは運動の初期段階だが、そのころは行事といっても数も少なく、たいていは参加者もちらほらだった。

個人の立場から紀元節の復活にかかわる人も登場するようになった。四九年には、高知県土佐山田町繁藤小学校の校長で三八歳になる溝淵忠廣《みぞぶちただひろ》が、毎年、全校あげての紀元節行事を再開している。溝淵は復活にかける休みない努力によって、「紀元節校長」と呼ばれるようになる(29)。

校長は学校で児童と教師に「紀元節の歌」を歌わせていた。『朝日新聞』が五六年、全校あげて紀元節行事をする溝淵を記事に取り上げると、国会でも問題になった。[30] 社会党の野原覚議員は、この機会をとらえて清瀬一郎文相に、学校が天皇中心の行事を主催することについて政府はどう考えるかと質問している。[31] 清瀬は文部省は学校が紀元節を祝うように勧めてはいないが、地元の教育委員会が許可すれば個々の学校が行事を催すのは差し支えないのではないか、と答弁している。この判断に促されて少数ではあるが行事を始める学校も出てくる。五七年、愛知県教育委員会は県の小学校と中学校に毎年、紀元節を祝うよう提案している。

いくつかの学校の校長が紀元節の行事を主催したのと同様に、民間企業の社長の中にも、この日を祝う人が出てきた。三四年に東京帝国大学法学部を卒業した日本食糧倉庫社長の三須《みす》武男は、紀元節の強力な支持派だった。五四年以来、彼は毎年、有力新聞に紀元節をたたえる広告を掲載した。[32] 彼の回顧によると、最初に広告を載せるときある新聞社の広告部長が、本当にこんな右翼ばりのものを載せてもいいのかと聞きに来たという。[33]

三須は二月十一日を社の祝日とし、社員は紀元節の活動に参加した。東京本社では社員が揃って明治神宮に参拝し、関西支社では橿原神宮に団体でお詣りした。六〇年のインタビューで彼はこう強調している。「戦争にまけたからといって急に国の紀元がかわるはずはないですよ。だからわたしは戦後ずっと紀元節をやってます……わたしもすこし外国を歩いたことがあるが、建国日のない国なんてどこにもなかった」。[34]

三須よりもっと強く支持したのが、三共機械製作所の出倉市太郎である。この会社も五〇年から紀元節の行事を始めた。「紀元節は絶対必要だ。二月十一日を建国日つまり紀元節として祝うということは、日本人として当然やらねばならぬことである」。出倉は紀元節に対する日本人の態度に憂慮の念を覚えている。「建国日、紀元節確立に努力する政治家、学者があってもいいのだが、そういう人の少ないのは恥じねばならない」[35]。三共の毎年の行事は始業時間前に始まる。従業員は東京本社正門脇の掲揚柱に翻る大きな国旗の下に集合する。この日を祝って男子には酒二合とスルメ五枚が配られ、女子従業員には同じスルメ五枚と酒の代わりに菓子が出される。

個人企業の中には建国記念日の復活に精力的に取り組んだものもあったが、実業界が特にこの運動で積極的に活動したというわけではない。後の元号法制化のときに彼らが果たした役割とは雲泥の差がある。元号法制化実現国民会議のメンバーには、経団連の会長も加わったが、紀元節復活を促進する全国団体に参加したのは、日本食糧倉庫の社長だけだった[36]。

運動が始まって六年経った段階の世論調査では、復活支持が約七〇パーセントあった。また紀元節を支持する積極的な街頭行動もあった。五七年に自民党のある代議士は、建国記念日を制定するための祝日法改正案を提出している（戦前の紀元節という名前で法案が提出されたことはなかった）。これは国会に建国記念日復活法案が提出された最初であり、足並みを揃えた各団体は勝利を確信した。しかし衆議院を通過した後、法案は社会党が委員長ポストを握る参議院文教委員会で論議が見送られ廃案となった。五月に国会の会期が終了した後、あらためて審議するためには、法案を再度提出しなければならなかった。

同時に、復活をめざす連合体は、社会党が簡単に法案を握りつぶしたことにショックを受け、社会党が国民の意思を妨げたと強く批判した。この例を見ても社会党は、自らはその主張を立法化できないにせよ、委員会では法案を阻止できたことが理解できるだろう。一方、この時期に明らかなのは、自民党議員の間に法案に対する支持が盛り上がりを欠いていたことである。五七年、自民党はすでに憲法改正から手を引き始めていた。現行憲法に対する幅広い支持が、多くの議員に戦前の体制を彷彿《ほうふつ》とさせる施策への同調をためらわせたのである。

運動の全般的な流れはおよそ次のように展開した。復活をめざす連合体は社会党の猛烈な反対に抗して、自民党に強力な行動を促すために、草の根の広範かつ積極的な示威行動を呼び起こすよう努力を重ねた。運動の初期、連合体のメンバーは首相あてに、紀元節復活を求める一連の丁重な請願書を送った。運動が進むにつれて、彼らは理解と支持を広げるために次第にはっきりとした手段をとるようになった。五七年に紀元節奉祝会(37)と名称を改めた連合体は、紀元節踊りの音楽を選ぶコンテストを企画する。日本ビクターをはじめいくつかの企業の賛同を得、一二〇〇以上の応募の中から当選者が選ばれた(38)。六〇年二月十一日、奉祝会は子供たちに紀元節を祝う凧《たこ》を配り(39)、六二年には運動に参加した何人かの青年が、橿原神宮で点火された御神火を、自動車で行く先々で大きな神社に立ち寄りながら紀元節を祝う東京の会場まで運んだ。こうした意表をつくやり方に、だんだんとマスコミも関心を寄せるようになった(40)。

主に大学教授らを中心とした反対運動は、精力的にこれに対抗した。しかし、すべての教授が建国の日に反対していたわけではない。五八年に一橋大学、東洋大学、日本大学などの三五人の教授が、建国の日を支持する声明を発表している(41)。学界のタブーが打ち破られたのである。続く何年かのうちに、さらに多くの教授がこれを支持するようになった。建国の日を支持する学者たちの評論集も発行された。[42]

五八年末、紀元節をめぐる論議はがぜんにぎやかになってきた。昭和天皇の弟で、東京女子大学で日本史の講師をしている三笠宮崇仁《たかひと》が、『文藝春秋』に寄稿した評論で、紀元節への反対をはっきりと表明したのである。[43] 皇室が政治問題に発言することに懸念はあったものの、紀元節を批判する左翼評論家は三笠宮の反対意見を歓迎しないわけにはいかなかった。[44] 推進派は皇室を批判するという微妙な立場に追い込まれた。右翼団体は一様に三笠宮邸の前で騒がしい抗議を繰り広げた。

国会の会期ごとに自民党議員は祝日法の改正を求める法案を提出する。これに対し、社会党は国会内の規則を用いて法案の通過を拒んだ。六〇年の日米安保条約改正反対運動は、厳しい左右対立を招いた。そのため自民党は、国会内でイデオロギー的に紛糾しそうな問題について及び腰になり、適切な時期を待つしかないという思いを強くする。五八年から六四年にかけて六回法案が提出されたが、いずれも社会党によって葬り去られた。奉祝会は社会党と自民党がなれ合いで法案を潰しているのではないかと疑った。そしてその批判は次第に自民党に向けられていく。

自民党議員の中には、相変わらず復活運動にかかわっている者もいた。その一人、河野一郎は六〇年、国民の祝日に関する研究会を発足させた。ずっと以前から祝日を増やそうという計画はあり、政治的傾向のいかんを問わず、それに反対する日本人は少なかった。宮崎県選出の自民党議員、相川勝六は六三年、『宮崎今日』紙に二日間にわたり寄稿し、紀元節支持を強調している。[45] 愛国的主張で知られる自民党の中曽根康弘も支持者で、六三年、河野の代理として紀元節奉祝会主催の紀元節東京祝典に出席している。

奉祝会は地方で紀元節を支持する草の根運動の推進に力を入れるようになり、六一年には全国三五〇カ所で祝典が開催された(46)。この年、谷口貞次郎らは奈良県紀元節奉祝会の設立に向けて準備委員会を組織し(47)、静岡県を含む西日本一九県の復活推進派と一緒に、紀元節復興西日本協議会を結成した(48)。日本の広い地域で情報を集め、ロビー活動を行なう組織である。

六三年、紀元節をめぐる意見の衝突は国会内で暴力沙汰に発展した。何人かの自民党議員は党の多数派派閥が祝日法の改正を図るのをためらっていることに苛立ちを覚えていた。六月二十日、自民党議員で衆院内閣委員長の永山忠則は、内閣委員会で紀元節復活につながる法案を社会党の抵抗を押し切って強行採決した。怒った社会党議員らが体ごとぶつかり、永山はけがをして入院した。

衆院議長清瀬一郎は、法案の審議が尽くされていないと判断し、さらに検討するよう委員会に差し戻した。同じような法案はすでに六年間、国会で検討されていたにもかかわらず、自民党幹部は社会党の不興を買いたくないため、多数派派閥という立場を利用して法案を通すのに消極的だった。それは、岸信介《きしのぶすけ》首相が日米安保条約改正法案を強引に国会で通した後の混乱から生じた後遺症だったといえる。

奉祝会のメンバーは清瀬の議長裁定に怒りをぶつけた(49)。これを回顧する紀元節奉祝会の公式記録は、六三年に「建国記念日法制化運動の最も大きな壁が、自民党にあることは既に明確になった」と記している(50)。自民党が反対しているというのではなく、消極的なことを批判しているのだ。清瀬が法案を委員会に差し戻したので、奉祝会は個別の自民党議員に働きかけるようになった(51)。

六四年に入って運動を支えたのは、県レベルの支持の動きである。岡山県議会は自治体として初めて、建国記念日の制定を要望する決議を採択した。これを見て奉祝会は、地方議会による決議がひょっとしたら運動を後押しするのではないかと考えるようになる[52]。ほかの市町村議会でも同じような決議が採択された。こうした決議はすべて国会の動きに先んじていた。

東京でオリンピックが開かれた六四年夏、紀元節復活法案が再び国会に提出されたが、審議さえされずに葬り去られた。オリンピックは国民の誇りを高めるのに役立ったが、こうした流れの中で運動は転機を迎える。六五年初めには有力な後押しが登場した。神奈川県知事で当時七十四歳の内山岩太郎が県職員への新年のあいさつで「ことしから神奈川県では紀元節を復活する」と宣言したのである[53]。この宣言は全国に波紋を広げ、紀元節は再び正統性を獲得した。

元外交官の内山知事は、この決定について、いくつかの理由をあげた。六五年は昭和天皇の即位四十周年であると同時に、皇紀二千六百二十五年の記念すべき年に当たる。県民の意見に沿ったとはいえ、これだけではなぜ紀元節を祝うのかについてまだ反論される恐れがある。そこで知事はさらにこう強調した。「だいたい、個人には誕生日があって、国に誕生日がないというのはおかしい。そんな国［建国の日を持たない国］は日本くらいだ[54]」。建国の日についての議論はこれまで長く続いていたが、内山のこの理由づけは広く知られるようになった。六五年に建国の日に対する支持が幅広く芽生えた背後には、こうした考え方が底辺を支えていたのである。

内山の決定は公然たる議論を巻き起こし、建国の日をめぐる議論が急激にまた数多く行なわれた。『朝日ジャーナル』は若い世代に人気があった週刊誌だが、〝内山宣言〟を受けて、中学生から大学生に至るまで建国の日についての意見が四〇通以上も送られてきた。十八歳の田村和彦は内山の決定を次のように理解した。「アメリカには独立記念日、フランスにはパリ祭、ソ連には革命記念日と、国民すべてがそろって祝える国家の誕生日があるのだから、日本でもそういう日を持ちたいという気持ちなのです」[55]。祝日復活に向けての動きは、旧世代の懐古的な支持者を超えて広がっていった。

しかし、建国の日の一般的意義について、意見の一致は見られなかったばかりでなく、復活支持者の間でさえ合意はなされていなかった。支持者の多くは古代の天皇による建国神話を拒否しており、神話には歴史的裏付けがないと思っていた。不一致を何よりも物語っているのが、建国の日をいつ祝えばいいのかについて意見がまとまらなかったことである。何年にもわたる歴史家の批判が、二月十一日の妥当性に問題を投げかけていた。世論調査は複雑な構図を示した。七〇パーセントほどの人が祝日の復活を支持していたが、その一方で、建国の日を二月十一日に祝うという意見を支持する人の割合はそれよりも低かった。六六年の法案通過に至るまでの数年間、この傾向は変わらなかった。だが紀元節に反対する『朝日新聞』さえ、毎年紀元節行事に参加する人の数は増える傾向にあり、しかも行事が行われる地域も広がっていることを指摘している。

参加者が増えるにつれて、たとえば「生長の家」などは、鳴り物入りで読者に紀元節を祝うよう奨励した[56]。六五年には、日本中の五九八カ所で行事が行なわれたが、この数は六年前に比べるとほぼ倍近くになっている[57]。熊本県の場合を見ると、六五年、『熊本日日新聞』は、県内の三一カ所の会場に一九〇〇人が集まったという記事を掲載し、建国記念の日を祝日として復活させようという人の数は年ごとに増えているが、これは国全体の傾向を反映していると述べている[58]。

六五年二月三日、佐藤栄作首相は全国知事会の年次会議で内山知事の質問に答えて、政府提案により建国記念日を復活させる法案を提出すると約束した。しかし政府提案にもかかわらず、祝日法改正案は国会を通過しなかった。さらに重要な案件への影響を懸念していた自民党が、この法案の通過に固執して国会の混乱を招くような事態を避けようと判断したからである。法案が流れたのは、これで八度目となった。

翌年二月十一日、宮崎市と橿原市は姉妹都市の協定を結んだ。好川橿原市長は「大和民族の魂のふるさとである両市が結ばれてうれしい」と喜びを表明した[59]。『神社新報』はこの年、紀元節の行事が北海道から鹿児島に至るまで、さらには当時米軍の占領下にあった沖縄もふくめて全国的に行なわれたと報じている。

戦後の沖縄では国家の象徴性はとりわけ複雑な問題を投げかけている。たとえば日本の国旗について四五年生まれの高見勝利教授は次のようなエピソードを紹介してくれた。兵庫県の高校生だった彼は沖縄の高校生代表団との討論会に参加した。議題は日の丸をこれからも事実上の国旗として認めるべきかということだった。このとき高見は日本軍国主義の象徴をこのまま保持するのは反対だと述べたが、沖縄の高校生たちは日の丸は米軍による沖縄の軍事占領に抗議する象徴ともいうべき旗だと論じたという[60]。しかし、七二年に沖縄が日本に返還されると、県内では沖縄に対する本土の不当な扱いに抗議するため、日の丸に対する潜在的な反対が次第に表面化していった。

六六年に『神社新報』は、那覇市で紀元節式典には個人としては数人の参加者しかなかったが、栃木では一三〇〇人、三重では五〇〇〇人が参加したと報じている[61]。復活をめざす連合体は、この運動にかかわっていた自民党議員と一緒になって、支持の輪が広がり大きくなっていると自慢することができた。にもかかわらず建国記念日法案は、またもや六六年の第五一国会で一敗地にまみれる。法案通過には、自民党と社会党、民社党（六〇年に設立された民社党は政治的色分けからすれば、自民党と社会党の中間に位置する政党だった）の妥協が成立するのを待たねばならなかった。まとめ役となったのは衆議院議長の山口喜久一郎である。彼は憲法改正運動を食い止めた社会党と民社党に、祝日法改正法案への反対をやめさせられると確信していた。そのためには政府が審議会を設け、日本人がどの日を祝日にすればよいと思っているかを調査すればよいと提案したのである。

自民党は二月十一日がふさわしいとしていたが、明らかに党の指導部はこの問題を国会に持ち出すのは、あまりにも危険だと考えていた。紀元節奉祝会は強烈にこの法案の修正に反対した(62)。奉祝会は何年にもわたってこれを政治課題とするため絶えず圧力をかけており、建国の日を二月十一日にできなければ完敗といってもよいと考えていた。修正法案は六月二五日に国会を通過した。建国記念の日は「建国をしのび、国を愛する心を養う」ための祝日として復活したのである。そして関心は、何月何日も祝日とするかを決める審議会の方に移った。

2 「二月十一日」をめぐる議論

七月以降、五カ月以上にわたって建国記念日審議会の一〇人の委員は専門家の証言を聞き、四つの地域で公聴会を開いて市民から意見を聴取した。記録を見ると意見は多様であり、天皇神話を法制化した祝日を支持する声は少なかったことがわかる。これは民衆の歴史感覚を素直に表現した記録である。証言者の一人で三七歳の南郷みどりは、証言を開始するにあたって、論議の性格を次のように要約している。「建国記念日というからには私どもは日本の歴史を抜きにして論議はできません」[63]。

二月十一日に反対する人たちは戦後体制を擁護し、明治体制を拒否するお定まりの言葉と論理を繰り返した。国の誕生を祝福する日を支持するとはしたが、二月十一日には反対したのである。これは公聴会が狭い範囲に絞って開かれた結果だったかもしれないが、国家をたたえるのではなく、たとえば国際連合を祝福するような祝日を求める証言者は、誰一人としていなかった。

二十歳の飯坂弘美は日本人の間で愛国心が欠けていることに懸念を示したが、祝日は独立と民主主義、平和主義を掲げた日本を祝える日にしてほしいと述べた[64]。彼女は日本が独立を回復した四月二八日を祝日にすべきだと主張した。三二歳の五十嵐登が望んだ祝日は「新らしい日本」の創設を記念する日で、戦争が終結した八月十五日を提案した[65]。二七歳の伊藤剛史は戦前の紀元節は軍国主義を支えたイデオロギーを集約したものだったと解釈し[66]、自分のような教師の義務は科学的な合理性にもとづいて教育を施すことだと述べた。彼は昔の紀元節にはまったく科学的な根拠がなかったと論じ、五月三日を提案した。戦後憲法が施行された日で、最も建国記念の日にふさわしいというのである。

五十嵐と伊藤の提案は「新日本の愛国主義」とでも名づけられるもので、かつての紀元節ではなく、別の日を祝日とするなら、建国記念日を通じて戦後の日本を祝うことができるとする。六六年の建国記念日をめぐる論議がなされている間、数多くの愛国主義が表明された。しかし、戦後の民主体制と齟齬《そご》をきたす祝日を支持する日本人は少なかった。

十九歳の小室広司は二月十一日に反対する意見を述べるにあたって——否定すべきだという意味で——戦前の天皇制を連想させる「八紘一宇《はっこういちう》」とか「天皇絶対専制政治」といった単語を並べてみせた。小室は審議会で次の点をはっきりと主張する。「日本が敗戦のうき目に合い、国民をとたんの苦しみに陥れたものは、何といっても国家神道をたてに横暴をきわめた軍国主義にその原因があったことは周知の事実であります」。小室は祝日として四月二八日を支持するのだが、その前に、復活運動も審議会も非民主的だと非難している(67)。

大学の助教授で経済学を教えている金子甫《はじめ》は、建国記念日を五月三日にするべきだと主張する。三三歳の金子はいろいろな意見があるが、二月十一日はいちばんふさわしくないと強調した。「二月十一日は国民にとっては中国や南方諸国への侵略戦争にかり立てられたことを記念する屈辱の日でありますし。一部の日本人にとって建国記念日は、南北戦争時の南部連合の国旗がアフリカ系米国人に対して与える印象と同じように、不愉快きわまる象徴だった。金子は思い出してみれば、明治体制の下では国民は「臣民」以外の何ものでもなかったと述べ、狂信的な紀元二千六百年式典や、天皇神話に疑問を投げかけた津田左右吉などの学者に対する思想弾圧には、嫌悪感を覚えたという。金子に代表される発言が、ある面で個人的になるのは、決して異常とはいえなかった。彼は子供のころ「天皇の命ずることは、どんなことでも従え、そのために喜んで死ね、死ぬときには『天皇陛下、万歳』と叫んで死ね、そういうふうに教えられた」と自分の不愉快な思い出を詳しく物語った(68)。

主婦の岡田とくも反対だった。彼女は五月三日がいいのではないかと述べ、特に戦時中の中国での体験を詳しく物語った。彼女は紀元節が日本人を優等民族と思い込ませるイデオロギーの一環だったと記憶していた。「いま思い返しまして一番恥かしいのは、交戦国の中国に住んでいて、その国の人たちを自分より下の人間のようにふるまって、その国を侵略している戦争に何の疑問も持ち得なかったことです」(69)。

多くの国民は二月十一日を支持すると証言したが、戦後体制を否定する者は一人もいなかった。彼らはどちらかというと日本の長い歴史でよかった点を強調し、しばしば戦後史の一時期、とりわけ占領期に批判を加えた。神社本庁が擁護する反動的な綱領も提起されたが、それはごく断片的で、戦後体制を全面的に支持する声にかき消されてしまった。二月十一日の支持者は、建国記念日は戦後体制と両立できると強調し、民主主義の原則では多数決の原則が尊重されねばならないと指摘した。

二月十一日支持者の一部は五月三日に理解を示したものの、建国記念日に憲法施行を祝うとするなら、国民が日本という国には短い歴史しかないと思ってしまうのではないかと危惧《きぐ》した。反対派は明治政府は二月十一日をでっちあげたにすぎないと繰り返し指摘し、支持者の中にもその通りだと結論づける人もいた。にもかかわらず、伝統が——明治以来、紀元節は二月十一日に祝われていたという事実が——支持者に重くのしかかっていた。また中には、二月十一日をめぐる切羽詰まった議論に当惑し、うんざりする人もいた。四十歳の千葉茂はこう主張する。「国民の大多数の、私ども庶民層は歴史的根拠とか科学的根拠について関心がないというほうがいいのじゃないかと思います」(70)。同じく四十歳の本田幸三も日本の国がいつ始まったかを立証するのは不可能だと強調したが、それでも二月十一日を支持する理由として、自分の先祖がこの日を祝日として祝っていたことをあげた(71)。六十歳の上月木代次はなぜ自分が二月十一日を支持するかについて、こう語っている。

お見かけのとおり私は明治生れでございます。物心がついてから三十数年というものを、二月十一日の紀元節を建国の日として祝ってまいりましたが、いまここになって、二月十一日は正しくないという意見を承って、これににわかに承服しがたいのでございます。反対派のおっしゃることは、理論的には私もうなずけます。しかし、多くの国民感情というものを無視してはならないということをここで考えたいと思うのであります。(72)

上月はこのとき、世論も二月十一日を支持していると述べている。

戦争と平和の問題が議論の中心にあった。上月は誕生日の比喩を用いて戦争を否定するとともに、二月十一日を支持した。「いまかりに、ある個人が途中において人間的に著しい変貌を来したといたしましても、この世に生を受けた日がお誕生日であることには変わりないと私は申し上げていいと思います。したがって、国のお誕生日も同じことが言えるのではないかと、こう申し上げたいと思います(73)」。ほかの多くの人と同様、五三歳の加藤絹子は、軍国主義者に利用されたとしても、紀元節が戦前の軍国主義の原因になったのではないと論じた。(74)

ほかにもほんの少数だが、神武天皇が紀元前六六〇年二月十一日に国をつくったと信じているという人もいた。大学教授で四十歳の佐々木奎文は、紀元節は米占領軍の武力によって廃止されたと述べ、日本のように古くから君主を抱く国はほかにはないと言い切った。彼は証言者の中では最も右寄りの立場だったが、民主主義の多数決原則を強調した。(75)

六一歳の室崎清平は紀元節についての意見を述べるにあたって、明治維新の精神についての自分の考えを披瀝《ひれき》し、これを「東洋の奇跡」と呼んだ。彼は明治時代の功績を激賞し、こうしたことを成し遂げられたのは、日本民族が「皇室の御旗」の下でともに前進してきたからだと強調した。維新を日本の第二の国家創建と理解し、この奇跡は神武天皇による古代の偉業なしにはありえなかっただろうとも述べた。さらに神武天皇をたたえた明治天皇の御製まで引用して、明治人がいかに神武天皇によって鼓舞されたかを示した。しかし、終わりの方になると、彼は突然現在へと話を転じ、日本民族の神話や伝説と戦後憲法の価値との間には密接な関係があると論じた(76)。

審議会は世論調査を実施したが、四七パーセント強の日本人が二月十一日を支持していた。もし二月十一日を建国記念日とすることに反対する人々が、一本化した代替案に結集できていれば、この日を祝日とすることを阻止できたに違いない。次に選ばれたのは五月三日だったが、一〇パーセント強しか支持を得られなかった(77)。他の、たとえば四月二八日案などへの支持はさらに低かった。二月十一日の支持者は、なぜこの日を建国記念日とするのかについて意見が一致していたわけではないが、ほかの選択肢より五倍近い支持があったのである。審議会は投票でこの日を祝日にすることに決定した。歴史家は一九六〇年代を、日本が驚異の経済成長を遂げるにつれてイデオロギー闘争が沈静化した時期ととらえがちだが、この一件に見られるように、イデオロギー闘争がなくなったとはとてもいえなかったのである。

六七年、建国記念の日が制定され、憲法改正運動に失敗した人々の自負心は慰められた。「紀元節校長」と呼ばれる溝淵忠廣《みぞぶちただひろ》は、この祝日を復活させようと頑張った十八年間を振り返った。二月十一日に決まったのでほっとしたという溝淵は、献身的な復活運動について「二月十一日に決まらなかったら、今まで子どもにウソを教えとったことになる」と語った。[78] 地元の教育委員会は八〇万円かけて、学校のグラウンドに溝淵の銅像を立て、彼の長く孤独な奮闘をたたえた。

復活を勝ち取った団体の中には、日本の針路を定めるうえで自分たちの勝利が果たした役割を過大にとらえる者もいた。宮崎県郷友連盟会長の中村肇は、六七年二月十一日を歓喜を持って迎えた。「紀元節の復活なって大願成就。次の目標は教育の正常化、つまり教育勅語の復活だ。それに憲法の改正、自分の国を外国兵に守ってもらうとは何事か[79]」。

復活派は小躍りし、反対派は紀元節がとうとう復活したと落嘆した。この祝日は正式には「建国記念の日」と呼ばれ、戦前の祝日との違いは言葉のうえからも明白だった。復活をめざした連合体の中核メンバーをがっかりさせたのは、この日が祝日となった後も政府が公式行事を主催しようとしなかったことである。[80] こうした戦前との相違は、推進者、そして反対派から勝利をもぎ取った側から見れば、建国記念の日の意義を台なしにするように思えた。

二月十一日は国民の祝日となった。支持者と反対派の一部は、それぞれ引き続きこの日を自らの立場を表明する場とした。紀元節復活に反対してきた歴史家の率いるグループは、毎年、日本中で反紀元節集会を主催している。一方で、復活を勝ち取るために働いた、さまざまな団体からなる紀元節奉祝式典実行委員会は、いまでも毎年東京で紀元節祝典を催す一方で、政府に公式行事を主催するよう働きかけている。建国記念の日が制定されて十年経っても状況はほとんど変わらなかった。この日に公式行事を行なうよう求める国民運動もこの祝日を廃止するよう求める国民運動も起きず、自民党も政府も現状を維持したままだった。

七六年、『朝日ジャーナル』は国会議員に皇室と天皇制に対する意見を聞くアンケートを実施した。質問の一つは、議員に祝日の名前を建国記念の日から紀元節に返ることに賛成か、それともこの祝日をすっかり廃止してしまうかを尋ねていた。自民党と民社党議員の大半は現状を支持し、社会党と共産党、それに公明党の議員は廃止を望んだ。[81] しばしばその支持者によって米国の独立記念日と比較される建国記念の日は、日本人の団結を促進するどころか、団結の障害とさえなったかもしれない。

七六年になると建国記念の日の行事と政府との結びつきが確立される。総理府は「建国記念の日奉祝運営委員会」の年次式典を後援することにした。八一年からは文部省、八三年からは自治省、八五年からは外務省も後援に加わる。八二年に総理の座に就いたとき、中曽根康弘は占領後の首相として初めて建国の日の祝典に参加したいと思うようになった。しかし、中曽根の見るところ、奉祝運営委員会が主催し神社本庁などの〝純粋派〟が加わった式典は、その性質からしてあまりにも復古調だった。中曽根は自民党国民運動局長中山正暉《まさあき》を呼んで、自分が首相として出席できるような式典を工夫するよう純粋派と交渉させた。

中曽根は式典自体の中身を変えるとともに、式典を主催する新たな組織をつくろうと思った。交渉は八四年十一月から始まったが、中山は運営委員会のメンバーに、式典から政治色・宗教色を一切取り除くよう求めた。[82] 参加者は神武天皇陵を「遙拝《ようはい》」してはならず、「天皇陛下万歳！」と唱えてもならないと強調した。[83] 純粋派は最初、中山の条件を拒絶したが、十二月四日に神社本庁でもう一度話し合いを持つことになる。その席で、中山は「建国の日と神武天皇は無関係」（本章の冒頭引用文を参照）

と述べた。純粋派は建国の日の祝典を希薄なものとすることを拒絶した。

八四年十二月、中曽根のブレーンないし私的顧問グループの一人、五島昇《ごとうのぼる》は、「建国記念の日を祝う会」を結成し、翌年に総理も出席可能な式典を主催しようと考えた。(84) 最終段階で純粋派との妥協が成立し、強硬メンバーも出席することになった。合意がなされたことにより、式典は初めに神武天皇への言及がなされ、「天皇陛下のご長寿を祈り、万歳三唱」で幕を閉じた。これは戦前の「天皇陛下万歳！」とは異なるものである。(85) 式典にはほとんどの閣僚が参加し、公式の色合いを強めたが、中曽根は後に国会で、政府が主催して式典をするつもりはないと強調した。(86)

八六年の建国記念の日の祝典以降、「建国記念の日を祝う会」――中曽根の組織――は、その名称を「国民の祝日を祝う会」へと改めた。会が建国記念の日をあえて強調しなかったため、祝典の内容をめぐる紛糾が表面化し、その結果、純粋派は中曽根の団体から離脱して、再び独自主催による式典を催すようになった。(87) その後代々の自民党の首相は、引き続き「国民の祝日を祝う会」主催の式典に参加しているが、一方、純粋派は「日本の建国を祝う会」の主催で自らの式典を催している。八八年に開かれたこの二つの競合する式典でのあいさつ内容は、雑誌『祖国と青年』で簡単に見比べることができる。(88)

紀元二千六百四十八年（一九八八年）を祝うために開かれた純粋派主催の式典で、神道学者の桜井勝之進は短い開会あいさつの中で、直ちに神武天皇を引き合いに出している。天皇イデオロギーの復活運動を長く担ってきた指導的人物で、作曲家の黛 敏郎《まゆずみとしろう》は、日本最古の「正史」である『日本書紀』によれば、神武天皇は二千六百四十八年前に建国の礎を築いたと基調演説で強調した。黛は「八紘一宇」、「家族国家」さらには「万世一系」という言葉を用いながら、神武の精神と皇統をたたえた。彼は中曽根が「真の建国の本義から遥《はる》かに離れた」式典を開催したと批判している。評論家で元学習院大学教授の清水幾太郎《しみずいくたろう》は閉会のあいさつをしたが、神武天皇による建国に言及した後、参加者を先導して、戦前流に「天皇陛下、万歳！」を三唱した。

首相竹下登の出席した式典での開式の辞は、神武天皇には一言もふれなかった。元日経連会長の大槻文平《おおつきぶんぺい》は、それとなく神武天皇の神話に疑問を投げかけ、「古事記、日本書紀により、この二月十一日を建国の日とすること」には、いろいろの意見があることさえ認めている。大槻は天皇神話の宣伝より、日本経済の成果をたたえることに関心があったように思われる。「今日、資源らしい資源もないわが国が、世界第二の経済大国、世界一の貿易黒字国に発展しました」。演説から判断する限り、明らかに式典では自信あふれる経済ナショナリズムが建国の日と重ね合わされていた。竹下首相は神武天皇にはまったく言及しなかった。パナマ大使が在日外交団を代表してあいさつし、日本民間放送連盟会長の中川順《すなお》が天皇のさらなる長寿を祈って「万歳」三唱の音頭をとり、終了した。

どちらの式典も愛国的なものだが、その違いはどこにあったのだろう。日本には右にも左にも多くの愛国主義者がいる。たとえば、中曽根康弘は昔から愛国的な言動で知られ、熱心に天皇を支持してきた。しかし、首相在任中は最右派に属する多くの人々が、中曽根を裏切り者と見るようになっていた。最右派の好む天皇に関する誇張的言辞を弱めることによって、彼は国民からも支持される建国記念の日の式典をつくろうとしたからである。

評論家たちが、指摘するように、中曽根が政府主催の式典をめざそうとしていたのはほぼ間違いないが、彼は戦前と同じ線に沿って挙行される式典を公式に承認するつもりはなかった。首相としてはまず言葉の表現に注意し、式典でよく言及される天皇に対する戦前のような言い回しを避けたいと思った。中曽根の後継者も、戦前真っ先に言わされた神武天皇を公式に持ち出すことにアレルギーを示した。平成の即位式でも、昭和天皇即位のときに用いられた神武東征を象徴する旛《のぼり》の図柄は、菊の紋章に描き換えられている(89)。

宮内庁と、たとえば神社本庁のような強硬な天皇擁護論者との間に不一致が生じているのは、こうした皇室の「伝統」に関する分野においてである。神社本庁は、皇室の儀式を変更してはならないと強く主張し、そうした不変性が皇室の権威を支えているのだと論じる。これとは対照的に宮内庁は神社本庁に対し、天皇にとって何が最善かを考えないまま、自分たちの地位を強化するために天皇を利用しようとしてはならないと、それとなく批判している。とはいえ敗戦直後から、天皇が二月十一日に橿原神宮へ勅使を遣わすことは昔通りである。宮内庁はいまでも神武天皇陵を含む天皇陵を管理しているが、そのこと自体、陵の信憑性を公式に認めていることにほかならない(90)。

右派のリーダー中村武彦は、中曽根首相時代に確立された政府の建国記念の日の式典について、いくつもの欠点と思われるものを列挙した後（本章の冒頭引用文参照）、これは「いったいどこの国の建国なのであろうか」と問いかけた(91)。中村が政府の式典に求めたものを見て、自民党が戦前の天皇制を復活しようとしていると単純化することはできない。今日、戦前天皇制の支持者は、戦前流の国体ナショナリズムを持ち出して政府を攻撃しようとしている。中村が建国の日の「官製」儀式をけなした同じ年に、歴史家を中心とするグループは、「『建国記念の日』反対・不承認運動」二五周年集会を開き、政府がどんな形にせよ建国記念の日を祝ったことに抗議した[92]。

中曽根は国民の共感を得られるような建国記念の日の式典を形づくろうと陰ながら努力した。しかしその結果は、この祝日の制定が日本人の団結強化という点では、いかにも不首尾に終わったことを示している。戦前天皇制の言い回しは、日本国民の大半が嫌うところとなっている。純粋派のようなやり方で建国記念の日を祝おうとすることは、何であれ不愉快に思うようになっている。つまり、祝日なのに、式典に参加しようという日本人は右派に近い人たちなのだ。中曽根は右派からは天皇を冒瀆したと責められ、左派からは戦前の天皇制の復活を図ろうとしていると責められることになった。建国の日の意義をめぐるはっきりとしたコンセンサスは、まだ得られていない。

3　元号法制化に向けての運動

元号を法制化しようという動きは、紀元節復活運動よりも幅が広く、戦後日本で最も大規模な社会運動の一つだった。一九七九年に元号法が成立するまで、四七都道府県議会のうち四六の議会と、日本全国の市町村議会の半数以上の約一六〇〇の自治体が、国会に元号法の制定を促す決議案を採択していた[93]。この決議の広がりを組織したのは、紀元節の復活を勝ち取ろうとして動いたのとほぼ同じ団体だった。

紀元節と元号制の二つの運動にかかわった人物は、賛成派も反対派もかなり重なっている。元号制に絡んだ左右の熱心な少数派は、似たり寄ったりの団体や個人を数多く巻き込んでいった。神社界は法制化のために立ち上がり、国家主義的な慣行を嫌悪していた色川大吉のような歴史家は、これを阻止するために動いた。

元号についての論争は、法案が国会を通過する以前にも戦後何回も行なわれている。元号に代わるものとしては西暦によって年を数える方法があるが、西暦は世界の大半の国、そして日本が発展のモデルとしてきた国で採用されていた。日本語では西暦（キリスト教暦）の「西」という字は、「西側」もしくは「西洋」を意味するにすぎず、必ずしもこの暦に含まれているキリスト教的性格を意味してはいない。Christian calenderではなくWestern calenderというのが、西暦の訳語にはふさわしく、日本人にとって「西暦」は世界に通用するスタンダードだった。これと対照的に、元号制を使用するとなれば、日本の独自性を強調することになる。元号制をめぐる論議は単純な問いによって言い表せる。すなわち、日本は世界的な慣行を採用すべきか、それとも独自の文化的慣行を維持すべきか。元号の使用は天皇が在位する期間に沿って、ものごとを考えるよう日本人に促すものなのである。

一九五〇年の時点で西暦を使っていない国は、イスラエルとイスラム圏諸国だった。イスラエルは建国直後にヘブライ暦を採用したが、イスラム圏諸国はイスラム暦によって年を数えていた。中華民国は大陸で中国共産党が勝利したため台湾に移ったが、一二年に中華民国が発足したときを元年として数える年号を引き続き使っていた。誕生したばかりの大韓民国も、独自に年号を数える方法を試みようとしていた。四十年にわたる日本の統治から韓国人の誇りを取り返そうとして、教育相の安浩相《アンホサン》が先頭となって努力した結果、四九年に国会はこの年を檀君《だんくん》紀元によって数えることを決定した。つまり年号を檀君が王位に就いたときから数えることにしたのである。檀君は朝鮮民族の始祖であるとともに、紀元前二三三三年に朝鮮王朝を創始した人物と考えられている。国会は檀君紀元四二八一年を共和国発足の年と宣言し、檀君をたたえるため十一月三日を国民の祝日と定めた。韓国は一九六一年に檀君暦を廃止するが、十一月三日はいまでも国民の祝日である[94]。

五〇年二月、後に最高裁長官となった田中耕太郎が委員長を務める参議院文部委員会は、一カ月かけて元号制について審議した[95]。中心テーマは日本の独立に先立って公式に元号制を廃止するべきかということである。この問題には田中の関心が反映されていた。定められた審議内容には元号制が新憲法の精神にふさわしいかどうか、さらには日本は世界の「文明諸国」共通の年号計算を採用するべきかどうかを決定することまで含まれていた[96]。

文部委員会は二六人の学識経験者に証言を求めた。そのうちの一六人が廃止を勧告し、存続に賛成したのは七人だけだった。元号制廃止に賛成した人々は、西暦によって年数を数える方が便利だと強調した。日本が国際社会の協調的な一員となるためには、世界で用いられている価値や慣行を取り入れなければならないというのがその理由である。日本学術会議会長の亀山直人は、次第に国際化され交通が頻繁になっていく世界においては、元号制を捨てて西暦を採用することが望ましいと証言している。「日本だけ特別に隔離された島みたいになるということは精神的にも非常におかしいし、世界の文化国家と一緒に日本が暮して行くのが適当だと思うのであります[97]」。元号制の批判者の中では、憲法学者の宮沢俊義が同じような考え方を代表して、この制度は戦前の天皇制の痕跡であり、こういうものは日本から抹消しなければならない、と主張した。

これに対し支持者は、日本人の多くが元号制に親しんでおり、これを便利と見ていると指摘した。

神社本庁統理の鷹司《たかつかさ》信輔《のぶすけ》は、元号は千三百年以上にわたる日本の文化的伝統だと強調した。そして明治憲法によって与えられた天皇主権のような権力関係と必ずしも結びついているわけではないと述べている。(98) 東京大学教授で日本史を専攻している坂本太郎は、元号制は「独立国の象徴」として残すべきだと論じた。(99)

委員会は元号制について何ら勧告を出すことができなかった。調査半ばの段階で田中が国会議員を辞職し、元号制にもっと好意的な議員が委員長に就任したことも理由の一端である。にもかかわらず、元号をめぐる論議は国会の外部で続けられていた。神社界は機関紙『神社新法』を通じて、元号制支持を広げる運動を展開した。

神道青年全国協議会は元号制維持に賛成する署名を集め、五〇年三月、衆参両院の文部委員会に提出する。神社界もすべての政府関係者に向けて、とりわけ国会議員に向けて投書作戦を開始した。(100) 世論調査では西暦と元号の併用を支持する意見が多かった。『東京新聞』の世論調査では、回答者の二七パーセントが西暦の採用に賛成し、五四パーセントが西暦と元号の併用に賛成だった。(101)

学会では賛否双方が、それぞれ自分の意見を表明した。歴史家の津田左右吉は、『中央公論』に発表した、現在から見れば先見性があったと思える論文で、元号制を擁護した。(102) 初めにいわゆる西暦がキリスト教に根拠を持つ点を強調し、続いて元号制の長きにわたる歴史をたどっている。そして、改革の名で古い慣習をことごとく捨て去る当時の時流に流されてはならないと、読者に訴えている。

津田の解釈の主要な点は、元号制は本来象徴的なものだから、その意味合いは日本の歴史上通例だったように変更可能だし、変更してもよいということである。彼は読者に元号制の意味や精神は、明治維新の以前と以後とでは異なっていたことを思い起こさせた。さらに元号制は戦後の政治体制に合わせて発展するものだと強調する。「我々国民がこの新しい意義をもつものとして元号を用ゐるならば、それは少しも民主政治の精神に背くものではなく、新憲法に矛盾するものでもありません」[103]。つまり津田は、元号制と戦後体制を両立させるのは可能で、元号制はまったく憲法の条文と矛盾しないというのである。

国会の委員会で燃え盛った元号制に関する議論は、日本が独立を回復する前でさえすっかり冷え切っていた。日本人が引き続き年号を昭和で数えることを妨げるものはなく、天皇はまだ高齢に達していなかった。六〇年代後半になるまで元号が再び政治問題になることはない。六一年にこの問題が少しだけ国会で浮上したことがある。政府側は元号制にはもはや法的根拠がないと答弁したのだが、それに神社界が気づかなかったわけではない。しかし当時、神社本庁などは、紀元節の復活や靖国神社問題などに、そのエネルギーを注いでいる真っ最中だったのである。

靖国神社や不敬罪の問題は、建国記念の日や元号制の問題と興味深い対照をなしている。この章は右派の団体がしばしば合法的なルートを使って、政治的影響力を発揮した経緯を軽視ないし無視してきた歴史記述を修正することを意図しているが、読者は次の点をしっかりと頭に入れておく必要がある。それは神社本庁のような団体は主流の右に位置しており、そのため彼らのキャンペーンの多くが失敗に終わっているということである。不敬罪を復活させようという試みなどはまったく成功していない。

六〇年十二月号の『中央公論』に作家、深沢七郎が皇室に絡むスキャンダラスな短編を発表した際に、神社本庁などいくつかの団体はこれをテコに不敬罪復活への支持をかき集めようとした[104]。世論調査では、彼の小説「風流夢譚《ふうりゅうむたん》」を読んだ日本人の五九パーセントが不快感を覚えていたが[105]、不敬罪に対する国民の支持が広がることはなかった。自民党も党としてはこの問題を取り上げなかった。右寄りの団体がある種の主張に対する大衆的支持を立証しえたとしても、その政治目標は必ずしも達成できたわけではない。靖国神社を再び国が管理するよう求める運動も、うまくいかなかった例である。

占領終了直後から現在に至るまで、日本遺族会は靖国神社を国家が護持する戦没者のための神社へと復権させる運動の先頭に立ってきた[106]。これに対しては世論調査でかなりの国民的支持が得られ[107]、ある資料によると、七〇年までにこれを支持する署名が全国から一二〇〇万人分集まったとされる[108]。六九年以降、自民党は国と靖国神社の結びつきを再構築するための法案を何度か提出したが、ことごとく失敗に終わった。保守派がこの案件にかかわろうとしても、政教分離を定めた憲法の条文（第二〇条と第八九条）を突破するのが難しかったことが、決定的な理由である。建国記念の日の復活や元号制を支持する運動はほぼ成功を収めたが、それはこの二つが憲法問題と絡まなかったからである。

六八年は元号法制化に向けた組織運動の始まった年となった。この年の十月二三日、政府は明治百年記念式典を計画した。神社界をはじめとして皇室を擁護する団体は、政府の組織委員会が百年式典の日として選んだ、この日の持つ象徴的意味合いを認識していた。一八六八年の「十月二三日」に、日本政府は明治という新しい元号を定め、ここに近代的な元号制をスタートさせたのである[109]。法制化運動について記した神社本庁の公式記録は、百年式典は元号制の重要性をはっきりと知らしめるのに役立ったと記している[110]。

百年式典については三つの点を指摘しておくべきだろう。第一に、本書で研究がなされた多くの問題と同様、イデオロギー的な分裂が生じたこと。自民党は式典の目的は、日本の過去百年間の発展を祝い、それにより愛国心のような失われた価値を回復することだと強調した（一九六八年には日本は西ドイツを追い越して自由世界では二番目の経済大国になっていた）が、帝国日本を批判する歴史家は、日本の近代史をたたえる式典を認めようとはしなかった[111]。第二に、明治百年を祝う運動はそもそも政府、つまり上から始まったことだ。第三に、六八年は政府主催の式典でまとめられたにせよ、多くの民間組織が主催してさまざまな行事も行なわれたということである[112]。百年式典は右派勢力を活気づけるのにも貢献している。

神社界は全国にわたる宣伝活動や署名集めを通じて、元号制の存続を確実にする法体制の整備を国会に働きかける地道な運動を始めた。六九年に設立された神道政治連盟は、元号法制化を勝ち散ることを最優先課題とした。連盟の発起人で議長となった西村尚治《しょうじ》は自民党の参議院議員だった（日本では国会議員が在職中、民間利益団体で指導的な役職に就くのはごく普通のことである[113]）。彼は元号法の国会通過を図るうえで決定的な役割を果たした。

七〇年に自民党政務調査会は元号制に関心を向け、七二年には西村の率いる調査会の分科会が発足する。七四年に分科会は法案を承認し、そしてこれが七九年に元号法となるのである。政府が実施した七〇年の世論調査では、「主に年号」の使用を支持する人が八〇パーセント前後に達していた[114]。しかし、自民党は慎重に行動し、元号法制化を広く支持する運動が起きてから、ようやく法案を提出する。

明治百年記念式典は元号法制化運動を活発にする役割を果たしたが、七五年の昭和天皇在位五十年は運動をさらに決定的に前進させるきっかけとなった。[115] 右派団体の一つ「日本を守る会」が、早々とさまざまな在位五十年祝賀行事に取り組み、七五年初めには与党自民党が公式の式典を企画するようになった。民間団体は天皇在位五十年を祝うさまざまな行事を主催し、七六年十一月、政府による公式な記念式典が開催された。

七五年五月、神社本庁は明治神宮に五〇〇〇人の参加者を集めて祝典を主催したほか、同様の祝典が全国の神社でも催された。このような際に元号の法制化を求める決議が採択され、それが首相に送り届けられた。この年、神社界は精力的に署名活動を展開し、天皇在位五十年をたたえた。[116] 年末には、元号法制化を求める一〇〇万人を超す署名を集めたと公言している。[117]

政府主催の式典は、さらに元号制についての意識を高めるのに役立った。[118] 七五年と七六年に、生長の家の機関誌『理想世界』をはじめとする右派の雑誌は、かなりのページを元号制問題に割くようになった。五十年式典には草の根からの多くの関心が集まり、それにつれて元号への関心も高まっていった。関心を持った人たちは、戦争を生き延びた戦前世代に限られていたわけではない。「生長の家」の十代の会員は、こうした式典に参加した後、日本をたたえる詩を書いている。[119]

元号法制化運動と紀元節復活運動との間には直接のつながりがあった。七七年二月十一日には、二〇カ所以上で「建国記念の日」の祝典が開催され、さまざまな団体が集まって法制化を請願する決議を採択した。五月には五七団体が東京に集まり「元号法制化要求国民大会」を開催した。[120] 東京大学教授の宇野精一を議長とするこの大会は、紀元節復活運動を担った多くの団体が参加したのが特徴で、その中には紀元節奉祝会も含まれていた。後援には、神社本庁、生長の家、日本郷友連盟、日本を守る会、自主憲法制定国民会議が名をつらねていた。建国記念日運動のときと同じように、女性団体や青年団体の動きも活発だった(121)。

日本青年協議会はとりわけ大きな役割を果たした。協議会は七〇年に大学生によって設立され、いわゆる「革命的」左翼学生運動に対抗することを目的とした。政治的右派は六〇年代後半のベトナム反戦や七〇年代初めの日米安保条約反対を唱える学生の騒乱に手を焼いていた（左翼過激派はさほど多くなかったが、きわめて行動的でときには暴力的だった）。これと並行して進歩的ではあるが過激とはいえない市民による反公害運動が、多くの自治体で影響力を及ぼすようになったことから、右派もまた地方レベルの住民運動を通して、全国的な政治問題に影響力を発揮する手法を学んだのである。全国各支部に加盟する二十代の若者が、日本青年協議会の核となった(122)。七七年、同会は左派と右派が政治的膠着《こうちゃく》状態にある時期に、元号の法制化を図るため次の戦略を提案する。

この法制化を実現するためには、どうしても国会や政府をゆり動かす大きな力が必要だ。それには全国津々浦々までこの元号法制化の必要をつよく訴へて行き、各地にこの元号問題を自分たちの問題として取り上げるグループを作りたい。そして彼らを中心に県議会や町村議会などに法制化をもとめる議決をしてもらひ、この力をもって政府・国会に法制化実現をせまらう(123)。

現状打破をめざした日本青年協議会の行動計画は、予定通り二年間で実行に移される。七七年八月、日青協は神社本庁や自主憲法制定国民会議との共催で、地方の力を結集するために西日本に向けてキャラバン隊を組んだ。この遊説は二二日間、五〇〇〇キロに及んだが、驚くべき成功をもたらした。

彼らが訪れるあらゆる場所で参加者は講演会を開き、映画を上映して元号制についての啓蒙活動を繰り広げた。それは三つの主催団体の地方支部と連携していただけではなく、ほかの団体の関係者とも連携していた。これらの団体に対して彼らは草の根の連合体を結成し、地元の議会に決議を促すよう要請した。八月十七日、キャラバン隊は熊本県公民館で、熊本県元号法制化促進協議会の一七の民族派団体から二〇〇人以上の代表を集めた(124)。彼らは元号法制化を求める請願書の見本を見せ、地元の団体はこれをモデルにして自分たちの請願書をつくり、地元議会に提出した。

メンバーは県議会や市町村議会の議員から直接、元号法制化を求める決議を通す約束を取り付けることでも、かなりの成功を収めた。長崎県議会議長は彼らと会見した後、議会に請願書を出すよう求めている。七七年九月二二日、キャラバン隊が訪れた佐賀県の伊万里市議会は、地方議会として初めて元号法制化を求める決議を採択した。日本青年協議会の資料には、初めて決議が採択されることになったこの歴史的瞬間が、次のように記されている(一部ダイジェスト)。

地元報告——伊万里市決議への道

九月二十二日午後三時十五分、伊万里市議会の傍聴席に座っていた人々から拍手の渦が湧き起こった。議会が元号法制化を求める決議を可決した瞬間だった。片岡会長をはじめ、「祖国と青年」伊万里支部のほとんど全員が、昼から休みをとって議会に駆けつけていた。

支部の一二人はすべて地元で活動している。最年長の吉武は三十二歳で、最年少の江口は二十五歳。会員の平均年齢は二十八歳で、全国の「祖国と青年」を購読している会員の平均年齢と同じである。

片岡は昭和四十六年［一九七一年］に九州産業大学を卒業し、家業の米穀店を継ぎながら、吉武の率いる伊万里市青年団の活動に携わってきた。吉武は昨年の「今上陛下御在位五十年奉祝」に参加したのち、「祖国と青年」に加わった。副会長の満江は昭和四十九年［一九七四年］以来、片岡の右腕として、［伊万里市の］「祖国と青年」を創設した。酒店の経営者だが、彼の別荘は便利な集会場所となっている。前田秀幸はトラック会社で働いており、会計を担当している。

前田清隆は片岡宅の近所で理容店を営んでいる。その父親も［元号法制化を支持する決議を求める署名運動に］熱心で、店に用紙を備えておき、客の髪を刈りながら元号の話をして、帰りには必ず署名をもらったという。

ほかの会員としては農業を営む芳野要助がいるが、彼は一歳の子供にも署名させた。彼も今上陛下在位五十年奉祝活動からのメンバーである。もう一人、農家の野中義和は吉武と同様に青年団の活動歴が深く、今回各地の青年団もそのためによく働いてくれた。江口文明も農業で、やはり地元の青年団長の経歴を持っている。江口房雄は会員中異色のサラリーマン。原田博は左官業。自民党に関係する梶山和泰の存在は伊万里政界を動かすのに大きな力があった。最後の会員、松尾信行はホワイトカラーで今年七月に入会した。

元号決議までの運動経過は次のようだ。取り組みは江口房雄が今年五月に東京の「元号法制化要求中央国民大会」に参加した時に始まる。彼の報告を受けた祖青（祖国と青年――監・訳者）の会では、伊万里でも神社関係、宗教団体、老人クラブ、軍人恩給連盟等の各団体に働きかけて、署名活動を行うことを決定した。同時に市会議員にも攻勢をかけることにした。

市議会は議員三〇人（現在一名は欠員）で構成され、そのうち二六人は保守系無所属で三人は社会党議員である。さらに同市の各町は一〇から一五の区に分かれており、区長を無視した人物は次期に必ず落選すると言われている。

伊万里支部は六月に署名運動の再協議を行い、ここに画期的な回覧板方式が誕生した。[125] しかし、この方式を使って元号制のような国家的問題にかかわる署名を集めるとなれば、どの家庭でもこれが話題になった。各区長の協力によって、ほぼ全戸にわたる陳情書が達成できた。これは草の根運動の著しい成果だった。

元号法制化推進全国遊説隊の来訪を機として、八月十六日、元号法制化推進伊万里市民会議が結成された。この市民会議と数千の「決議を求める」署名を背景に、われわれは市議会への本格的なアタックを開始した。

九月五日、「決議を求める」陳情書を提出。三日後には伊万里の半分以上の戸数にあたる六四〇〇以上の世帯主の署名を市議会に提出した。[126] 翌日、市議会議長は、決議案に対する議決を九月二十二日に行うと発表した(127)。

請願書を回覧するやり方は、もともと威圧的なものだった。隣の家が署名したかどうかを見られるというのは、果たして民主的なやり方なのか大いに疑問がある。しかし、ほかの地域でもこの署名集めの手法は、どこの民主主義国でも草の根運動としては典型的なものである。

伊万里市の場合も、地元の団体が法制化を求めて地元議会に圧力をかけたのだが、それは決して特異だったわけではない。こうしたやり方は七七年から七九年にかけ元号法が成立するまで各地で繰返された。七七年八月にキャラバン隊が組織活動を展開した地域の議会も、伊万里市に続いて七七年九月から十月の間に決議を採択したが、その中には長崎県議会も含まれていた。

これらの決議がほぼ同文なのは偶然ではない。というのも各議会は日本青年協議会やほかの右派の団体のつくった決議のモデルを引き写していたからである。その典型的なものをあげておこう。

元号制の法制化に関する決議

明治・大正・昭和というわが国の元号（一世一元）制は、戦後新皇室典範制度のため、その法的根拠が曖昧なまま今日に至っております。「大化」以来、千三百年余途絶えることなく続いてきた元号は、天皇を象徴とする独立国日本の伝統であり、国民統合の重要な柱であります。よって、元号制度を速やかに法文化されるよう強く要望する。以上、決議する。

昭和五十二年〔一九七七年〕九月二十二日

伊万里市議会
議長　河村兼雄

内閣総理大臣　福田赳夫　殿
法務大臣　福田　一殿[128]

元号法が成立するまでに、総理府には日本中の議会からこうした決議が一六〇〇以上届いていた。決議の波が広がった速さは驚異的だった。最初の決議が採択されてからわずか八カ月後、三六の県議会を含め、三四二の地方議会が次々と決議を採択した[129]。日青協や神社本庁など全国的な組織網を持つ右派の団体の働きかけのあったことが大きな要因である。七七年から七九年にかけ神社本庁の本部はまるで作戦指令室のようになった。大きな日本地図が貼られ、決議を採択した議会、ないしターゲットにしている議会の場所が示されていた。日青協は、神社本庁や生長の家と協力してつくった「地方議会決議実現の方法」といった戦略小冊子を、いつでも関心のある集会に提供できるよう準備していた。この小冊子は地方議会に働きかけようとする人に次のように勧めている。「できるだけ多くの団体を結集する。宗教団体にのみかたよらず老人クラブとか隊友会、遺族会、商工会議所等、幅広い団体を集めた方が効率的である。……二十～五十団体くらいの名を連ねたいものである。特に自民党に対しては、圧力団体名で強く要望することが必要（である）[130]」。小冊子には自民党は、たとえば日本医師会のような（カネのある）利益団体には、特に弱いというようなことが書かれている。

全国組織は大きな役割を果たしたが、伊万里市のような地方を拠点とした草の根タイプの組織的活動がなければ、多くの地方議会が決議採択に至ることはなかっただろう。決議の背後には、しばしば熊本県元号法制化促進協議会のように、組織を通じて働いた多くの個人の支えがあり、彼らは一軒一軒訪ねて署名を集め、陳情書を地元議会に提出したのだった。全国敬神婦人連合会を中心とする多くの婦人団体も、この元号法制化運動で活躍した。(131)

4　戦後民主体制と愛国心

一九七八年には右派団体は元号法案に向けての動きを、最高潮にまで盛り上げていた。四〇〇以上の地方議会が決議を採択した後、五月に神社本庁と神道政治連盟、日本青年協議会をはじめとする団体は、法制化を求める新たな集会を主催した。(132)二〇〇〇人以上の参加者があったが、そのなかには自民党や新自由クラブ（自民党を脱党した少人数の国会議員グループによって七六年に結成）、それに民社党の議員も含まれていた。新自由クラブ幹事長の西岡武夫は、国会議員が超党派で集まって元号法案の通過を図りたいと明言した。(133)

六月、国会内で西村尚治を会長とする元号法制化促進議員連盟が結成され、自民党と新自由クラブ、民社党から四二八人の議員が加わった。七月、神社本庁はさらに運動の輪を広げるために、元号法制化実現国民会議を組織する。元最高裁長官の石田和外《かずと》を議長とし、日経連会長の桜田武など日本の実業界指導者をはじめとして、大勢の著名人が加わっていた。日本商工会議所や青年会議所、全国中小企業団体中央会の会頭や会長も名をつらねていた[134]。

国民会議は潤沢な資金に恵まれていたらしく、さまざまな広報活動を繰り広げている。どれだけ多くの県議会が元号法制化を求める決議を採択したかを示す地図も添えて、新聞にも大きな広告を掲載した[135]。また、ずばり『元号新聞』と名づけた新聞も発行している。

議員連盟と国民会議は連日のように連絡を取り合い、政治目標の達成をめざした。七八年半ば、福田赳夫内閣はすでに元号法案を提出する方向に傾いていた。政府に政治的圧力をかけ続けるため国民会議は当初、日本青年協議会が実施したのと同じ全国キャラバンを組織することにした[136]。東京に戻ってくるころには四七都道府県に国民会議が組織され、地方議会に働きかけて、元号制を支持する決議を採択させようとしていた[137]。

決議の波はとどまるところがなかった。七八年八月には、決議を採択した県議会の数は四五に、同じく市町村議会の数も七〇〇近くに達している。この時点で四七都道府県のうち北海道と沖縄だけが決議を採択していなかった。法案が国会に提出される前に、北海道も議会で猛烈な論戦があり、その後賛成に回り決議を採択する。その結果、沖縄だけが元号の法制化に賛成しない議会を持つ唯一の県となった。

七八年八月十七日、福田首相は決議運動に応える。元号制の存続を支持すると明言し、「地方議会でここまで議決が進んでいることには私自身も驚いている」と述べたのである[138]。国民会議はこの後も政治的圧力をかけ続けた。十月三日には国会の特別会期中に、元号法案の成立を求める大会を東京で開催し、全国から二万人以上が参加した。合わせて三一八人の国会議員が出席し、なかには自民党や新自由クラブ、民社党、公明党の主だった人物も含まれていた。大会で披露された福田首相のメッセージには、政府はなるべくすみやかに元号制に関する適切な措置を講じたいと記されていた(139)。

このころ福田赳夫と大平正芳の間では、次期自民党総裁（つまり首相）の座をめぐって熾烈《しれつ》な抗争が繰り広げられていた。十月十七日、福田と大平はどちらが次期首相になろうと、自民党は次期通常国会に元号法案の提出を約束するとの共同声明を発表する。こうして自民党は本格的に元号法案に取り組むこととなり、神社本庁と日本青年協議会をはじめとする団体の十年にわたるロビー活動がようやく実を結ぼうとしていた。地方議会に働きかけて決議を通す手法は、自民党に法案の推進を決意させるうえで大きな役割を果たした。

七九年二月二日、いったん元号法案が国会に提出されると、可決にはさしたる問題もなかった。自民党と民社党、公明党、新自由クラブが法案に賛成し、反対したのは社会党と共産党だけ。二月九日に発表されたＮＨＫの世論調査によれば、回答者の五九パーセントが元号法制化を支持しており、反対はわずか一九パーセントだった(140)。元号法案の条文は短く、天皇の即位にあたって新元号は内閣が政令で定めるという一文だけである。にもかかわらず、国会での論戦は長引いた(141)。

多くの議員が意見を述べ、衆参両院でそれぞれ五人ずつ元号制について証言した。天皇制をめぐる一般的論議にまで脱線した論戦の国会議事録は、数百ページに及んでいる。元号をめぐる論戦は、三十年ほど前に参議院文部委員会で行われた同じ問題をめぐる論戦と、どこが違っていたのだろう。

五〇年の審議は元号制の廃止いかんに向けられていたが、今回は元号を引き続き使用するのに法的な仕組みが必要かどうかが中心だった。にもかかわらずこの論議は五〇年のものを踏襲している。根本的な違いは元号反対派が少数派になっていたことだった。推進派は多数派だっただけでなく、元号制度を日本文化の象徴として守るのだと、強く確信するようになっていた。反対派からは世界の「文明国」の仲間入りをするために、西暦を採用する必要があるという話さえ出なかった。戦後日本文化論を研究する文化人類学者の青木保は、七〇年代後半から八〇年代初めにかけてを、日本人がとりわけ自分たちの文化の独自性にいっそう肯定的な見解を持つようになった時期と位置づけている[142]。元号制をめぐる論議はこうした自信のほどを反映している。

　論戦の特質が明らかになるのは、法案が国会で初めて審議された三月十六日のことである。すべての論戦を通じていえることだが、政府は大平首相が答弁する際でもほかの閣僚の場合でも、法案の目的がまさしく元号の存続を求める国民の要求に応えるものであることを強調した。自民党や民社党、新自由クラブの個々の議員が、証人と声を揃えて愛国的な主張をぶち上げても、政府は政策をめぐるイデオロギー論争を避けようとした。最初に国会で元号制についてふれたとき、大平はこう強調した。「元号法案を提出する真意は……大多数の国民がその存続を望んでおる（からであり）……また、現在四十六都道府県と、千を超える市町村が法制化の決議を行い、その速やかな法制化を望んでおります[143]」。

　社会党議員の上田卓三《たくみ》は最初に政府に質問した。上田はまず元号制に対してなされている一般的な批判をまとめて紹介したうえで、天皇主権によって特徴づけられる明治政治体制の一環として発展してきた一世一元制は、国民主権を明記している戦後憲法と両立すると思うかと政府に質問した[144]。この法案について質問した国会議員の多くは、法案の条文が明治体制への回帰を意味しないことを保証するよう求めた。政府側は元号に法的根拠を与えても、憲法に抵触することなどありえないという見解を繰り返すばかりだった。

上田は一世一元制は古くからの伝統とはいえず、たかだか百年の制度にすぎないと指摘した。また元号制が不便であり、このかつてない国際化時代に国内でしか通用しない制度を採用して、なぜ世界のほかの国から自らを閉ざしてしまうような真似をするのかと質問し、最後に元号制は「思想管理体制」の一部であると告発して、こう結論づけている。

元号は万世一系、教育勅語、君が代、国家神道、教育内容画一化、思想言論統制などと同じく、国民思想を権力によって完全に統制する装置の一つの歯車として設定されたものであります。(145)

これに対して、担当の総理府総務長官三原朝雄《あさお》は、法案は国権の最高決定機関である国会で自由に論じられているではないかと反駁した。(146)

公明党議員の新井彬之《よしゆき》は国民の大半が元号制の存続を望んでいると指摘。さらに同党が支持するのは、戦後体制の方向に沿ってであると強調した。「元号を制度化することは、旧帝国憲法下で天皇の大権によって定められた元号とは全く異なるものであり、国民の主権により定められるものとして、公明党は、その立場から元号の存続に賛成の態度を表明しておるのであります」(147)。新井は公明党が元号制も憲法も支持していると発言した。

質疑応答の初日、最も愛国的な印象を与えた国会議員は、民社党の中野寛成《かんせい》である。民社党は全労働者というより愛国的な労働者を基盤とする社会主義政党である[148]。これは覚えておかねばならない点だが、民社党はかつて建国記念日を制定する法案に反対していた。中野は自分は近年、繁栄を達成した日本とその輝かしき伝統に誇りを持つようになっていると話した。そして元号制を「自主独立日本のシンボル」であり、「壮大な日本民族のロマン」と述べた。西暦がこれほど広く使用されているのは、キリスト教諸国が世界の大半を植民地化したからだとも論じた。中野は民社党の支持母体である同盟（全日本労働総同盟）が、元号法制化実現国民会議に加わっていることを強調し、元号法案を強く支持したのである[149]。

三月十六日に最後に質問に立ったのは日本共産党の柴田睦夫《むつお》で、いきなり告発を開始した。「元号制が……絶対主義的天皇制の専制支配を支える役割を果たしてきたことは周知のとおりであります」。柴田は元号法案を自民党が支持する反動路線の一環だと解釈していた。また都道府県や市町村の議会で採択された決議の有効性にも疑問を投げかけている。決議は「全会派一致の慣例を破って多数決で強行したもので、地域住民の世論を反映しているとは言えないものであります[150]」。柴田が決議の価値を認めないと述べたことに対して、国務大臣の三原は次のように反論する。「地方公共団体が都道府県におきましても四十六都道府県、市町村におきましても千五百になんなんとする市町村が、議会において法制化の促進を議決しておられるという、私はこれはやはり重要な動向であると見ざるを得ません[151]」。政府は繰り返し、地方議会の決議を切り札とした。十週間以上も論議が続いた後、法案は可決された。元号法が施行されたのは七九年六月十二日のことである。

元号法によれば、政府関係者（外交文書にかかわる者は別）は天皇の統治期間を示す元号によって、[訳注]

年を数えることを義務づけられる。しかし、国民は元号を使うよう求められるだけだ。公布された後、国民の中には、どんなことがあっても西暦を用いると主張する者もいた。政府が元号法を制定して愛国心を呼び覚まそうとしたことに抗議するため、別のやり方で年数を数える人もいた。八四年から九二年まで逗子市長を務めた富野暉一郎《きいちろう》は、市の職員に逗子市では市民がどちらの暦も使えるように特別の工夫をするよう指示していた。これは法律で認められていたからである。[152] 建国記念の日の場合と同じように、元号制に対しても国会がこの制度の公的地位を回復した後も、頑強な抵抗はずっと続いた。しかし元号制は建国記念の日よりずっと分裂を生じることが少なかった。愛国心が国民のレベルで養成されるのは、元号によって年を数えるという一見、平凡な慣行を通してである。

建国記念の日と元号制を求める運動は、戦後日本について何を物語っているのだろう。第一に、それは政治にかかわる連合体が多様であることと、右派側の議会への働きかけ方が優れていることを示している。私は戦後日本の国家の状態が中立的だとは思わない——日本は右寄りに動いていったのである。にもかかわらず右派の神社本庁は、多くの左派の市民団体と同じく戦後政治の緊張関係のなかで存続してきた組織である。神社本庁の考え方は、左派政党は言うまでもなく、自民党の考え方ともしばしば食い違う。米国の最右派団体、キリスト教連盟と同じように、神社本庁は個々の市民と国家との間に位置する市民社会の中に確固たる位置を占めている。そして八〇年代後半から九〇年代にかけてキリスト教連盟が活躍したように、神社本庁もいくつかの綱領に関しては幅広い支持を得られる力を持つことを実証したのである。[153]

このような団体の政治的影響力を無視すると、日本の政治について誤った構図を描くことになるだろう。さまざまな利益団体が戦後日本の社会政策の形成に大きくかかわってきた。とりわけ宗教団体の役割は理解しておかねばならない。もし神社本庁をはじめとする連合体が草の根運動を促し、長年にわたって自民党に働きかけていなければ、紀元節の復活、ないし建国記念の日の制定がなされたかどうかきわめて疑わしい。多くの自民党政治家は票や寄付に結びつくため、神社本庁のような団体の支持を取り付けようとしているが、それでも神社本庁の綱領が法案段階にまで達するのはごくまれである。建国記念の日と元号制はそうしたまれな例といえよう。

天皇制のさまざまな特徴が、戦前戦後を通じて支持されていると語ることも可能かもしれないが、この断片的な支持をもって戦前天皇制が丸ごと支持されていると解釈してはならない。四〇年の紀元二千六百年記念式典で見られたような、戦前流の紀元節イデオロギーは——神社本庁などはこうしたイデオロギーをいまでも護持しているが——現在の日本人にはほとんど受け入れられなくなっている。戦前と同じようにこの祝日を祝っているのは、ほんのわずかな日本人にすぎない。もし建国記念の日に大衆動員をかけるとすれば、冬の祝日のスキーゲレンデを利用するしかないだろう。[154] 大部分の自民党の政治家は国民に愛国心を促すために働いていると言ってよいが、愛国心は日本ではしばしば皇室と結びついている。愛国心は趣味のよいものとは言えないかもしれないが、だからといって、日本の民主主義体制に反していると言い切ってしまうこともできない。いまの日本では愛国主義が民主体制を損なっているわけではないからである。

本章の研究は象徴の持つ重要性を指摘する一方で、象徴性と政治性との厳密な区別を描くことが難しいことも指摘している。政治性と象徴性は相互に補完しあっている。しかし、建国記念の日と元号制が戦後日本にとってかなり重要性を持つことは、頭に入れておいた方がよい。ふたつとも象徴に関するものとはいえ、強力な政治現象でもある。これらは民主的政治体制の基本を定めた憲法を改正する運動が失敗に終わったことと、同程度の意義を有していると言ってもよいのではないだろうか。あらゆる面で、象徴的なものより政治構造を特別扱いする必要はない。しかし戦後の日本では、多くの保守派が改変を試みようとしたにもかかわらず、憲法は基本的に政治を進めていくルールを、根本的に再規定するのに役立っただけでなく、多くの分野で社会的影響力を発揮してきた。対照的に建国記念の日はいまでも論争の的になっている。そして元号制は日本社会における天皇制の重要性を強化する仕組みの一つであるにもかかわらず、一応は憲法で定められた戦後体制の枠内で機能しており、決して戦後体制をむしばんではいないのである。

4　皇太子訪米と六〇年安保

――外交文書にみる「皇室外交の政治利用」

高橋　紘

1　条約改定を念頭に置いて

皇室外交を定義づけるのは難しい。あえて表現すれば、天皇及び皇族が外国を訪問してその国の元首や国民と交歓し、両国が親善を深め、相互理解を助けること。また他国の元首などが来日した際、歓迎式典を行い宮中晩餐などでもてなしたり、駐日の外交官に対して園遊会や午餐などに招き親睦を図ること――などといえようか。

象徴天皇は国政に関する権能を有しない（憲法第四条）から、皇室外交は政治的色彩を帯びてはならない。しかし、これまで天皇、皇族の外国訪問は相手国の強い要請があったり、あるいは外交交渉の過程で決まったりした例が多く、「皇室外交の政治利用」はしばしば問題化している。

一九六〇年秋の皇太子夫妻（現天皇。以後当時の地位で表記する）の訪米は、戦後初めての本格的な皇室外交として記憶されているが、九八年六月、外務省はこれに関する外交記録を公開した。『宮内庁要覧』は訪米目的を「日米修好百年に際し御訪問」と記載しているが、もっと政治的な意味合いを含んでいた。この年は岸信介内閣が政治生命を賭けた日米安全保障条約の改定交渉が成立した年でもあった。交渉の過程で日本が再び戦争に巻き込まれるおそれがあると、反対する動きが次第に強まり、政府の強引な国会審議の進め方に怒りが広がった。連日のように国会周辺を何万人ものデモ隊が埋め尽くし、各地で抗議集会が開かれた。

日米交渉の過程で、皇太子明仁親王と米国大統領アイゼンハワーの相互訪問が決まった。それまで日本にはエチオピアやイランなどから元首が来日しており、政府はこれらの国々に対して皇太子を天皇の名代として答礼してもらうことを内定していた。にもかかわらず、訪米が優先されたのである。

条約成立の最終段階でデモに参加した女子学生が、警官隊とデモ隊の衝突に巻き込まれて死亡するという衝撃的な事件が起きた。このため大統領来日は中止されたが、夫妻の訪米は米国民の反日感情を緩和させるため、一層重要性が増したと判断されて実行に移された。

公開された文書から、夫妻の訪問は両国政府が条約改定交渉を念頭に置きながら、また日米関係を忖度しながら、ときには日本側が、またあるときは米国側が主導権をとり、日米合作で推進された。数千ページに上る外公文書を精査すると、皇室外交はそのスタート時点から政治に巻き込まれてきた姿が浮かんでくる。

2　岸内閣の足場は日米関係強化

戦後十年経った一九五六年は、「戦後は終わったか」という議論がジャーナリズムを賑わせた。対米輸出の拡大、国際収支の大幅改善などで物価は安定し、電気洗濯機や掃除機など家庭電化製品が普及し始めた。好況は続き、一万円札が発行され、〝神武景気〟とも言われた。終戦直後の飢餓感は遠のいてきた。暮らしにゆとりが生まれ、生活が便利になったという実感を多くの国民が抱くようになった。「戦後は終わった」というフレーズは、あのころ心地よく響いた。

月刊誌『文藝春秋』は、評論家中野好夫の「もはや戦後ではない」という小論を、五六年二月号（実質的には新年号）に掲載した。中野はこう語る。

いい意味で（日本が）小国になった厳しい事実の上に腰を据えるべきときなのではあるまいか。戦後十年経ったいま、日本人はかつての大日本帝国の夢を捨てるべき時である。小国そのものの意味が変わったのである。その意味で〝戦後〟を卒業する私たちは、本当に小国の新しい意味を認め、それを人間の幸福の方向に向かって生かす、新しい理想をつかむべきであろう。

ジャーナリスティックな月刊誌のタイトルは、経済企画庁が七月に発表した『経済白書』の「日本経済の成長と近代化」のなかでも引用された。日本経済はそれまでの特需依存を脱して安定成長の軌道に乗ったと見なし、「もはや『戦後』ではない。われわれは今や異なった事態に直面しようとしている。回復を通じての成長は終わった。今後の成長は近代化によって支えられる」と判断している（『昭和の歴史』第9巻、小学館）。中野が説いたのは国民意識の変革だったが、白書は実態の分析で大型景気の到来を見通した。

経済の発展と充実は、国際社会にも反映される。占領の桎梏から解放され、民主的な憲法を持つ日本は、アジアの自由主義国家として位置づけられた。五六年十二月十八日、国際連合は日本の加盟を全会一致で承認し、その二カ月前の十月十九日、鳩山一郎内閣は日ソ国交回復に関する共同宣言を調印した。杖をつき、夫人に抱えられるようにして飛行機のタラップを上り、モスクワに向かった鳩山は国交回復を機に引退を表明、十二月二三日、石橋湛山内閣が成立した。戦前からリベラルなジャーナリストとして知られた石橋は、清廉な人柄で好感を持って迎えられたが、わずか九週間で病に倒れた。

五七年二月二五日、石橋内閣で外相を務めた岸信介が組閣した。岸は四一年、東条英機内閣で商工相を務めたため、戦争責任を問われてA級戦犯として逮捕された。巣鴨刑務所に収容されたが、三年あまりで釈放となり政界に復帰していた。

鳩山はソ連と、石橋は中国との関係改善に努めたが、岸政権の足場は日米関係の強化に置かれた。内政面では憲法調査会を発足させ、第九条（戦争放棄）の改正に取り組む姿勢を見せた。就任四カ月の岸は、五七年六月十四日国防会議を招集、第一次防衛整備計画（一次防）を決定した。構想では三年間で陸上十八万人、艦艇十二万四千トン、航空機千三百機の保有を目標としている。これらを

〝手土産〟に米国を訪れた岸は、六月十九日から三日間、アイゼンハワー大統領、ダレス国務長官と会談、五二年サンフランシスコ条約のとき締結された、安全保障条約を改定する検討委員会を設置することを決めた。さらに沖縄、小笠原の施政権返還を盛り込んだ共同声明を発表、〝日米新時代〟が到来したと謳った。

労働運動、教育問題に強い姿勢で臨んだことも、特徴である。五七年九月十日、文部省は教師の勤務評定の徹底を通達、日教組は教育の国家統制につながるとして、各地で反対闘争を展開した。五八年六月、総選挙後の臨時国会の施政方針演説で、岸は国労、日教組などの動向を見ながら、「非民主的な活動に対しては毅然たる態度で望む」と述べ、十月八日、「警察官職務執行法改正案」を国会に提出した。しかし、「デートもできない警職法」などと市民が猛反発、審議未了に終わっている。

神武景気から一転して〝ナベ底景気〟になったものの、五九年には神武を上回る好況という意味の〝岩戸景気〟が到来した。テレビ、洗濯機、冷蔵庫を〝三種の神器〟と呼び、電化製品が耐久消費財ブームの牽引車となった。好況の後に不況が来たりはしたが、日本経済は着実に実力を蓄えつつあった。

五八年十一月二七日、皇太子の婚約が発表された。午前十時、皇居で内閣総理大臣を議長とする皇室会議が開かれ、日清製粉社長正田英三郎の長女美智子が皇太子妃に決定した。美智子の母校はカトリックのミッションが経営しているため、右翼・民族派団体などが反発した。宮内庁長官宇佐美毅に根回しされていた岸は、「本人はクリスチャンとの話もあるが……」と打ち合せ通りの質問をし、宇佐美が「洗礼は受けていない」と否定して、会議は滞りなく終了した。

皇太子妃がこれまでの慣習を破り、旧皇族や旧華族からではなく、皇室とは血縁関係のない女性が選ばれたこと、仕組まれた見合いとはいえ、皇太子が自らの意思で相手を選んだこと、何よりも美智子が聡明で健康美に輝き、家系も非の打ち所がないこと――などで、二人の婚約は新鮮な印象を与えた。一部の人にしか知られていなかった彼女の母校「聖心」は、たちまちに有名大学に〝昇格〟した。仲立ちはテニスで、白いブラウスに紺のVネックのセーター、ラケットを抱えたスタイルは全国を席巻し、〝ミッチブーム〟が生まれた。

米国でも父親が経営する会社が製粉会社だったことから、〝粉屋の娘〟(Miller's Daughter) が二千年の歴史がある皇室に入ったと、シンデレラ物語のように喧伝された。皇太子の婚約は安保条約の改定問題と絡み合いながら、夫妻の訪米問題の計画が進行することになる。

3　夫妻は格好の〝PR役〟

公開された外交文書で皇太子夫妻の訪米計画が語られているのは、一通の私的な書簡である。

一九六〇年が日米外交が正式に開始されて以来、恰も百年に相当するので、全年を期しこれを記念するため、日本国内および米国内に於いて、諸種の文化啓発諸事業を行って、両国民の相互理解を増進し、以って両国の親善友好関係を一層強固にすることは、極めて有意義だと考え、昨年一〇月末の北米啓発担当者会議(情報文化局長近藤晋一)に諮って、これを一議題として協議しました。

……………

ところでこのような地道な文化啓発事業の中心となる企画として、最近御結婚が整い、全国民が心から祝意を表しており、且つ米国内各方面でも大きく報道されて関心をもたれている、皇太子殿下及び全妃殿下を、大統領の賓客として御招待させることができれば、それほど有効且つ有意義なことはないのではないかということを、島内（敏郎在米大使館）参事官が、国務省係官等との雑談からヒントを得て、私に相談がありました（適宜句読点を付けた―引用者。以下同様）。

一九五九年一月十六日、ニューヨーク総領事田中三男は、外務次官山田久就に手紙を出した。ペン書きで総領事館の便箋で六枚ある。

文面の日米外交開始から百年というのは、幕末の一八六〇年、ワシントンで日米修好通商条約の批准書交換がなされたことを指している。徳川幕府はその二年前の安政五年、米・蘭・露・英・仏と〝安政の五条約〟を締結したが、関税自主権や最恵国待遇の項目は外され、領事裁判権も日本にはないという不平等な内容だった。このため明治の新生国家は、多大なエネルギーを費やして条約改正作業に取り組んだ。各国と対等な関係になったのは、明治も終わりに近い一九一一年のことである。

米国との交渉は下田奉行井上清直、目付岩瀬忠震と米総領事タウンゼント・ハリスとの間で進められた。ハリスは清国を破った英仏艦隊が、次は日本を来襲するかもしれない。条約に調印すれば米国が調停役を務めようと持ちかけた。朝廷は神国日本に夷狄を入れるなどは論外であるとの態度だったが、〝砲艦外交〟に脅威を感じた大老井伊直弼は、孝明天皇の勅許のないまま調印の許可を与えた。

このことが幕府に批判的だった吉田松陰らを処断する〝安政の大獄〟になり、井伊が暗殺される〝桜田門外の変〟という連鎖反応を起こす。一方、条約批准の使節団は一八六〇年二月、米軍艦ポーハタン号に乗って横浜を出航した。その三日前には浦賀から勝安房守（海舟）を艦長とする「咸臨丸」も、サンフランシスコに向かっている。使節団一行は大統領ブキャナンに将軍からの信任状を手交し、五月二三日批准書の交換となった。〝砲艦〟に脅されて不平等な条約を結ばされたにもかかわらず、「修好百年」とし、それを記念して皇太子を派遣しようというのである。

六〇年代にはワシントンに大使館があったほか、ニューヨーク、シカゴ、サンフランシスコ、ロサンゼルス、ホノルルにそれぞれ総領事館があった。各地からワシントンに参集して公館会議が開かれたのは五八年十月で、その一カ月後に婚約発表があった。米国内でも大きく報道され、「朝日新聞」によると、「ニューヨークタイムズ」は「一面と六面に写真入りでかなり詳しく」報道した。朝日の特派員は「皇太子様が美智子さんに毎日のように電話されたことを（新聞が）伝えたが、このことは米人の共感を呼んだ」と書いている。週刊誌「タイム」もテニス姿の二人のスナップ写真を載せ、美智子が皇太子を負かしたことを紹介し、「六対一のラブセット」とキャプションを付けている。

「雑談」から始まった夫妻の訪米計画を、初めて具体的に日米間で相談したのは、五九年一月七日である。島内、田中はニューヨーク総領事館に日米協会専務理事オーバートンを招き、米側の意見を聞いた。オーバートンは大賛成で、「ロックフェラー三世の意向を確かめてみる」と協力を確約した。

「日米協会」（Japan Society）は、日露戦争で日本が勝利を収めた一九〇七年に設立され、戦前の厳しい日米関係の中では中立的立場を維持したが、真珠湾攻撃後はかろうじて組織だけが残された。日本が独立した一九五二年活動が再開され、その後はロックフェラー三世が一八年間も理事長を務めたほか、国務長官ジョン・フォスター・ダレスが会長に就任するなど、日米の相互理解を促進するために活発に活動した。日本にも一九一七年創設の日米協会（The America-Japan Society）があり、東京・永田町に本部が置かれ、国内に二七の支部がある。

ロ三世は石油事業で莫大な富を築いたジョン・ロックフェラーの孫。戦前からの親日派で、サンフランシスコ講和会議のとき米側代表団の顧問を委嘱されている。五二年日米協会理事、七〇年会長に就任し、日本政府から勲一等旭日大綬章を受けている。七八年高速道路で乗用車が対向車と正面衝突して死亡。七二歳だった。

一月十二日から十四日までワシントンの日本大使館で、再び全米公館会議が開かれた。駐米大使朝海浩一郎が、来年の「修好百年」について話をし、続いて田中総領事が「岸総理の〝日米新時代〟という考えもあり、大々的に（啓発事業を）行うことを期待している。各種のローカル行事のほか、皇太子殿下と仝妃殿下をアメリカに招待しては如何」と、これまで温めていた計画を、初めて公式の場で明らかにした。

島内は「（夫妻が招かれる際は）ＰＲの見地からいっても、国賓待遇にしてもらわねばならない。これが実現すれば、これ以上のＰＲはない」と述べ、新婚の皇太子夫妻を〝日本のＰＲ役〟ととらえている。そして「時期は来年の四、五月がよかろう」と、大統領選挙のことなども考慮して提案した（「北米公館長会議議事録」）。会議が終わると田中はニューヨークへ戻り、十五日オーバートンと面会して、米側の反応を質した。彼はロ三世も大賛成であると伝えた。

田中と島内は、ロ三世から夫妻を大統領の賓客としてホワイトハウスが招待するよう進言してもらう。その代わり日本側も答礼使を国賓として招待する、という構想だった。こうして大統領と皇太子の相互訪問計画が、徐々に形を成していった。

以上のことは一月二二日ニューヨークの田中総領事発の公電として、「藤山(愛一郎)大臣」あてに送られており、タイプ印刷されて「大臣、次官、官房長、米局長、儀(典長)」に「極秘」として配布されている。電文の冒頭に「館長符号扱」とあるが、これは公館長が部下に任せず、自ら暗号で打電したという意味で、高度の機密性を帯びていることをさす。私信と大筋は似ているが、公電には田中が二二日、ロ三世と会見した内容が追加されている。

「皇太子殿下は米国民の間に極めてポピュラーであり、殊に最近の御婚約が一般に報道されて一層親しみを抱いているから、もしこれが実現すれば米国朝野を挙げて歓迎するものと信じていること、および殿下の前回の御訪米(一九五三年)の際はお年もお若かったが、明年は御新婚旅行の意味もあって一層喜ばしく、日米国交開始百年を記念するにはこれ以上のことはないと思うこと等述べて、右実現方については、自分としてできる限りのことをいたしたい」と、語ったという。三世はダレス長官ときわめて親しいが、順序としてこの件はロバートソン国務次官補に、まず相談すべきだと思う。二三日にも次官補に書簡を出すと約束したとある。

公電の欄外には「本電の趣旨宮内庁後藤式部副長に連絡済。儀典長(須山達夫)」とある。「式部副長」後藤鎰尾は、戦前シドニー総領事などを務めて宮内庁に入り、儀式や外事関係を担当する式部職に席があった。連絡したのは二七日で、公電は二三日に着いているから、四日後である。「趣旨」とあるので、須山が口頭で大筋を話したのだろう。欄外に「副長止まり」とあり、後藤が宮内庁の上司にどの程度まで報告しているかは、定かではない。

4 米政府から出た正式招請

皇太子殿下の御訪米については、右に先立ち元首の来訪した諸国への御答礼を考慮する必要あり、右時期との関係を慎重に検討の上、決定し度き事情あるにつき、右御含み置きありたい。なお当方参考までに、とりあえず御訪米の最終決定は、何時ごろまでにこれを行う要あるやについての見透しを回答ありたい。

田中総領事の公電に対する外務省からの二七日の返電は、慎重だった。これまで日本には一九五六年一月、「国賓第一号」とされたエチオピア皇帝のハイレ・セラシエ、五七年十一月、イラン皇太子アブドウル・イラー、五八年三月、ラオス首相で皇族のスーブァナ・プーマ、五月イラン皇帝モハマッド・レザ・パーラビー、九月、インド大統領ラジェンドラ・プラサド、十二月フィリピン大統領カルロス・ガルシアらが相次いで訪れている。

エチオピア皇帝来日の時には、皇太子が天皇の名代として東南アジアへ外遊するとの記事が出ているように（「産経時事」五六年十月一七日）、本省からの返電には、元首の来日した国への答礼をまず考えなければならないとしている。田中の公電で、ロ三世が「朝野を挙げて賛成する」と言ったということについて、夫妻の訪米を楽観視しているのではないかと、やや水を差すような感じが文面からうかがえる。しかし、外務省が冷やかだけでないことは、電文の末尾に訪米の最終決定の〝締め切り時期〟を尋ねていることから分かる。彼らにすればアジア、アフリカ諸国（AA諸国）の答礼訪問も大事だが、対米関係はもっと重視しなければならず、やりがいのある仕事なのである。

これに対する返電はことの重要性からだろう、ニューヨーク総領事からワシントンの駐米大使に格上げされ、二八日に打たれている。「一九六〇年が大統領選挙の年となるに鑑み、三、四、五月頃が適当と存ずるところ、これより約一年以前即ち遅くとも本年五月ごろまでには、最終的に御決定あること然るべしと思料する」と最終期限が示してあった。

皇太子の結婚式は、春たけなわの四月十日に挙行された。政府はこの日を祝日とし、戦後初の皇室の慶事を国民こぞって祝う形をとった。好天に恵まれ、二人を乗せたオープンの儀装馬車は、皇居から澁谷・常磐松の東宮仮御所までパレードしたが、沿道には五十万人の人が見送った。この日にあわせてテレビ受像機の購入が急上昇し、千五百万人がテレビ中継を見た。

結婚式直後の十四日、ロ三世とオーバートン専務理事は朝海大使を訪れた。朝海は四月十六日、次のような公電を本省に打っている。

明年は日米国交開始百年祭にあたる。ついてはこの機会に皇太子、同妃両殿下を御招待申上げその御訪米を得ば、両国親善関係増進の上に絶大なる寄与あるものと確信し、内々米政府の意向をも打診しきたれるところ、米政府においても右は極めて意義深き計画と認め、ロックフェラー会長の招待が発せられる場合は、これに引き続き大統領よりも招待状を発する用意があることが判明した。

「御訪米の時期としては明年四月十五日より五月末頃までの間の四週間ないし六週間」で、日米協会のある九都市を全部回っていただければ好都合である、ワシントンを除く行事はすべてインフォーマルとし、自由に行動していただきたい——などとあり、皇太子本人や日本政府の意向をうかがいたいとあった。

四月二十日、皇太子訪米問題は正式に文書で宮内庁式部官黒田実に通知され、式部官長原田健が外務省を訪ねた。式部官長というポストは宮中の儀式や皇室外交の〝総元締め格〟で、原田は国際連盟に二十年間在勤、一九四二年初代ヴァチカン公使となり、戦後イタリア大使から宮内庁入りした。原田の返事は、「然可く謝絶していただきたい」だった。四月二八日付の北米課文書に残されいる理由は、こうだった。

宮内庁長官が岸総理ならびに外務大臣とも協議した結果は、皇太子殿下が来年中御渡米になることは困難であるとの結論になったので、現地に対し然可く謝絶していただきたい。理由としては、いまだ具体的になっているわけではないが、本年から明年にかけては、陛下の御名代として関係国に対する答礼（エチオピア、イラン、インド）をまず考慮せねばならない事情にあり、この際殿下の御渡米を決定するのは困難であるということであるが、何とか適当な理由で謝絶してほしい云々との連絡であった。
なほその際の長官の話では、そもそも本件が紐育の日本協会あたりから出た話で米政府の発意ではないと考えられる点も、長官は考慮に入れられた模様であった。

確かに十六日の公電では、招待者はロ三世で、「それとは別に大統領の名において、ワシントン訪問の御招待状が発せられる」とある。宮内庁にすればロックフェラーとはいえ、民間人が皇太子を招請するのはどうかということなのだ。原田とのやりとりでは、皇太子にAA諸国に答礼してもらい、百年祭はほかの皇族をあてられないか、ということも話題になった（外務省、宮内庁との会談メモ）。政府が最終的に夫妻の外遊を断念したのは、五九年六月二九日である。

宮内庁にて種々検討したが、皇太子殿下の海外旅行については、既に元首の来日せる諸国に対し、陛下の御名代としての御答礼をまず考慮する要あるところ、殿下の御誕生日ならびに清宮の御婚儀等の関係からその時期を決定し得ず、目下のところ明年となる公算も大きく、この場合引続きの御渡米は困難なるべしとのことであった。以上の次第は宮内庁長官より総理にも報告し、結局本件取りやめも已むを得ざるべしとの結論となった。

約四カ月後の十一月九日、皇太子夫妻の渡米問題は再び浮上した。駐日大使マッカーサーが藤山外相に対し、大統領は「来年ソ連訪問後、六月七日前後に滞在二日の予定をもって訪日方考慮しており、決定に先だち日本側の意向をなるべく速やかに内報願いたい」というのである。大使はさらに次のように続けた。

又未だテンタティーブ（仮定）の話なるも、五月前半に皇太子殿下及び同妃殿下を国賓として御招待申し上げたく、お受け願えれば光栄なり。右に対するレアクションなるべく速やかに内報願いたい（本省からワシントンへの公電）。

訪米問題は新たな展開に入った。今度は大統領からの直接招待であり、米国は皇太子と大統領が相互訪問の形を取りたいという。待遇も「国賓」である。なぜこの時期に米国は皇太子訪米を正式に申し入れてきたのだろうか。

5　国際儀礼を無視してでも

安保条約改定に備えた一回目の日米会談は、五八年十月四日、東京・芝白金の外相公邸（現東京都庭園美術館）で始まった。このときは岸首相も加わったが、両国の政府代表は藤山とマッカーサーだった。交渉は必ずしも順調ではなく、条約の適用範囲をめぐって日米間にいくつもの扞格が生じ、一二月十六日、三回目の交渉で自民党内の調整が難航するなどして中断された。再開は五九年四月十三日、皇太子の結婚式の三日後である。それから回を重ね六〇年一月六日、双方は最終合意に達し、一月九日ワシントンで調印の運びとなった。

先述したように、安保条約の改定問題は日本側から申し入れたものだが、当初は自民党内でさえ積極的ではなかった。野党の社会党は書記長浅沼稲次郎が、五八年九月三日の衆院本会議で質問に立ち、条約の破棄と日米ソ中による安全保障態勢の確立を主張した。新条約案は対米従属であり、日本は軍事的中立を保つべきである。そうしないと再び戦争に巻き込まれる恐れがあると主張した。

安保反対の声が大きくなったのは、五九年に入ってからである。三月九日、社会党訪中団の浅沼団長は北京で、「アメリカは日中両国人民共同の敵」と演説、三月一八日には社会党、総評など百三四団体が参加した「安保改正阻止国民会議」が結成された。六月二三日の第三次統一行動には、全国で百六十万人がデモに参加、皇太子に訪米招請のあった三週間後の十一月二七日の第八次統一行動では、八万人が国会請願デモをし、全学連ら二万人が国会構内に突入した。皇太子と大統領の相互訪問計画の背景には、こうした国内の反対運動の激化があった。

訪米が実現するには、乗り越えなければならないいくつかのハードルがあった。皇室の政治利用という批判にどう答えるか、AA諸国答礼との時期的な兼ね合い、皇太子妃の出産。須山儀典長は十一月二四日、訪米と答礼をセットにした日程を三案考えたりしているが、公開されたメモによると、いずれも長短があることを自ら認めている。たとえばA案は「五月始めに米国に赴き一週間滞在、帰国する（妃殿下の御出産后二ヶ月に若干日満たない可能性があるが、旅行可能と考える）」とあるが、妃の健康に対する不安が見え隠れする。

須山は十一月二七日宮内庁で宇佐美と懇談した。宇佐美は大統領からの正式な招待である以上断りきれないと判断、それならＡＡ諸国訪問とどう整合性をとればよいのかを考えた。宇佐美のこの日の発言を、須山は次のようにまとめている。

皇太子の訪米は日米国交百年祭ということで理由づけられるので、殿下の訪米中に百年祭の行事に出られることが大切と思う。アイクの訪日も同様に、日本における百年祭の行事に出られるようにすることが大切と思う。さもないと皇太子の他の諸国への答礼訪問と別にする名分が立ちにくくなる。

百年前の万延元年五月二二日（日本時間二三日）、遣米使節七十余名が太平洋の万里の波涛を乗り越え、三カ月の旅をつつがなく終えて批准書交換という使節本来の使命を果たした（『日米修好通商百年記念行事報告書』）。宇佐美は相互訪問を「修好百年」という枠で処理しようと考えたのである。これまでの元首の来日は、単なる親善訪問であり、皇太子の訪米はそれとは違う日米両国間に共通するテーマでの訪問だというのだ。この考えを押し通せば、米国を優先させても説明がつくというのが、宇佐美の判断だった。

十二月一日、儀典長起案の「皇太子同妃両殿下御渡米内意回答案」によると、「右招待は米国大統領が、来春六月上旬訪日することを決定された上でなされることを、条件とする」とあり、「条件付」で皇太子の訪米は内定した。宇佐美は「皇太子の訪米及び米大統領の来日が、日米国交百年祭と若干でも結びつけられること」と語り、「この点については政府も同意見」としている。十一月三十日、山田外務次官は岸首相に来年五月の夫妻の訪米を説明した。同日夜、藤山外相に同じ用件を話すと、藤山はこう言った。

皇太子の訪米を五月にするのであれば、その発表は遅くとも四月頃には行わねばならないが、これは国会における安保の審議との関係上面白くない（一二月二日、儀典長メモ）。

彼の話では六月上旬の大統領訪日直後、夫妻が訪米するのが都合がよい言う。この時期になると、安保改定が一段落することを見越してのことのようだった。

十二月二三日の朝刊各紙に「ア大統領を正式に招待　皇太子ご夫妻の答礼訪問も」という記事が載った。同日付の「儀典長メモ」には、「米国優先」の理由を記者団から尋ねられたら、答えは「米国は日本にとって大切な国であるという回答の外、合理的な回答を見出すことは頗る困難と思われる」と、本音を語っている。

しかし、ＡＡ諸国をないがしろにするようなことを、公言できるはずはない。百年祭を理由の訪米だから、藤山の言うように六月にするなら、記念行事を一カ月延期してもらうことはできないか。またＡＡ諸国を考慮すれば、答礼と訪米を続けて殿下にお願いするかしかないと、須山が上司に具申している。政府にしてみれば、米国は他の国々との約束を反故にしてでも優先すべき選択であった。国際儀礼の無視を承知で夫妻を米国に送り込まなければならなかった。

6　宇佐美長官、九月訪米を主張

六〇年一月十九日午前一時二五分、ワシントンから外務省に、「皇太子殿下の御訪米およびアイゼンハワー大統領の訪日に関する件」という表題の公電が発せらた。「大至急」、「岸総理より宇佐美長官へ」と冒頭にあり、大統領と皇太子の相互訪問について、二十日に発表される共同コミュニケに入れたいので、その旨を了承してほしいという内容である。全文は次のようである。

岸総理大臣は日本政府を代表し、アイゼンハワー大統領が日米修好百年祭の機会に日本を訪問するよう招待し、大統領は大きな喜びをもって招待を受諾し、来るべきソ連への旅行に引き続いて六月二十日頃日本を訪問することを申し出た。

大統領はこの機会に、皇太子殿下及び妃殿下が百年祭に際し、米国を訪問されることを希望する旨述べ、総理大臣は訪問が実現するよう努力する旨答えた。

米国側は共同声明を「皇太子殿下の訪米についても具体的に触れること、共同声明をとおり一遍の文書とすることを避けしめるゆえんなり」と考えているため、相互訪問に言及したいとの強い意向を持っていた（十六日、本省宛て公電）。しかし日本側にすれば、ＡＡ諸国のこともあり、また全国的に強い反対運動が起きている、安保条約問題に関する共同声明文で、皇太子訪米に言及することは、皇室が政治に巻き込まれる印象を与える。公電を見た須山は、「皇太子殿下については、共同声明において何ら触れないことが最上策であろう」と、次官や官房長にメモを回した。

「大至急」電が打たれる直前、共同通信ワシントン支局は「皇太子、アイク交換訪問　日米共同声明で発表しよう」とスクープしている。外交官出身で戦後国会議員になり、当時総理府総務長官だった福田篤泰を団長とする先遣隊が、全権団の到着前に声明を起草しており、その筋から出たものであろうか。宇佐美は当然のことながら、記事の関連談話で、「声明織り込みは考えられない」と怒った。

共同声明の「予定稿」が一方的に送り付けられて来たのは、岸の有無を言わせないという姿勢がうかがえる。夫妻の訪米について、「希望する」との表現にとどまっているが、実際は既に日時が設定されていた。二十日午後、岸、藤山、朝海がホワイトハウスを訪れ、大統領と会談したとき、大統領は百年祭を機に夫妻の訪問を歓迎する。希望を言えば「自分の訪ソ前、すなわち五月下旬から六月上旬」と申し出ているのだ。

大統領の訪日は「六月十九日夜ごろ」で、「丸二日ぐらいは日本に滞在するよう計画を立てた」と言った。岸が「できる限りゆっくり（滞在するように）」と言うと、大統領はソ連に続いての日本訪問なので、長期間ワシントンを空けることになる、と述べ、「自分も高齢であり、あまりストレニアスな日程」は避けたいと語った（朝海発本省宛て公電）。

一月二五日、帰国した岸は天皇に条約改正問題について内奏した。続いて長官室を訪れ約二十分間、皇太子訪米について話した。岸が帰ると、宇佐美は侍従長三谷隆信、東宮大夫鈴木菊男らを呼び、宮内記者会にどう説明するかを打ち合わせた。その結果、①夫妻の訪米を基本的に了承、②皇太子妃は健康の許す場合訪米することを再確認、③五月を目標に訪米、期間は十日から二週間前後——と、発表することにした。

しかし、このとき宇佐美は岸に、「訪米は九月」と伝えていた。一月二九日の「儀典長メモ」によると、二八日午後五時、宇佐美は藤山のもとを訪れた。「御訪米の時期は本年九月がよい」と切り出すと、藤山は「岸総理から宮内庁の御意向は承知していた」と語ったという。メモは須山が原田官長に電話で聞いた内容をまとめたものだが、原田は次のように言っている。

「九月では都合が悪いとしても、一日だけ大統領が皇太子同妃両殿下を御相手をして下さらないだろうか」、「米側の都合が悪ければ、皇太子殿下御一人で訪米されることとなっても仕方がない」と述べ、妃殿下や浩宮の健康問題などいろいろあると話した。

筆者は七四年九月から二年半ほど宮内記者会に常駐していたが、折にふれて当時の幹部から、皇室のいろいろな局面についての回顧談を聞いている。宇佐美の話しぶりはいつもゆったりしており、低音で必ずしも明瞭ではなかったが、この件に関しては次のようなものである。

ぼくは岸さんに言ったんだよ。もし、あなたのお嬢さまだったらどうなさるおつもりかと。お子さんを産んで三カ月経つか経たないうちに、義理であっても外国へ出せますかってね。皇室だって同じことですと。妃殿下のご健康を考えてご覧なさい。浩宮さまの授乳も大切なときですよ。特に妃殿下は従来の慣行を破り、乳人などを置かず母乳でお子さまを育てるとおっしゃっている。五月なんてとてもできた相談ではないと。

戦後二十五年間宮内庁長官を務めた宇佐美は、象徴天皇の骨格を築き上げた。〝プロの官僚〟だから、「米国優先」を正当化するために、これまでの元首の来日とは〝別枠〟と言って切り抜けたりはしたが、〝象徴天皇〟のプロデューサーの脳裏には、皇室と政治に距離を置くことがいつもあった。

ご訪米について共同声明に入れるなど、とんでもないことだと思った。共同声明というものは政治家がまとめた外交交渉の結果でしょう。あちらはよいかもしれないが、こちらの立場としては絶対困る。

宇佐美が「九月」にこだわったのは、妃の健康問題が第一だが、安保条約交渉が終了し、一定の期間を置いたあとの訪米なら、政治色はいくらか薄まるという判断もあったのではないか。

7　帰国一カ月後、答礼の義理果たす

皇太子訪米問題は、国会でも取り上げられた。百年祭に合わせて五月に訪米するのは、美智子妃が出産直後であることを考慮に入れると人道問題であり、安保を乗り切るための岸政権の策略である――と野党は追及した。

二月九日、参院内閣委員会で社会党の矢島三義は、次のような質問をしている。

日米安保条約のこの国会の審議、その後に起こる批准の問題の一つのPRに、この皇太子殿下を利用した形跡極めて濃厚である。岸さんの政治的な延命策を遂げるために、目的のために手段を選ばないという権力的なものが出ている。

五月二十日ごろ（の訪米）ならば、妃殿下の御出産直後でございますよ。非常識きわまると思う。政治的には今国論を沸かしているところの日米新安保体制、安保条約の審議がクライマックスに達して、国論は沸騰しているときである。そういう段階にアイクさんとの全く交換訪問のような形で皇太子殿下が御訪米なさるということは、人道的からいって、また皇室が政治から切り離されなければならないという、政治的に中立でなけらばならないという原則からいって、私は不適当な時期であると考えるわけです。

各紙も記事や社説などで〝皇室の政治利用〟を非難した。作家の大岡昇平は「五月は新安保条約が批准されるかどうかの瀬戸際である。安保改定で国論が二つに分かれているとき、皇室が政党の利益に添って行動するという印象をなされるはずがない」と牽制した（二月二二日「毎日新聞」朝刊）。

マスコミや野党の応援を得て、またアピールしやすい妃の健康の問題などが持ち出されたりして、宮内庁も「九月訪米」を正面から主張するようになった。二月二日、原田官長は外務省審議官島重信を訪れ、「宮内庁の希望は九月で、大統領選との兼ね合いもあろうが、Labor Day（労働者の日、米国の祝日。九月第一月曜日）直後なら、選挙になるべく遠い日ということで、このほうを希望する」、また百年祭の関係だが、皇太子の出席が絶対ということなら、記念行事の日程変更は考えられないか、と申し入れたとある（三月三日、島メモ）。

この後外務省は、「皇太子同妃両殿下訪米に関し、藤山外務大臣よりマッカーサー米大使への回答（プロ・メモリア）案」をまとめた。二月六日のこの案をみると、宮内庁の意向が全面的に取り上げられた形になっている。すなわち東宮侍医の勧告もあり、五月下旬の妃の海外旅行は困難で、行くのなら Labor Day 直後の一週間から二週間にしてほしい。五月下旬しか駄目だというのであれば、皇太子一人の訪米になる、としている。また夫妻で訪米できるのは九月ごろだが、「アイゼンハワー大統領はワシントンにおいて両殿下をお受けになる都合がつくであろうか」と質している。

「五月訪米」は、こうして「九月」に移された。二月八日朝、マッカーサー大使は原田に電話し、五月中が無理なら「今秋御訪問ということで御相談いたしたい。近く岸総理にお会いするから、それまで政府としての御答えをいただきたい」と述べた（二月八日、儀典長メモ）。

マッカーサー大使の電話は非公式なものだったが、国務省とは打ち合わせ済みだった。しかし、外交上は外務省の案を宮内庁に見せ、双方で検討し二月十二日付で英文の「PRO MEMORIA」の成文を作成、ワシントンに送った。こうして二月二二日夜、国務省のコンガー儀典次長から、「九月の訪米をお待ちする旨の大統領決済を国務省に回報してきた」。またアイゼンハワー大統領の来日予定は「六月一九日午後羽田着、二〇日天皇陛下に謁見、同日夜宮中晩餐、二一日総理主催午餐、同日夜大統領主催の晩餐、二二日早朝羽田発」との案が示された。

一方、修好百年関連行事について、東京の日米協会などとの下交渉のため来日中のロックフェラー三世は、二月二一日、東宮仮御所で皇太子と会った。皇太子は五三年、エリザベス英女王戴冠式の帰途米国を訪れており、ニューヨークの日米協会主催の晩餐会では、会長のロ三世が歓迎あいさつをしている。また米国独立当時のバージニア州州都で、ロックフェラー家が巨費を投じて当時の街並みを再現したウイリアムズバーグも案内された。さらにワイオミング州の同家の山荘で、五日間長旅の疲れを癒したりしている。

ロ三世は「訪米は両殿下おそろいでなければ、意味がない。九月は大統領選挙戦は中だるみになる。百年祭の行事は九月にアコモデート（変更）できそう」だと語った（二月二三日、儀典長メモ）。九月「二七、二八、二九日」の三日間が、ワシントンでの公式日程と決まるまでに、さらに一カ月を要した。大統領の日程や他の国賓の来日などが、確定していなかったからだ。日本側はイライラしながら待っていたが、三月二五日のワシントンからの公電では、「九月最後の週」と決まった。マ大使は二七日、原田に公式日程の日取りを伝え、二八日付の大使から山田次官へ送った書簡で正式に確定した。

皇太子訪米をいつ正式発表するか。宮内庁は「もはやこれ以上本件を hold しておくことができにくくなった」（四月六日、田村幸久参事官メモ）と言っている。公表された大量の文書に混じって、「覚」とある一枚の手書きのメモが残されていた。そこには四月八日、須山が米公使レンハートに、いつ発表するのか聞かれたので、山田次官に尋ねると「四月三〇日以降五月一五日までのアプロプリエート（適当な）日を選んで宮内庁が発表する」と言われたという。

予定通り五月七日午後二時から記者会見があり、記事の解禁は八日午前零時とエンバーゴ（制限）が付けられた。比較的記事の少ない日曜日の朝刊に、夫妻の訪米を書かせようとの狙いである。問題のAA諸国について、田村参事官が宮内庁の意向を探ったところ、エチオピア、イラン、インド（ネパール）はおおよその日程さえも現段階では未定であり、「今回の発表は日米双方協議の上同時に行われるもので、日米両国のみの問題であり、これに他国の分をも加えることは、対米関係上望ましくない」と、原田は語ったという（四月三〇日、田村メモ）。

外務省の狙いが当たり、「九月二五日ごろご出発」、「ご滞在は三週間程度」などの見出しで、記事は大きく掲載された。また「帰国後約一ヵ月後の十一月中、下旬から十二月上旬にかけ、インド、イラン、エチオピアを訪問される。このときの資格は（天皇の）ご名代である」（「産経時事」）とあった。皇太子妃の健康問題も考慮して、三カ国は他の皇族ではどうか、と宮内庁は打診したが、外務省は大国と小国を差別することになると拒否した（二月二三日、儀典長メモ）。

8　女子学生の死で大統領訪日中止

二月五日、第三四通常国会に新安保条約と新行政協定が衆議院に提出された。安保改定阻止国民会議は、連日のように国会請願を繰り返していた。五月一九日、自民党は一週間の会期を残しながら、五十日間の延長を単独採決した。社会党議員は衆院議長室周辺に座り込んで阻止しようとしたが、警官隊に排除された。議長清瀬一郎は抜き打ちで本会議を開会、二十日午前零時六分、自民党単独で新条約を審議抜きで採決した。一カ月後に大統領が来日することになっており、その日に合わせて審議日程は計算されていた。

議会制民主主義を否定するような岸政府の横暴さに、労組員や学生ばかりでなく、学者、文化人、主婦など一般市民のいわゆる〝声なき声〟の人たちまで立ち上がった。デモや反対集会は地方都市にまで及び、国会周辺は連日のように激しいデモに取り囲まれた。街を歩いていると警官隊と衝突してけがをし、頭に白い包帯を巻いている学生に出会ったりした。小学生までが授業の休み時間にデモごっこをし、〝安保反対〟〝岸を倒せ〟と校庭を叫んで回った。

一方、外務省儀典課や宮内庁は、大統領の歓迎準備で忙殺されていた。現在では世界中から元首が来日し、皇室外交の舞台である昭和宮殿や迎賓館が整備されており、接遇の手順もプログラム化され円滑に進行していくが、独立してまだ八年、国賓の扱い方に手慣れてはいなかった。

当時の計画によると、大統領が到着する羽田空港には天皇、皇太子、各皇族が出迎える。二一発の礼砲が撃たれ、日米両国歌の演奏、儀仗兵の閲兵がある。天皇は大統領とオープンカーに同車し、車列を組んで皇居に向かう。約六十人を招いた天皇主催の歓迎晩餐会があり、終わると三百人ほどの夜会が設営されていた。オープンカーは米国側の希望だったが、その後反対デモが激しくなったためか、箱型のベンツに改められた。

米国側も夫妻の受け入れ態勢を着々と整えていた。日本側が希望し、ロ三世が示唆していた百年祭は、九月に延期された。本来なら百年前の五月十五日、日本使節団がワシントンに入り、ブキャナン大統領に信任状を提出、二三日批准書を交換したころに合わせて行事が予定されていたが、五月十六日「大統領布告」が出され、四カ月ずらして九月二七日から十月三日の間に記念行事などを開催し、両国の友好を深めることとされた。

夫妻の宿舎はホワイトハウス前にある国賓専用のブレアハウスが当てられ、大統領主催の歓迎晩餐会が開かれる。またワシントン―ニューヨーク間は、大統領特別機が提供されることになった。すべて宮内庁の要望通りになった。百年祭は歴史的事実を無視して移動された。米国にとって日本との修好記念日など、どうでもよかったのかもしれない。かつて宮内庁は、「一日だけでも大統領がお相手を」と〝懇請〟していたが、元首待遇の歓迎宴も日程に入れられた。相互訪問の準備はすべて順調に行っているかに見えたが、安保反対闘争は強行採決で、ますます激化していった。

六月十日、大統領訪日打ち合わせのために来日したハガチー大統領新聞係秘書が、羽田空港の出口付近でデモ隊に取り囲まれ、乗用車が立ち往生、秘書は米軍ヘリコプターで脱出するという〝ハガチー事件〟が起きた。

大統領秘書が〝暴徒〟に取り囲まれた事件は、米国のマスコミも大きく取り上げ、両国政府に大きな衝撃を与えた。六月十五日、右翼団体がデモ隊とぶつかり、国会を包囲していた全学連が国会構内になだれこみ、警官隊と攻防を繰り返し、東大文学部国文史科の樺美智子（二二歳）が巻き込まれて死亡した。政府は十六日午前零時すぎ臨時閣議を開き、同日午後、岸首相は大統領訪日の延期を発表した。

六月十九日午前零時、新安保条約は参議院の議決のないまま自然承認となった。アイゼンハワー大統領は、この日来日することになっていた。二三日、外相公邸で藤山外相とマ大使の間で批准書の交換があり、岸首相は臨時閣議を開き退陣を表明した。

9　ロ三世「訪米の意義、ますます強く」

大統領の来日は中止となったが、米国は皇太子夫妻の招請を取り消さなかった。十六日ワシントン発のＵＰＩ電は、夫妻の訪米を取り止める理由はない、と国務省担当者の発言を伝えた。十六日午後、藤山外相はマ大使と会談後、「皇太子訪米に影響なし」と語り、十七日に閣議で岸首相も「訪米は予定通り」と述べた。

六月二十日午前、大統領来日に備えて帰国していた朝海大使は、宮内庁に宇佐美長官、原田官長を訪ね意見を交換した。朝海は今後国内がどう落ち着いていくか、また米国内の反応を見極める必要もあるが、差し当たり皇太子訪米について三通りの選択肢があろうと、次のように示した。

第一は、夫妻の招待が取り消されていない以上、予定通り訪米する。米国は取り消すことなどあり得ないし、原案通り二十日間米国各地を歴訪する。しかし、訪米で日本への冷却感情が是正されるがごとき事を期待するのは無理である。第二は訪米中止。米国の招待である以上、招待を Gracefully に辞退、それにはできるだけの正当な理由づけがなければならない。三番目はその中間というべきもので、旅程を短縮して訪問先をワシントン、ニューヨークに限定する――というものだった（六月三十日、田村参事官メモ）。

米国内の対日感情は悪かった。大統領の訪日中止、ハガチー事件、反米デモは全米にくまなく報道された。しかし、反日感情が充満しているからといって中止するのは適当ではなく、「原案通り」準備を進める方針がとられた。

七月六日、サンフランシスコで外務省北米課長有田圭輔も加り、在米領事館会議が開かれた。この席で本省、ワシントン大使館側から大統領と皇太子の相互訪問は、そもそも百年記念行事の一環と位置づけられており、安保問題と大統領訪日は無関係であることが強調されていたはずだ。だから片方が中止になったのに日本側が原案通りというのも妙なものだが、米側が取り消さないのに、こちらからの「中止はドラスチックである」と言う発言があった。

各領事らの意見をまとめると、反米デモなどは日本への不信感を植え付けたのは事実だが、夫妻の訪米が新聞などで報道されれば、日本に対し親しみを増すことになろう。こうした機会をとらえて対日感情を少しずつ改善していくことが、ＰＲの真の姿であり、二人の訪米を活用することがこの際ますます必要である。できるだけ広く米国内を回ってもらう方がよい——などである。強引に政府が安保条約改定を推進した結果、大統領の来日は中止となった。その傷跡を新婚の夫妻に埋めてもらいたい、というのだ。

七月七日、原田は宮内庁に朝海を呼び、庁内で検討した結果、旅程は二週間としたいと伝えた。ワシントン大使館は島内をニューヨークに出し、ロックフェラー三世の意見を聞かせると、彼は今回の事件で夫妻の訪米の意義はますます深くなった。広く米国人一般と接触の機会を持たれるのが望ましい、と訪米を積極的に推進するよう勧告した。ワシントンはそれを受けて、「原案通りの実行方今一度再考願いたい」との公電を本省に打った（七月十五日）。同電では国務省の日本担当者も、自分たちは日本人の気持ちが分かるから日程短縮も理解できるが、一般米国人には到底理解し難く、無用の誤解さえ生じる恐れがあると、ロ三世と同じ意見であることを報告している。さらに「米国民一般が若い世代の象徴としての皇太子ご夫妻の訪米を期待」しており、広く地方都市を回って多くの国民と親善関係を築いて欲しいと、米国内の空気を伝えている。

七月十二日、ニューヨークの田中総領事は、「デモ事件のPR方策に関する件」という報告を本省に送っている。それによると、事件は対日信頼感を失墜させ、日本は米国の友好国なりやとの疑惑を招き、経済的には対日投資が停頓状態に陥ったのみならず、一部消費者の間に日本品の使用を忌避する傾向が見られるとし、米国内での威信を回復するには、文化方面のPRも強化する必要があることを強調している。そして「皇太子殿下および同妃殿下の御訪米は、一般対外PR上最も効果があると思料せられる」と述べている。

公開された文書のなかには、米国側から訪米を中止せよとか、短縮したらどうかという否定的なものは一切見つからない。官民とも夫妻が米国に来ることに何の不快感も抱いていないようだった。反日感情と田中は言うが、ワシントン市では「Salute to Tokyo」というプログラムを組んだ。美術館などでの特別展示、市の鍵の贈呈、商店街での歓迎の装飾、野外音楽会の開催などを考えているが、両殿下の滞在中、これらの行事のいずれかに参加されるや否やを知りたい、と市長が大使館に言ってきたという七月一日付文書が残されている。他にも米国の各都市や施設などから、「ぜひお越し願いたい」との招請が相次いだ。数え切れないほどこの種の招請状が出てくるが、紹介しきれないので止める。いずれも彼らの神秘的な皇室に対する興味、善意などから出たものばかりである。

10　マ元帥とは身分が違う

訪米日程はすべて原案通り、地方都市もできるだけ回ることで進行していた。米国人の中には〝反米デモ〟報道はテレビや新聞で見聞きしていたが、その日本はどこにあるのか、どの程度〝文化的〟な国なのか知らない人が多かった。日本に対する認識の度合いはその程度だから、夫妻には体力の続く限り各地を訪問していただきたいというのが、外務省の希望だった。

また、夫妻を日本の〝PR役〟として、どうすれば米国人にアピールするかを思いめぐらしていた。八月二五日田中総領事は本省の田村参事官宛の私信で、「野球見物」をしてもらいたい、と書いている。日程作成のやりとりのなかで、皇太子はハゼの研究をしており、そうした見学先も考えて欲しい、とでも宮内庁の話しを聞いて提案したようだ。これに対して田中は次のように書いている。

殿下のご趣味などにつき承知しました。十分注意します。しかし、ある程度PRのためお願いすることもお含み置き下さい。例えば始球していただくとか、(ニューヨークヤンキースの)ステンゲル監督と握手していただくとか、ヤンキースの帽子を頭にのせていただくとか、です。アメリカ人はこうした大衆との接触を非常に歓迎するのです。従って今日米国を訪れる諸外国の元首連もこれを心得て、いつも喜んで写真やTVのネタになっております。

皇太子のプライベートなことなど考えないでくれ、とでも言わんばかりだ。また「国務省儀典としては」、「妃殿下が時に和服を着られるならば、PR上非常に効果があると考えている」と付け加えている（八月十二日、ワシントン発公電）。こうした意向を受けて、妃は出発前の記者会見でこう語っている。

私も和服が好きですし、あちらの希望もあるのでしょう。日本に長くいた人たちも懐かしく思うのではないでしょうか。

他にも記者会見をやってほしい、皇室をPRするためのプレスキットを作りたい、新聞掲載用の組写真を送れなど、日本国家最大のPR作戦を展開するため外務省・在米公館は懸命だった。

太平洋戦争も顔を出した。九月十二日ホノルル総領事針谷正之から、皇太子のホノルル滞在中の二二日、パールハーバーに原子力潜水艦が入港するので、原潜の脱出訓練や内部見学はどうか、と誘いがあったことを連絡してきた。返電では「プログラムは決定済みにつき、これに変更を加えないこととしたい」と断っている。安保条約改定直後のことで、余計な摩擦を起こしてはならない、との判断である。十三日ワシントンから本省への公電では、皇太子がパールハーバーのアリゾナ艦に花輪を置くことについては、「発表はパールハーバー訪問程度にとどめ」、ホノルル市内の博物館見学などを「進んで発表する」ようにしたい、と打ち合わせている。

占領中日本に君臨したマッカーサー元帥との会見も、話題になった。元帥には大統領来日が中止と発表された直後の六月二一日、勲一等旭日桐花大授章が贈られた。国内の新聞にも勲章を持参した田中総領事とマ元帥が握手する写真が掲載されている。アイゼンハワー大統領は、最高位の大勲位菊花章頸飾である。

八月五日、原田が島審議官を訪れ、夫妻のニューヨークの宿舎はウォルドルフ・アストリアホテルだが、そこにはマ元帥夫妻が長期間滞在している。田中総領事が二人の会見について考えていると話すと、宮内庁は「お会いになること自体は結構」だが、「殿下の方からマ元帥を訪問されるということは問題にならず、先方から願い出があれば殿下がこれをお受けになるという形なら差し支えないと思う」と回答している。

既に占領下ではなく、双方の身分が違うという風だった（八月六日、島審議官メモ）。しかし当日は皇太子が元帥夫妻を訪れて二十分歓談し、父天皇の伝言を伝えたあと、元帥夫妻が皇太子夫妻の部屋を訪れ十分ほど歓談している。

皇太子が訪問先で読み上げるスピーチは、現地の雰囲気に精通している領事館がまず原案を書き、それを本省に上げて宮内庁と協議して決定稿になる。出来上がった原稿を宮内庁は東宮職参与の小泉信三に見せ、意見を求めた。小泉は一読して鈴木東宮大夫に、「あれで結構だと思います」と手紙を書いた。「要はあれを明晰にForceful voiceを以て読む練習をなさることです。次第に由ては小生担当してもよろしゅうございます」と、太字の万年筆で書き、英文の表現で二点気付いたことを記している。「いずれも大したことではなし。殿下の元気よき Performance が第一です」と感想を述べている。

小泉の手紙は九月二日に出されているが、〝お目付役〟の小泉の上にさらに〝大目付〟がいた。ワンマン宰相吉田茂である。八月一六日、吉田は小泉にこう書いている。「殿下御渡米の場合現地教育充分御注意被下度、昨今之皇族方の御態度民主主義迎合主義ニ流れすや、小生共頑固党ニハ感服出来ぬ事ふしぶし不尠、矢張英国流か望ましく……」と、〝米国流〟に注意を促した（『吉田茂書簡』中央公論社）。

ついでながら吉田は、中止となったアイクを招待する計画を持っていた。「外相（小坂善太郎）渡米の機会ニ来年九月桑港平和条約十周年紀念とし而米国其他の友邦政事家其他招待申入、先達招待中止のア大統領ニ対し改めて招待を申し入度」（同、六五年九月一日付、池田勇人宛）と、前記の書簡集にある。

大統領と会見する際の発言内容も検討された（九月二〇日、島審議官メモ）。宇佐美長官は「あまり社交的な話ばかりではなく、少しは国際政治向きの話もされることにより大人であることを示された方がよい」と発言、「これに対し、小泉氏全面的に支持した」とある。メモに続いて「会談項目案」というのがある。大統領との会見の際、皇太子の方から、まず戦後の日本への好意と援助についてお礼を言う。次に国連総会の印象、三番目に両国の経済関係は密接だが、文化方面でも理解と友情を深めるようにすべきだ——などの順で会話を進めたらどうか、というのである。宮内庁関係者はこれを〝お言葉ぶり〟と言うが、いまでも元首などとの会見などはこうした方法で進められている。

11 「訪米成功、御同慶に堪えない」

訪米日程は九月十六日、日米両国で同時に発表された。ワシントンの公式滞在は、大統領の予定に合わせて早くから決まっていたが、地方の訪問先の調整に手間取ったため、全体のスケジュールが決まってから一気に発表した(九月六日、ワシントンから本省宛て)。

予定では九月二二日午後三時半、羽田空港を出発、十月七日帰国で計十六日間となっており、原案より四日間短縮されている。ホノルル、サンフランシスコ、ロサンゼルスを経由して二七日正午ワシントンに入り、それから後三日間が公式日程となる。三十日から三日までニューヨーク。その後シカゴ、シアトル、ポートランドの各都市を訪問、アンカレジ経由で帰国というものだ。

訪米前に記者会見があり、宮内記者会員のほかAP、UP、ロイター、AFPの外国通信社の記者も招かれた。皇太子は次のような抱負を語っている。

私たちをご招待下さったのは、米国民の日本に対する非常な好意の表れだと感謝しています。私どもの訪問が少しでも両国の親善にお役に立てば幸いと思い、一生懸命やってまいります。

妃は「公式に外国を訪問するのは初めてでとても心配」と述べ、留守中の浩宮について「東宮侍医もついているし、生まれてからずっと世話してくれた人がいるし、心配ありません」とけなげに語った。大統領の訪日中止についての質問に、皇太子は「非常に遺憾なことだと思います」と、多くを話さなかった。

西海岸の非公式訪問を終え、当初の計画では東海岸の移動だけに限られていた大統領専用機がロサンゼルスに回され、夫妻は専用機コロンバイン三世号でワシントン入りした。二一発の礼砲が轟く中、陸海空三軍の儀礼兵を閲兵した。国務長官の歓迎の言葉を受け、皇太子は、岸の「日米新時代」に合わせるように、「日米友好および協力の輝かしい新時代を期待しております」と述べた。

街では日の丸を掲げたショーウィンドウに、夫妻の大きな写真を飾ったり、パレードの車は若い二人にふさわしくとの配慮からだろうか、白塗りのオープンカーだった。外交文書は米国内各地での歓迎の模様を伝えているが、中心となるワシントンの三日間について、九月三十日付の本省への報告では、まず「訪米が成功裡に進行し、また正式行事が二九日をもって無事終了したことは、御同慶に堪えない」と、大喜びだった。

大使館からの公電で、米国は皇太子夫妻を元首待遇で扱ったと書いている。それは「空港から都心まで第一公式の行列を組んだこと、大統領が公式晩さんに招待したこと、アーリントン（国立墓地）に正面から正式敬礼したこと、ワシントンの目抜き通りに日米両国旗およびワシントン旗を飾り立てたこと、またハーター国務長官が皇太子の宴会に出席のため、わざわざニューヨークよりワシントンに帰り、行事を終えて急遽再びニューヨークに引き返した」ようなことも、「米国の誠意を示したものと思われる」。首席随員の小泉は、「日本のデモにもかかわらず、よくここまでやりましたね」と述懐したとある。そして「両殿下の來米が日米間の友好関係増進に貢献することは疑いなし」と、自分たちの見通しが正しかったことを評価している。

美智子妃については、「未経験のこととて憂慮せるも、ホワイトハウスのディナーの如き気品、態度において大統領夫人、ダレス未亡人等の社交界の長老に伍してまずまず遜色なく安堵せり」と、賛辞を送っている。各地の歓迎風景やエピソードは省略するが、「ヘラルド・トリビューン」紙は社説で、旅行が実現されたことに感謝するとし、「旅行の楽しい思い出を、大統領が日本において自ら日本の人たちに伝えたいと思っていた。いつまでも変わらないアメリカ人の親善の気持ちを、ぜひ東京にお持ち帰りになられることを希望する」と結んでいる（公電の翻訳）。

ワシントンとニューヨークの日程を終えた段階で、「毎日新聞」は記者座談会を開いているが、大森実記者は「訪米の意義だが、私は感情的に皇太子に好意を持ち、アイク訪日中止後の日米関係にいくぶん良い印象を与えたとは思う。しかし、本質的には皇太子ご夫妻に対する歓迎とアイク事件の〝修復工事〟とは別個の問題」と語り、「池田首相が来て日本の本当の代表という立場で、日米外交関係の根本的改善に努力するのが本筋だ」と述べている（十月四日）。政府間の外交交渉の失敗を、皇太子の人気にあやかって、米国との関係修復を図ろうする外務省のやり方を大森は喝破していた。

民間からまったく見知らぬ世界に入り、「むずかしいと思うこともたくさんあるし、辛いこともあります……時には八方ふさがりのような気持ちになることもあります」と訪米前の記者会見で語った美智子妃は、初めて皇室外交を経験し、疲労困憊の体で帰国した。浩宮を産んで七カ月、時差による疲れのほか精神的な緊張もあり、ワシントンの公式日程では二八、九両日の午前中の日程は取り止めた。

帰国して二週間後の十月二四日、皇太子夫妻の帰国歓迎晩餐会が皇居に近い東京會舘で開かれた。日米協会会長吉田茂、マッカーサー駐日大使ら五百人が出席した。皇太子は「米国とはいろいろな点において、密接な関係にあることは否めない事実であると思います……（米国では）日米修好百年の歴史を高く評価し……両国の友好親善関係がますます増進されることが世界平和のためにも望ましいことが確信されているように思われます」とスピーチした。

予定通り帰国一カ月後の十一月十二日から十二月九日まで、夫妻はイラン、エチオピア、インド、ネパール四カ国の親善訪問を果たした。途中で休養時間を設けるなど日程上の配慮はなされたが、訪米の疲れは十分とれていなかったのではなかろうか。鈴木東宮大夫は、「四カ国の元首の公式招待が数多く、両殿下とも睡眠不足などでお疲れになったようだ。風邪やおなかをよくこわされたが、これも疲れから出たようだ」と、帰国後の会見で語った。

結婚当時の美智子妃の写真を見ると、お月さまのようにふっくらとした顔つきだが、宮中に入り、精神的な疲労が続き、皇室外交がそれに輪をかけた。美智子妃の顔から〝ふくよかさ〟は消えてしまったのは、外務省主導による、相次ぐ二回の外国訪問のせいといえなくもない。

12　臨時代行法で外遊の道開く

ところで皇太子訪米の頃、天皇の外遊が図られていたふしがある。侍従長を務めた入江相政の「日記」の一九六〇年の年末所感に、「東宮様もほうぼうにおいでになり、一生懸命やっていらっしゃる。

お上の風格も世界の人に見せてやりたいが、早くしないとだんだんお年を召してしまう」とある。半世紀も天皇に仕えた入江の日記の記述は、宮中のオクの方で天皇の外遊が語られていたばかりでなく、オモテの宇佐美や原田のレベル、さらに原田を通して外務省の一部で話題になっていたのではなかろうか。天皇は六一年の誕生日会見で、初めて外国旅行の思い出を口にしている。

——六十年を振り返って、楽しかった思い出はどんなことがおありですか。

「何といっても、一番楽しく感銘が深かったのはヨーロッパの旅行です。なかでも英国でバッキンガム宮殿に三日泊まってジョージ五世陛下と親しくお会いし、イギリスの政治を直接知ることができて参考になりました」

しかし外遊が実現したのは、それから十年先のことだった。六四年五月、「国事行為の臨時代行に関する法律」が公布された。六条から成り、「天皇は、精神若しくは身体の疾患又は事故があるときは、摂政を置くべき場合を除き、内閣の助言と承認により、国事に関する行為を皇室典範第一七条の規定により摂政となる順位にあたる皇族に委任して臨時に代行させることが出来る」(第二条)ことになった。病に倒れたとき、代行法に「身体の疾患」とあるのを受けて、皇太子が天皇の国事行為を代行し「昭和」は終焉したが、法律をつくった当初の狙いは、皇室外交にあった。

法案がまとまった六三年夏の記者会見で、こんなやりとりが交わされた。

——法律ができると外国旅行をされる機会が増えると思いますが、どんな国に行きたいと思われますか。

「政府が考えているから委せている。政治向きのことでもあるから」

しかし、外遊のチャンスはなかなか訪れなかった。六六年の記者会見での発言。

——最近、両陛下の海外ご旅行が噂されていますが、そろそろご外遊の時期では。

天皇「私は行きたいと思っているのはもちろんです。しかし、内外の事情を考えると大変難しいことだと思っています」

皇后「それはね、むずかしそうね」

六八年三月の衆院内閣委員会で、ハワイの日本移民百年を機会に天皇外遊が話題になった。七〇年四月、来日したベルギー国王の弟アルベールの歓迎晩餐会で、高松宮妃が皇后は一度も外国に行ったことがないと、アルベールに話した。その後高松宮が国王に、天皇のベルギー訪問が実現するよう努力してほしい、と書簡を出している。宮妃の語るところによれば、池田勇人、吉田茂などにも訴えたという。

〝臣茂〟の弟子で、日記を繙くと師に劣らぬ忠臣ぶりだった内閣総理大臣佐藤栄作は、八月二九日の日記に「十一時半から皇太子殿下に最近の政情その他思いつくまま話し込む。仝時に何とか都合して天皇陛下に御外遊をすすめるわけに行かぬかと、皇太子様の御意向を打診する。一寸むずかしい問題か」と書いている。

高松宮などの動きもあり、外遊はやっと具体化した。七一年二月二三日の閣議で天皇訪欧が決まったのだ。この計画はごく限られた外務省、宮内庁などの間で進められていたことが、『佐藤栄作日記』を読むとわかる。蔵相福田赳夫が知らされたのは二月十八日、宮内庁を所管している総務長官山中定則が「極秘を守ること」を条件に、佐藤から耳打ちされたのは十九日のことだ。こうして九月二七日から十八日間、天皇皇后そろっての初外遊が実現した。訪問国はベルギー、英国、ドイツ（以上は公式訪問）、デンマーク、フランス、オランダ、スイス（非公式訪問）の計七カ国である。天皇にとっては半世紀前、皇太子時代の曽遊の地であり、〝糟糠の妻〟を同行する感傷旅行であることを、宮内庁は強調した。政治的意図はないことをアピールしたのである。

13　強引なニクソン、繰り返し招請

しかしこの旅行にも日米関係が顔を出した。特別機がアンカレッジで給油の際、当初予定になかったニクソン米大統領が、歓迎したいと言い出したのである。日本は米国の外交政策に強い不快感を抱いていた。一つは中国問題である。対中接近を図っていた米国は、七月九日大統領特別補佐官キッシンジャーを秘密裏に北京に送り、周恩来首相と会談させ七月十五日国交を回復した。日本への通告はこの後だった。さらに八月十六日、米国は国際収支の慢性赤字を解消するため、金とドルの交換停止

を発表、東京株式市場は史上最大の下げ幅になった。ドルショックである。一ドル三百六十円の固定相場制から変動相場制に移行したのは、これがきっかけになった。

ふたつの〝ニクソン・ショック〟で、日本は対米不信を露わにした。それをいくらかでも和らげようと、ニクソンは天皇訪欧に割り込んだのである。〝六〇年安保〟のときと、逆の構図である。大統領夫妻はワシントンから遠く離れた極北の地、アラスカまでわざわざ飛んで来て、エルメンドルフ空軍基地の格納庫で歓迎式典を開いた。二一発の礼砲が極北の夜空に轟き、両国国歌が演奏された。大統領は「陛下は外国の土を踏まれる最初の天皇」と、日本の天皇の最初の外遊先は米国であることを強調し、「(この日を)両国民が末長い友好関係を築くきっかけにならんことを祈る」と述べた。アラスカ空軍司令官邸での歓談を含め、滞在は二時間ほどだった。

ニクソンの強引な〝割り込み〟には、いくつかの証言がある。宇佐美の回顧談(『学士会館報』七九年一月)によると、日本側は一時間の予定だったが、二時間の注文が出たという。しかし、最初の訪問国デンマーク到着時間がすでに決まっており、国王の出迎えも予定されていたので、時間の調整に苦労したとある。

入江相政は『いくたびの春』のなかで、アンカレッジでは給油だけでせいぜいアラスカ州知事がお迎えするぐらいだろうといわれていた。ところが蓋を開けてみたら大統領夫妻が迎えに出るという。当日は「気温は一度か二度」、深夜の割り込み行事である。高齢の天皇夫妻の長旅を前にして、〝慎重居士集団〟の宮内庁が、風邪を引きやすい天皇を〝危険な目〟に遭わせる日程を組むわけはない。外務省がしたたかなニクソンにしてやられ、ホワイトハウスの風圧に屈したであろうことは、容易に想像がつく。

外遊は当初欧米を一気に回るという案もあったが、日程が一カ月ほどと長くなり、天皇の年齢などを考慮すると、無理だと判断された。米国を優先すると、戦争から占領時代までついて廻ることなどから、ヨーロッパへ先に行くことになった。訪欧が無事終ったので、こんどは訪米である。七一年の大晦日、佐藤は内奏で米国からの招請を話題にした。『佐藤栄作日記』には、「陛下には多分に御訪米の御意向があるよう窺われるが、国内の様子等考へるとニクソン大統領を迎へる情態《ママ》には自信がないので言葉をにごす」と記されている。夏のダブルショックが未だに尾を引いており、「自信」がなかったのである。

訪米問題は次第に加速されていく。七二年六月一二日の「入江日記」には、「(福田) 外相からキッシンジャーを経てニクソン大統領から、御訪米についての申し入れがあったと聞く」に始まり、官邸からの圧力をうかがわせる記述が出てくる。七月七日、政権は佐藤栄作から田中角栄に移ったが、親任式の内奏のとき佐藤は天皇訪米を強く進言したようだ。「入江日記」には、「アメリカに行くことになっても前総理は随行するなどと相当なことを仰有ったらしい」とある。〝忠臣〟の強引なやり方に、天皇は激怒したのだ。佐藤が天皇の怒りを買うほど、訪米に熱心だったのは、沖縄返還も天皇訪米も果たし、戦後処理を自分の手ですべて片付けたいとの〝野望〟もあったのであろう。

佐藤は年末に訪米するが、十二月二五日の日記に入江は、「長官来宅、佐藤首相訪米の節、御訪米を話してくるとのこと。余は断固反対する。皇室のためにどうしてもおやめ願わなくては、といっておく」と書いている。その後も「ニクソンが切々と御訪米を願った」などの記述がある。

しかし、米国訪問はなかなか進捗しなかった。七三年四月九日、佐藤の元に外務省調査事務官有馬龍夫が報告に来たが、佐藤は「まだなかなか本決まりには程遠い」という感触を持った。その後訪米が決まると、社会、共産両党、マスコミが天皇の政治利用と一斉に反発した。しかし政府はあくまで実現の方向だった。こうした状況下で決定的な発言をしたのは、天皇自身であった。

「自民党は不明で、讃成してくれているのは民社だけという状態。遷宮もあり訪米となれば伊勢にも（奉告のため）参らなければならず、別宮の遷宮のすべてが終わる明年までは神宮もとりこんでをらう、もしどうしても今年いかなければならないとすれば、十一月の新嘗（祭）前となるが、むしろ今年はやめて明年以後にしたほうがよくはないか」と天皇が明言したのである。遷宮は天皇家の祖先、天照大神のご神体を納めてある本殿を二十年に一度建て替える最重要の祭りである（「入江日記」七三年十月十七日）。翌年八月、ニクソンはウォーターゲート事件で失脚、田中も〝金脈問題〟で十一月辞職した。

こうした曲折を経て、七五年九月三十日から十月十四日まで天皇、皇后はアメリカ訪問の旅に出た。この時期には両国間に懸案事項はなく、ホワイトハウスの晩餐会で天皇は太平洋戦争にふれ、「私の悲しみとする、あの不幸な戦争（most unfortunate war which I deeply deplore）」と、遺憾の意を表し、さらに「（米国が）我が国の再建のために暖かい好意と援助の手をさしのべられた」と感謝した。

私はホワイトハウスの記者室の長イスで疲れた体をいたわりながら、スピーカーを通して流れてくるお言葉を聞いていた。晩餐会が終わると、ワシントン支局の先輩が飛び込んできて、「キッシンジャーが素晴らしいスピーチだ、とほめた。そのことだけでよいから東京に吹き込んでくれ」と言われ、電話に飛びついたことを思い出す。お言葉が終わると招待客全員がスタンディング・オベイションで賞賛したという。

米国は高齢の天皇に好意を寄せ、新聞が連日のように大きく報道した。訪米は成功裡に終わった。佐藤、田中、三木と三代の首相に及んでの懸案は、戦後の日米関係でまったくの〝無風時代〟に行なわれた。首席随員の外相福田赳夫は、「三十年間のモヤモヤがやっと晴れた」と、帰路ホノルルでの記者会見で笑みをたたえながら語った。天皇が自ら指揮官になり、宇佐美、入江らが皇室の政治利用に抗戦したことは、正鵠を射ていたといえる。米議会は天皇の歓迎決議をし、大統領は日本の天皇を歓迎するよう布告を出した。両国政府の圧力に毅然とした宮内庁首脳の態度が、太平洋戦争の傷跡を埋めたのである。

14　不安抱いて「皇嗣」訪米

米国人は日本の皇室が好きである。かつて自分たちの父祖が、王室を戴いていたからだろうか。それとも歴史が浅く若い国は、神秘的で伝統のある皇室に憧れを抱くのだろうか。こうした米国人気質を見抜いている日本政府は、外交ポイントを稼ぐために〝天皇カード〟を切りたがる。

八七年秋の皇太子夫妻の訪米もそうであった。出発は十月三日だが、天皇が慢性膵炎で開腹手術をしたのは、直前の九月二二日である。高齢の天皇の初めての手術であり、多くの国民は術後を懸念していた。万一の時は皇太子が即位するという緊迫した状況のなかで、なぜ十八日間の日程を八日間に短縮までして、「皇嗣」が日本を離れて旅立たなければならなかったのか。外遊一カ月前、外務省の高官は宮内記者会にその背景を説明している。

この一年間に対日感情は非常に悪くなっている。ことし初めごろまでは（反日感情は）ワシントンだけだったが、いまや全米に広がっている。六月の対日赤字は百五十七億ドルあり、オレンジ、コメ、半導体、次期戦闘機（ＦＳＸ）などときりがない。日米間の案件を少なくしたい。二十日には中曽根首相もレーガン大統領に会うことになっている。こうした状況下で皇太子ご夫妻の訪米は政府としては大変重要と考えている。ご夫妻はこれまで世界各地を回られているが、裏方の準備をする気持ちとしては、この時期に行かれるのだから、できるだけ友好裡に行くよう願っている。

高官は「友好」を口にしはするが、本音は経済摩擦解消にあるのだ。外交交渉が難航しているので、皇太子の訪米で補完して欲しいというのであろう。この図式は六〇年の訪米で見た通りだ。即位した平成の天皇は、九四年六月十日から二六日まで、全米十都市を親善訪問した。このときはこれまで以上に外務省ペースが目立った。天皇は還暦だし、皇后は前年秋、精神的なショックから失語症になり、記者会見で「長い旅行の日程にまったく不安を感じないではない」と、示された過密スケジュールをみて気遣った。

羽田から十三時間でジョージア州アトランタに着いたが、時差調整で苦しみながらカーター元大統領の午餐会、歓迎レセプションなどをこなし、宿舎に帰ったのは午後九時を回っていた。日程は最後までハードだったが、東海岸では連日三十五度を越す暑さで、ホワイトハウス前庭の歓迎式典では、市民ばかりでなく、屈強の若者集団であるはずの儀仗兵まで倒れた。

訪米の背景には、相変わらずの日米貿易摩擦が横たわっていた。九三年七月、東京サミットの両国首脳会談で日米包括経済協議の枠組みが合意に達し、政府調達、保険、自動車など分野別の市場開放が打ち出された。しかし、七四年二月の細川護熙首相、クリントン大統領との会談が決裂、両国関係は深刻な事態を迎えた。天皇訪米は以前から双方で話し合われてはいたものの、二月十二日の「朝日」夕刊を見ると、二面と三面が見開きで「交渉もの別れ」との大報道。その下の方に「天皇の訪米、会談で確定」とある。六〇年安保のころは皇室の「政治利用」が騒がれたが、最近は一向、批判的な記事は見当たらない。

夫妻はミズーリ州セントルイスで大リーグを観戦した。地元選出の対日強硬派で知られるゲッパート下院議員、ダンフォース上院議員が夫妻近くに席を占め、ゲッパート議員と皇后が握手を交わし、和やかな会話がはずんだ。同議員は「ごく自然に握手した」と語ったが、米国人の皇室好きを巧みにくすぐったのだろうか。

真珠湾訪問も浮上した。外務省作成の日程には、六月二三日午前、パールハーバー訪問が入っていた。この日は「沖縄戦終結の日」であり、天皇は皇太子時代から「日本人が忘れてはならない四つの日」として、原爆投下、終戦記念日とともに、この日を慰霊と鎮魂の日として黙祷を捧げている。真珠湾は六〇年に訪問している。今回は「天皇として」の参拝だという論理である。世論の反発で見送られたが、国内の一部勢力は、天皇に真珠湾訪問を果たしてもらい、その見返りとして「戦後五十年」に当たる翌九五年に、天皇の靖国神社公式参拝を実現してもらおうという動きもあったという。本当なら、皇室外交は内政問題にまで巻き込まれることになる。政治家は「天皇利用」を虎視眈々と狙っているのだ。

訪米前、日米包括経済協議交渉は決裂し、「ノー」といった細川護熙首相は表舞台から姿を消した。細川・クリントン会談が物別れに終わった直後の「朝日」の世論調査では、「日米関係は良好」と答えている人は、わずか二〇％、「そうは思わない」が六四％に急増している。そこで急遽天皇の「ご出馬」と踏んだのだろうか。

15　象徴天皇は「政治社外」に

皇室外交の問題点は、政治に関与しない象徴天皇が、そこに巻き込まれ、利用され、外交交渉の〝切り札〟、あるいはそれを補う役目をさせるという現実である。六〇年の訪米のとき、外務官僚は夫妻を格好の日本の〝PR役〟ととらえていたことは、指摘した通りだ。その構図は現在も変わっていない。政治には無縁な「皇室」と、政治そのものである「外交」をひとまとめにした「皇室外交」という言葉はマスコミの造語だが、善し悪しは別としてわかりやすい表現である。

宇佐美長官は「宮内庁は皇室外交と言う言葉は使っていない」と七二年の参院内閣委で答弁してい

るが、『宮内庁要覧』の「外国交際」の項では、次のように説明している。

皇室が行う外国交際は、外国元首との御親書や御親電の交換、外国の慶事に際しての御名代などの御差遣、賓客として訪れる外国の国王、王族、大統領などの接遇、その他来訪の外国知名人や在日外交官などの御引見及び接待、国際親善のため天皇・皇族が外国を御訪問になることなどである。

憲法は天皇を「国民統合の象徴」と規定しているが、平成の天皇は九三年、イタリアなど三カ国出発前に、〝皇室外交観〟をこう語っている。

長い歴史を通じて政治から離れた立場において、苦しみあるいは喜びを国民と心を一つにし、国民の福祉と幸福を念ずるというのが日本の伝統的な天皇の姿でした。

日本国憲法は「天皇は日本国の象徴であり日本国民統合の象徴」であると定めています。天皇は国政に関与せず、内閣の助言と承認によって憲法に定められた国事行為を行う、と規定しているのは、このような伝統に通じてのものであります。

天皇は日本で行われる国内のあるいは国際的行事に出席し、外国の賓客を迎え、また外国も訪問しますが、これはいずれも国や国民のために、また国際親善のために、象徴という立場に立って行うものです。

戦前の大日本国憲法は、第四条で天皇の地位について、「天皇ハ国ノ元首ニシテ統治権ヲ総攬シ此ノ憲法ノ条規ニ依リ之ヲ行フ」と規定した。しかし現在では象徴なのに、皇室外交の舞台で天皇は、いつも元首のように扱われている。七三年の衆院予算委の政府答弁は、「実質的には国家統治の大権は全くないが、形式上、国家におけるヘッドの地位にあるものを元首とする理解もある」と述べている。平成の天皇の米国訪問で駐米大使栗山尚一は、「私どもがいくらやっても出来ないことを（両陛下は）わずか二週間でやられた。日本の国の象徴は米国民から見れば元首と同じ。そういう立場の人が親しみをもてる、尊敬できる人柄だった。私どもが逆立ちしても出来ない皇室外交に大きな意味があった」と、実質元首論を展開している。

天皇は憲法第四条で「国事に関する行為のみを行ひ」、第六条、第七条には十二項目の国事行為が明示されている。第六条は内閣総理大臣と最高裁判所長官の任命、第七条は憲法改正、法律などの公布、国会の召集、衆議院の解散、総選挙の施行の公示、官吏の任免及び大公使の信任状の認証、大赦、特赦などの認証、栄典の授与、外国大使などの接受、儀式を行う——などだ。このなかに皇室外交はない。

七三年の衆院内閣委で、内閣法制局長官吉国一郎は天皇の行為は三つに分かれるとの見解を述べている。

天皇の行為には憲法の定める国事行為のほかに、天皇の個人としての私的行為と、それから日本国の象徴たる地位に基づくいわゆる公的行為、これも学者によっては公的行為とか準国事行為とか呼んでおりますが、そういう行為があることは、これは否定出来ないところであると思います。

国事行為以外は私的行為である。皇室外交は「象徴たる地位に基づく行為」、すなわち公的行為に含まれる。法制局は公的行為の補佐責任は内閣にあるとし、その限界について七〇年の衆院内閣委で次のように述べている。「①国政に関する権限、すなわち政治的な意味ないし影響を持つものが含まれないこと、②天皇の行為について内閣が責任をとるという行為であること、③象徴たる地位に反するものではないこと」という。

しかし、これまで見てきた天皇、皇太子の米国訪問は、こうした見解とは乖離し、「政治的意味ないし影響」を持っていることは明白に理解できよう。

また日本国を「代表」して過去の行為に対し、謝罪ないしは反省を求められたりする。七一年の訪欧の時、英国の晩餐会で、天皇は政治的になることを配慮して第二次大戦にはふれなかった。しかし女王は「近世において両国の関係は常に平和と友好であったとは言えません」と言及したのである。この時の反省が米国での deeply deplore につながった。日本がかつて侵略し、植民地化した中国、朝鮮に対する宮中晩餐でのお言葉は、天皇の戦争責任をめぐって政治問題化した。外交マターのことが政治問題化してはならないのである。

問題はいかにして皇室外交から政治色を抜くか、どこまで純粋に象徴天皇として振る舞えるか、ということであろう。これまでいくつもの例を見ながら、皇室外交の問題点をあげてきたが、果たして皇室外交は否定されるべきものであろうか。

外務省情報文化局長として国際情勢を昭和天皇に毎月進講し、外務事務次官を務めた柳谷謙介は、「皇室が行うのは国際親善であり、外交は政府の専管事項であること、従って、皇室外交という言葉は政治と皇室を安易に結びつけかねない」と警告している（『年報　近代日本研究　20　宮中・皇室と政治』所収の佐道明広論文）。

また同書は『宮中物語』（武田龍夫、中公文庫版）から、「親善を超えた皇室外交は本来あってはならないものである。我々は明文もないのに天皇や皇室に政治的意味を持つ公的行為を認めてはならない。それは国家理性を失わしめる危険を伴うからである」と紹介している。武田は外務官僚から式部官の経験を持っている。

望ましい皇室外交とはどうあるべきなのか。福沢諭吉は『帝室論』の中で、皇室を「政治社外」に置くべきであると言っている。相手国に対し「象徴天皇」の意味を正確に説明するのは大切なことだ。武田は自分の在外経験から「外国からすれば、天皇は依然として多くは、カイゼルなのである。途上国への陛下ご訪問などで、援助の直接要請が天皇に寄せられたりするのも、そのためである」と注意を喚起している。

天皇が外国訪問をするときの〝大デレゲーション〟はいかがなものであろうか。手元にある九三年九月のイタリア、ベルギー、ドイツ三カ国訪問の資料を見ると、首席随員は元総理海部俊樹で随員はほかに宮内庁長官、侍従長、式部官長、女官長など宮内庁関係者のほか外務省などから計十九人、随行員として皇宮警察本部護衛一課長、外務省報道課首席事務官、式武官補佐、宮内庁報道専門官、身の回りの世話をする女孀、内舎人、荷物のチェックなどをする係りなど十四人、その他同行者として宮内庁一、警察庁七、外務省十七（うち六人は一国のみ同行）警視庁一人の延べ六十人に上る。

首席随員は外相または外相経験者、副総理、元首相などが任命されている。政府の要人が当たるのは「天皇の外遊はきわめて重要なことでありこれについて内閣が責任を負う立場にある。首席随員はこの外国ご訪問の実質的統括責任者であり、この重要性に鑑み内閣が慎重に検討し、閣議決定を経て任命する」と宮内庁は説明する。外務省も「内閣を代表するにふさわしい人物から選ぶ」という。昭和天皇の訪欧では外相福田赳夫、訪米は副総理兼経企庁長官の福田、平成に入って九二年の中国訪問では副総理兼外相の渡辺美智雄、九三年訪欧では元首相海部俊樹、九四年訪米では元首相宮沢喜一が務めた。

政治色を払拭するためには、天皇外遊の大部隊を縮小し、宮内庁を中心とした構成が望ましいのではないか。政治家、それも〝大物〟が首席随員になっているのでは、相手国は象徴天皇を元首だと勘違いするかもしれない。

平成の天皇は皇太子時代に二十二回、四十二カ国を訪問し、即位後は九一年タイ、マレーシア、インドネシア、▽九二年中国、▽九三年イタリア、ベルギー、ドイツ、▽九四年六月米国、十月フランス、スペイン、▽九七年ブラジル、アルゼンチン、▽九八年英国、デンマーク、▽二〇〇〇年オランダ、スウェーデン、フィンランド、スイス、▽〇二年チェコ、ポーランド、オーストリア、ハンガリー、▽〇四年ノルウェー、アイルランドを訪れている。

皇位を継承したとき、天皇は短い文章のなかで「憲法を守る」と二度確言している。その後も「私にとって憲法として意識されているものは日本国憲法」（八九年記者会見）と述べ、繰り返しいろいろな機会で現行憲法を守っていくと発言している。その憲法は政治に関与しない天皇を「国民統合の象徴」としているから、皇室外交のスタンスも明確である。ともすれば外務省ペースで押されがちな皇室の外交を、自らの発言でチェックする姿勢がうかがえる。

皇太子時代、天皇は皇室の伝統はずっと象徴天皇であった、と話したことがある。それは時の権力と距離を置くことにある、という意味も込められている。若き日、天皇は小泉信三から福沢の『帝室論』を学んでいるが、そのなかに次のような文章がある。

「帝室は政治社外のものなり。苟も日本国に居て政治を談じ政治に関する者は、その主義に於いて帝室の尊厳と其の神聖とを濫用すべからず」とし、国会は「二様の政党相争ふて、日の如く、盛夏の如く厳冬の如くならんと雖も、帝室は独り万年の春にして、人民これを仰げば悠然として和気を催すべし」という。政権と結びつくことなく、政党とは違って国民が暖かみを感じとるのが皇室の姿だというのである。

皇室外交の要諦もこれに尽きるのではあるまいか。

5 戦後日米関係と「天皇外交」

——占領終結後を中心として

吉次公介

はじめに

一九四七年五月に日本国憲法が施行され、天皇の地位は国家元首から「国民統合の象徴」へと変化した。これに伴い、法的・制度的に、天皇は政治や外交に関与できなくなった。だが近年、「象徴」となった後も昭和天皇が日本外交に影響を与えたことを示唆する研究が発表され、戦後日本外交史における天皇の役割が注目されるようになった。

昭和天皇の戦後の外交活動にはじめて本格的に焦点を当てたのは、一九七九年に雑誌に掲載された進藤榮一の「分割された領土」であった(1)。進藤は、一九四七年九月、昭和天皇が沖縄を軍事基地として長期間貸与するとアメリカに提案したことを明らかにし、注目を集めた。だがその後しばらくの間、戦後の「天皇外交」に関する研究はそれほど進展しなかった。研究に必要な史料が十分公開されていなかったからである。

一九九〇年代に入って史料の公開が進むと、注目すべき研究が相次いで刊行された。豊下楢彦『安保条約の成立』[2]、三浦陽一『吉田茂とサンフランシスコ講和（上、下）』[3]、G・デイビス、J・ロバーツ『軍隊なき占領』[4]などが、占領期（一九四五―五二年）における「天皇外交」研究のレベルを一気に引き上げたのである。また、天皇の通訳を務めた松井明元フランス大使の手記が発見され、天皇とダグラス・マッカーサー（Douglas MacArthur）連合国軍最高司令官の会談内容などが明らかにされたことも、大きな収穫であった[5]。

これらの研究や発見によって、占領期、昭和天皇がアメリカ側に安全保障にかかわる複数のメッセージを伝えていたことが明らかにされた。また、外務省などが昭和天皇にサンフランシスコ講和条約や日米安全保障条約をめぐる日米交渉について頻繁に「内奏」していたこともわかった。そもそも「内奏」とは、戦前、政府首脳が政治・外交・軍事について天皇に報告していた行為のことだが、それは占領期にも続けられていたのであった[6]。

さきに紹介した研究のなかでも、とくに、安保条約成立過程における昭和天皇の役割について新資料を駆使して論じた豊下の著書は、学界で大きな話題となった。豊下は、昭和天皇が吉田茂首相の対米外交方針に大きな影響を与えたのではないかとの仮説を示し、「日本の基地提供と米軍駐留は天皇にとって絶対条件」であり、「安保条約の『基礎』は、ほかならぬ昭和天皇によってつくりだされたのである」と結論づけた[7]。植村秀樹が述べているように、豊下の説は「今のところたしかな証拠がないというだけで捨て去るにはもったいない興味深い仮説」だといえよう[8]。

研究が進展したとはいえ、当然ながら昭和天皇にかかわる史料はいまだに機密度が高く、占領下における「天皇外交」の全容が明らかになったといえる状況では決してない。例えば、閣僚や官僚からの「内奏」に対して、昭和天皇がいかなる反応を見せていたのかははっきりしない。また、「天皇外交」に対する歴史的評価も、論者によって異なり、定まったとは言い難い。

このように、「天皇外交」研究はまだ緒についたばかりだが、講和・安保成立過程において昭和天皇が日米関係に強い関心をもち、米軍の日本駐留の必要性を認め、日米安保を肯定的に評価していたことは間違いない。坂元一哉も述べているように、「天皇外交」の姿がおぼろげながら見え始めたことによって、戦後日本外交史における昭和天皇の位置付けが「重要問題」となってきたのである。[9]

それでは占領終結後、昭和天皇は日米関係や日米安保についていかに考え、どのようにかかわっていたのだろうか。占領が終わり、日本が独立したからといって昭和天皇が外交問題への関心を失ったとは考えにくい。

この点については、一九五二年にサンフランシスコ講和条約が発効した後も、昭和天皇が引き続き「内奏」の際に、日本政府の顕官にその考えを示していたことが既に知られている。当事者の記録としては、佐藤栄作首相の『佐藤栄作日記』、あるいは入江相政侍従長の『入江相政日記』などがある。[10]これら一次資料を用いた研究書である升味準之輔『昭和天皇とその時代』や後藤致人『昭和天皇と近現代日本』、さらにジャーナリストによる著作である高橋紘『象徴天皇制と皇室』、岩見隆夫『陛下の御質問』なども、冷戦末期まで昭和天皇が政治や外交に関心を寄せていたことを示唆している。[11]しかし、史料的な制約が大きく、日本独立後の「天皇外交」に関する研究はほとんど進んでいないのが現状である。

そうした中、新たに公開されたアメリカ政府の外交文書によって、占領終結後も昭和天皇が日米関係、日米安保の維持・強化を望み、その意向を日米両政府関係者に繰り返し表明していた事実が明らかになった。[12] これは、戦後の「天皇外交」研究を大きく前進させる重要な発見だったといえる。

では、日本独立後における昭和天皇の日米関係重視姿勢は、アメリカの対日政策や冷戦に対するいかなる認識に立脚していたのであろうか。また天皇は、日米関係や冷戦の展開・変容にいかに対応したのだろうか。そして、日米両政府関係者は天皇の言動をどう評価していたのか。本稿は、以上の点に焦点を当てつつ、アメリカ国立公文書館で発見された新史料を中心として、一九五二年以降の日米関係における「天皇外交」の意義について論じようとするものである。

1　アイゼンハワー政権へのメッセージ——一九五〇年代

1　米軍撤退への懸念

一九五二年、サンフランシスコ講和条約が発効し、日本は独立を回復した。七年に及ぶ連合国による日本占領が漸く終結したのである。一九四九年の中華人民共和国の成立、そして一九五〇年の朝鮮戦争勃発によってアジアの冷戦が厳しさを増す中、戦後日本は日米安保条約を外交の機軸としつつ、西側の一員として国際社会に復帰した。

日本が独立を回復したとき、朝鮮半島やインドシナ半島を舞台として、アジアでは〝熱戦〟が繰り広げられていた。とくに、日本に隣接する朝鮮半島での戦争は、日本でも関心を集めていた。

その朝鮮戦争の休戦を間近に控えた一九五三年四月二〇日、離任するロバート・マーフィー(Robert D. Murphy)駐日大使と昭和天皇が面会した。中北浩爾が発見し、『朝日新聞』紙上で公表したアメリカ政府公文書によれば、天皇は次のように語った(13)。

「朝鮮戦争の休戦や国際的な緊張緩和が、日本の世論に与える影響を懸念している。米軍撤退を求める日本国内の圧力が高まるだろうが、私は米軍の駐留が引き続き必要だと確信しているので、それを遺憾に思う。」

またこの会談で天皇は、ソ連と中国の指導者に対する不信感を表明し、さらに蒋介石がマーフィーに示した日本、韓国、台湾による反共提携構想に前向きな姿勢を見せたのであった。占領期以来、共産主義の脅威に強い懸念を持っていた天皇にとって(14)、在日米軍の撤退はあってはならないことだったのである。

この頃、日本国内では在日米軍の削減を求める声が高まっていた。保守、革新の双方から、大規模な在日米軍の存在は「独立の完成」を妨げるものと見られていたのである。保守系の野党・改進党は憲法改正、再軍備、そして米軍撤退をめざしていた。また、左派社会党は米軍駐留を「従属国の象徴」と捉え、西側陣営への帰属を是とする右派社会党内にも米軍の駐留に批判的な声があった。さらに、日米安保を作った吉田茂首相自身も、在日米軍の削減をアメリカ側に求めていたのである。

内灘における反基地闘争に見られるように、反米感情が国内で高まっていたことがその背景にあった。一九五三年六月の『朝日新聞』の世論調査によれば、米軍にいてもらいたいとするのは二七パーセント、それに対してアメリカに帰ってもらいたいとするのは四七パーセントにものぼっている。[15]日本国内に瀰漫する反米感情に加えて、朝鮮戦争の休戦で米軍撤退論が一層高まるのではないかとの焦燥に駆られた天皇は、拱手傍観できなかったのであろう。

在日米軍の撤退に関する昭和天皇の意向は、鳩山一郎内閣で外相を勤めた重光葵にも示されている。一九五四年一二月、対米協調を外交政策の柱とする吉田茂が執柄の座を降り、反吉田を掲げてきた鳩山一郎が首相に就任した。吉田に対する感情的な反発もあり、鳩山は、吉田を「向米一辺倒」であると厳しく批判した。そして、アメリカと一定の距離をおく「自主外交」を掲げ、日ソ国交回復、国際連合への加盟、日米安保条約の改定などを目指した。

鳩山政権が展開した「自主外交」は、アメリカとの間にきしみを生じさせた。その第一の原因は日ソ国交回復であった。[16]アメリカは日ソ交渉自体に反対はしなかったが、北方領土問題をめぐって日本が安易に妥協しないように口をはさんできたのである。こうしたアメリカの態度は、日ソ交渉の障害のひとつとなった。さらに、防衛支出金（日本が負担する在日米軍駐留経費）をめぐる交渉が一九五五年三月から本格的に始まったが、負担額をめぐる日米間の見解の相違から、すぐに暗礁にのりあげた。[17]鳩山政権期は、日米関係が揺らぎをみせた時期だったといえる。

鳩山政権による対米外交の重要な施策として実行されたのが、一九五五年八月末の重光外相によるアメリカ訪問であった。[18]鳩山や重光は、不平等性が色濃い日米安保に強い不満をもっていた。それを対等な「相互防衛条約」に改めるようアメリカに求めることが、重光訪米の最大の眼目だった。また、一九五四年末の時点で約二〇万人にものぼる米軍が日本に駐留しており、騒音など日本国内でさまざまな問題をひき起こしていた。そこで、重光は在日米軍を段階的に削減し、最終的には全面撤退させることを米国側に提案しようとしていた。

重光は、出発を三日後に控えた八月二〇日、訪米について昭和天皇に「内奏」している。この時の様子は、重光の手記から窺い知ることができる。

「八月二十日　土曜　晴　暑気強し
午前九時、上野発、那須に向ふ。
駅より宮内省〔庁〕自動車に迎へられ、御用邸に行く。控室にて入浴、更衣。昼食を賜はり、一時過参入、拝謁す。渡米の使命に付て縷々内奏、陛下より日米協力反共の必要、駐屯軍の撤退は不可なり、又、自分の知人に何れも懇篤な伝言を命ぜらる。[19]」

坂元一哉は、この昭和天皇の発言について、安保改定や米軍全面撤退に関する重光の説明を聞いた後になされたものだろうと推測している。[20] そうだとすれば、米軍の完全撤退をアメリカに要求するという重光の姿勢に、昭和天皇が異を唱えたことになる。昭和天皇の意向が重光の対米交渉方針にどれほどの影響を与えたのかは明らかでない。だが、ここでは、昭和天皇が共産主義に対抗するうえで日米の協力が必要であり、在日米軍の撤退も認められないとの明確な意思を示していることが重要である。

八月末に開催された重光とジョン・F・ダレス（John F. Dulles）国務長官との会談で、重光は日米安保を「相互防衛条約」とすることを要求したものの、ダレスによって一蹴された。重光による安保改定の試みは潰えたわけだが、留意すべきは、ダレスとの会談で重光が米軍の全面撤退に触れなかったことである。その主な理由として、外務省がそれに慎重だったことが考えられる。しかし、「駐屯軍の撤退は不可なり」という昭和天皇の意向が働いた可能性も否定はできないだろう[21]。

2　アメリカへの「深い感謝」と援助継続への希望——アイゼンハワー宛メッセージ

重光訪米から約半年が経った一九五六年二月一七日、新たに大使としてアメリカに赴任することとなった外務省の谷正之は、昭和天皇と面会した。

そこで昭和天皇は次のように「熱心に」日米関係について語った。「アメリカの軍事的、経済的援助が戦後日本の生存に重要な役割を果たしてきたことについて深く感謝している。……この援助が継続されることを希望する」。「日米関係が緊密であることを望み、それが両国にとって持つ意義を十分認識している」。そして最後に、このメッセージをダレスらに確実に伝えるよう谷に命じたのである。

これをうけて、谷は「天皇からの直接の要請」であるため、できるだけ早期にほんの少しでもダレスに面会することが「何よりも重要」であると、ジョン・M・アリソン（John M. Allison）駐日大使に協力を求めた[22]。

二月二八日、アメリカに赴任した谷は、ダレスやウォルター・ロバートソン（Walter Robertson）国務次官補らと会談した。そして、他のいかなる話題よりも先に、ドワイト・D・アイゼンハワー(Dwight D. Eisenhower)大統領とダレスに宛てた天皇からのメッセージを伝えた。それは、天皇が「アメリカの援助により、日本の防衛と経済が改善したことに満足」しており、「二国間の協力が継続することを希望している」というものだった。これに対してダレスは、メッセージをアイゼンハワーに伝達することを確約したうえで、「日本の安定と統合において天皇が果たしている、目立たない、しかし重要な役割」を高く評価し、さらに「将来の日本と、良好な二国間関係において、天皇の影響力は重要である」と述べたのだった。(23)

では、なぜこの時期に、昭和天皇はアイゼンハワーやダレスに直接メッセージを送ったのか。確証はないが、既に述べたように、鳩山政権期、日米間にさまざまなあつれきがあったことがその主因ではないかと思われる。占領期から日米安保の重要性を認識していた昭和天皇が、鳩山の「自主」外交によって日米関係に亀裂が走ることを憂慮した可能性は十分あるだろう。

さらに指摘すべきは、アメリカに対する天皇の謝意が、単なるリップ・サービスではなかったと思われる点である。アジア太平洋戦争でアメリカが日本に壊滅的打撃を与えたことは、間違いなく、天皇の胸奥に残っていたはずである。しかし、天皇から見れば、かつての敵である米軍は、今や日本を共産主義の脅威から守る〝盾〟となっていた。さらに天皇は、アメリカの挟持で自らの地位が保たれたことを、十分に認識していた。占領初期、オーストラリアなど極東委員会構成国から天皇の戦争責任を問う声が高まるなかで、天皇を擁護したのは、マッカーサー連合国軍最高司令官であった。一九五一年四月、マッカーサーとの最後の会見で、天皇は「戦争裁判に対して貴司令官が執られた態度につき、この機会に謝意を表したいと思います」と述べた[24]。

また天皇は、アメリカの占領政策が日本の復興に大きく寄与したと捉えていた。日本が独立を回復する直前の一九五二年四月、マッカーサーの後任であるマシュー・B・リッジウェイ（Matthew B. Ridgway）との会談で、「6年半にわたり、マッカーサー元帥および貴司令官の賢明なる占領政策と指導の結果、わが国は経済的に再建せられ、民主主義の確立と共に国の安定を見るに至りましたことを深く感謝します」と発言している。サンフランシスコ講和条約が「非懲罰的」なものとなったことも、日本の再興を後押しするものに他ならなかった。講和条約調印直前の一九五一年八月、天皇はリッジウェイに「歴史上かつて見たことのない寛大な条約案ができた」ことを深謝したのであった[25]。

3　「ソ連の強大な軍事力」――マケルロイ国防長官との会見

日ソ国交回復を成し遂げた鳩山内閣は、一九五六年一二月、日本の国際連合加盟を花道に総辞職する。その後、石橋湛山内閣を経て、一九五七年二月、岸信介が政権についた。岸は対米協調の重要性を説く一方、鳩山がなしえなかった安保改定に力を入れる。ダグラス・マッカーサー二世（Douglas MacArthur II）駐日大使をはじめアメリカ政府も岸の能力を高く評価し、「日米新時代」を演出するのである。

日米間で安保改定交渉が進むなか、一九五八年一〇月、ニール・H・マケルロイ（Neil H. McElroy）国防長官が来日した。岸ら政府首脳との会談を重ねたマケルロイは、一〇月六日、マッカーサー大使とともに昭和天皇・皇后と会見した。アメリカ政府公文書は、会見の内容を次のように記録している。

一通りの挨拶を交わした後、昭和天皇は「強力なソ連の軍事力に鑑みて、北海道の脆弱性に懸念をもっている」との危機感を表明し、マケルロイに意見を求めた。これに対してマケルロイは、「ソ連の支援を受けて共産中国は台湾海峡地域で武力を用い、また武力の脅しを行っている。それは、その地域での自由世界の撤退を目論むものだ。自由世界が国際共産主義による武力行使や武力による脅しに強い姿勢で臨むことがきわめて重要だ。なぜなら、もし自由世界が共産主義勢力の脅しによって撤退すれば、自由世界の立場全体が崩壊するからだ。この意味で我々は、沿岸島嶼を天皇が北海道を見るような眼で見ている。……アメリカ政府は、この〔アジア太平洋―引用者〕地域の平和と安定のために日米協力がとくに重要だと考えている」と、アメリカの反共戦略における日米関係の重要性を指摘した。マケルロイの説明を聞いた昭和天皇は、「日米協力が極めて重要だということに同意」したのであった。

続けて昭和天皇は、「軍民両方の領域におけるアメリカの日本に対する心からの援助に深い感謝」を示した。さらにマケルロイが日本の発展に驚いたと述べると、天皇は満面に笑みをうかべ、「それはアメリカの援助と理解によるものだ」と応じた(26)。ここでも昭和天皇は、軍事的、経済的なアメリカの支援に対する深謝を披瀝したのであった。

この会話にはいくつか重要なポイントがある。まず昭和天皇が一九五八年というこの時期にソ連の軍事力に懸念を表明した主な背景について考えてみよう。第一に考えられることは、一九五七年八月にソ連が大陸間弾道弾（ＩＣＢＭ）の開発に成功し、同年一〇月には人類初の人工衛星スプートニク一号の打ち上げに成功したことである。この出来事はソ連の科学技術の優位を示すものと思われ、アメリカはもちろん西側世界全体に大きな衝撃を与えた。アイゼンハワー大統領は、このスプートニク・ショックについて冷静な反応を見せ、アメリカが急激な軍拡に向かうことはなかった。だが、アメリカ国内では、アメリカはミサイル開発でソ連に大きく遅れをとっているという「ミサイル・ギャップ」論争が巻き起こった[27]。

第二の背景としては、この時期在日米地上部隊が大幅に撤退したことがある。一九五七年に約一二万一〇〇〇人だった在日米軍は、一九五八年には約六万八〇〇〇人にまで縮小されたのである[28]。一九五〇年代中葉、日本国内では米兵による犯罪や騒音など米軍基地から生じる被害が大きな問題となっており、岸信介政権は在日米軍削減に取り組む姿勢を示していた[29]。他方、アイゼンハワー政権も軍事費を抑制するために通常兵力の削減を進めており、その一環として在日米地上部隊の多くを撤退させる意向を持っていた。こうした日米双方の必要性から、一九五七年六月の岸＝アイゼンハワー会談で在日米地上部隊の大幅削減が発表されたのであった。一九五五年の夏、重光外相に向かって「駐留軍の撤退は不可なり」と述べた昭和天皇が、在日米地上部隊の大規模な撤退に無関心であったはずはない。

ＩＣＢＭ開発やスプートニク・ショックによってソ連の脅威が高まったと思われたことと、在日米地上部隊の大幅削減が重なった結果、昭和天皇は危機感を募らせ、自らの懸念をマケルロイに伝えたのではないだろうか。

昭和天皇が「ソ連の強力な軍事力」に言及した事実は、当時の国際情勢とのかかわりからも興味深い。周知のとおり、この頃の世界は米ソ冷戦の真っ只中にあった。アジアにおいては、一九五〇年に勃発した朝鮮戦争で米中が直接武力で衝突して以来、米中冷戦ともいうべき状況が生じていた。アメリカの同盟国である日本も、基本的にソ連や中国とは対立関係にあった。

そうした中、マケルロイ訪日に先立つこと約二ケ月、一九五八年八月、中国軍が台湾支配下の金門・馬祖島を砲撃、第二次台湾海峡危機が起きた。アメリカは中国に強く反発、米政府内では核兵器の使用も検討されたという。他方、一九五〇年代後半の米ソ関係は、一九五五年七月に戦後初めて米ソ首脳会談が実現するなど、比較的安定していた。ソ連が日本に直接攻撃をしかけてくることは想定しにくい状況であり、むしろ中国の行動が警戒されていたといえる。台湾海峡危機に象徴される中国の脅威の高まりと米ソ関係の安定という当時の国際情勢に鑑みれば、昭和天皇の反ソ意識がかなり強いものだったことが浮き彫りとなるのである。見方を変えると、昭和天皇がマケルロイとの会談で中国の脅威に何ら言及していないことは、天皇の中国観の一端を示しているといえよう。

さらに昭和天皇の発言内容で注目されるのは、北海道防衛に強い懸念を示している点である。昭和天皇が北海道に特に関心を寄せていたのは、ソ連が日本に侵攻することがあるならば、まず北海道が攻撃されるのではないかと思われていたからであろう。これは、昭和天皇にとっての主要な「仮想敵国」がソ連だったことを明確に示している。

2 キューバ危機と沖縄返還をめぐって――一九六〇年代

1 アメリカへの「賞賛と尊敬」――キューバ危機への対応

一九六〇年、岸信介首相によって、日米関係における最大の懸案事項ともいうべき安保改定が実現された。しばしば、この安保改定によって日米関係の基盤が強化されたという指摘がなされる。だが、短期的に見れば、安保改定をめぐる日本国内の混乱は、日米関係の危機に他ならなかった。未曾有の騒擾となった反安保運動は、アイゼンハワー大統領の訪日を中止に追い込み、岸内閣は総辞職を余儀なくされた。アメリカ政府が安保改定に応じた大きな理由の一つとして日本中立化への懸念があったが、安保改定によってもそれは払拭されなかったのであった。

岸の後を継いで首相となった池田勇人は「寛容と忍耐」の「低姿勢」というスローガンのもと、政策的な目玉として「所得倍増計画」を掲げ、日本国内のムードを「政治の季節」から「経済の季節」に一変させた。外交でも、池田が世界経済における日本の国際的地位向上を目指したことはよく知られる。だが、池田がまず着手すべき外交課題は、安保改定で傷ついた日米関係を立て直すことであった。

他方、アメリカではジョン・F・ケネディ（John F. Kennedy）が一九六一年に大統領に就任した。「ニュー・フロンティア」を掲げたケネディは、アメリカに新しい風を吹き込んだ。エドウィン・O・ライシャワー（Edwin O. Reischauer）大使のパフォーマンスもあり、日米関係は新たな「パートナーシップ」の時代に入ったといわれた。

一九六一年、アメリカを訪問した池田はケネディと会談し、日米関係の好転を印象付けた。対米協調を重要視する点では人後に落ちない昭和天皇も、安保改定後、池田内閣の手で日米関係が修復され、安堵したのではないだろうか。

この池田＝ケネディ時代、世界を震撼させた出来事が起きた。キューバに核ミサイルを配備しようとするソ連と、それを阻止しようとするアメリカが激しく対立した、一九六二年一〇月のキューバ・ミサイル危機である。核戦争の恐怖が世界を覆うなか、ケネディとニキータ・S・フルシチョフ（Nikita S. Khrushchev）ソ連首相は息詰まる駆け引きを繰り広げる。そして一〇月二八日、フルシチョフがキューバに配備されたソ連のミサイルを撤去することに同意したことで漸く危機は終息し、核戦争は何とか回避されたのであった。この事件の後、核戦争の恐怖を味わった米ソ両国は急速に関係を改善させ、部分的核実験停止条約の成立やホットラインの設置が実現した。米ソ関係の改善と同時に、キューバ・ミサイル危機後は東西両陣営内で同盟体制のほころびが顕著となり、世界は多極化への道を歩みはじめることになった(30)。

キューバ・ミサイル危機が一応の終息を迎えた直後の一〇月三〇日、昭和天皇はまたアメリカ政府にメッセージを伝えた。作家の川端康成や江戸川乱歩など三〇〇〇名近い人を招いて開催された園遊会で、昭和天皇はスマート（Jacob E. Smart）在日米軍司令官に語りかけたのである。この会話が昭和天皇自らの発意なのか、あるいは外務省その他がセットしたものなのかは定かではないが、アメリカ政府は天皇の発言に大きな意義を見出した。

スマートは、この会話について、太平洋軍司令官（CINCPAC）に宛てた電報で次のように報告している。[31]

「ある皇室職員が今日の園遊会で、天皇が招待客に挨拶をして歩く間に私（スマート——引用者）と話をすることを希望している、と述べた。そして、私が立っていた場所に近づくと、天皇は列から離れ、私に挨拶をし、印象に残る真剣な態度で、日本における米軍のプレゼンスと日本の安全保障へのアメリカの貢献に個人的な謝意を示した。

さらに天皇は、他の人々と同様、自分は最近の（キューバをめぐる——引用者）出来事を詳しく見ていたが、平和的結果に安心した、と述べた。彼は、アメリカの力と、アメリカがその力を平和に使った事実に対して個人的に大いに賞賛し、尊敬している、と付け加えた。彼は、世界平和のためにアメリカが力を使い続けることへの希望を表明した。私は、それこそが我々が軍事力を維持する目的であると答えた。私たちは握手をし、彼は来訪者達の間を歩いていった。」

同じ電報のなかでスマートは、多くの重要な人物が出席する園遊会で昭和天皇が米軍高官を選び出したことに意義がある、と指摘した。またスマートは、何人かのソ連代表がこの会話が聞こえる距離にいたという興味深い事実も紹介したのであった。

ライシャワー大使も、スマートの電報を引用しながら、この出来事を国務省に報告した。そこでライシャワーはこう記している。

「裕仁天皇は、国際問題に大いに関心をもっていることで知られる。彼は、ソ連専門家である外務省欧亜局参事官の新関欣哉から主な出来事について定期的に説明を受けている。スマート将軍に対する天皇の発言は……キューバでの基本的問題に対する優れた理解を示している。また、アメリカの確固たる対ソ政策を責任ある日本人が強く支持している証拠である。しかし、この出来事の真の重要性は……天皇やその側近が在日米軍に対する評価と感謝を表明するのにこの時期がふさわしい、と判断したことである。プレスから常に批判され、その死活的役割が政府高官から公的にはほとんど認められない米軍が、このような並外れた評価をうけたことは喜ばしい(32)。」

この昭和天皇によるスマートへのメッセージにはどのような意義があるのだろうか。まず、キューバ・ミサイル危機の直後であるというタイミングが重要である。この未曾有の危機に際して、昭和天皇がアメリカの行動を是とし、アメリカの力を賞賛したことは、天皇がアメリカの冷戦戦略に共鳴していたことを示している。また、キューバ危機への対処方法についてアメリカから何の相談もなかったことに西欧諸国が不満を募らせるなか(33)、天皇がアメリカへの支持を闡明にしたことは、日本の対米協調姿勢を強くアメリカに印象付けるものだったと思われる。

さらに、昭和天皇が親米・反ソという自らの姿勢をアメリカ側だけでなく、ソ連側にも伝えようとした可能性がある点も注目される。スマートの近くにソ連側代表がいたということに、昭和天皇が気づかなかったとは考えにくい。

キューバ・ミサイル危機そのものの重大性に加えて、当時、南ベトナム情勢が混迷の度を深め、ケネディ政権がその対応に苦慮していたことなどを併せて考えるならば、在日米大使館が後日改めて、天皇のメッセージについて「喜ばしく、勇気付けられる」と評価したのは当然だったといえよう。(34)

2　沖縄返還と昭和天皇の「心配」

一九六三年一一月にケネディが暗殺されると、リンドン・B・ジョンソン（Lyndon B. Johnson）副大統領が大統領に昇格した。ジョンソンはケネディ路線を引き継ぐ意思を示し、ソ連との関係改善をさらに進めた。ソ連でもフルシチョフが失脚する政変があったが、対米姿勢に変化はなかった。

米ソ関係が改善する一方で、アジアの冷戦は厳しさを増した。南ベトナム情勢の一層の悪化をうけて、ジョンソン政権は北爆と地上兵力の投入に踏み切り、ベトナム戦争が本格化するのである。戦争が泥沼化するにつれ、アメリカへの批判が世界中で高まり、アメリカの威信は失墜していく。

米ソ関係改善とベトナム戦争に特徴付けられる一九六〇年代後半、日米関係最大の焦点は、佐藤栄作内閣が推し進めた沖縄返還だった。一九六五年、佐藤首相は沖縄を訪問し、「沖縄の祖国復帰が実現しない限り、わが国にとって戦後が終わっていないことをよく承知しております」と、沖縄返還に取り組む決意を示したのだった。

昭和天皇は、沖縄返還について、佐藤から報告を受けていた。『佐藤栄作日記』には、佐藤が沖縄を訪問した直後の一九六五年八月二三日、佐藤が昭和天皇のもとを訪れ「沖縄の説明を為し」たことが記されている。(35)

沖縄返還に関する日米の協議が進むと、昭和天皇は沖縄返還が日本の安全保障に与える影響に関心を寄せた。一九六七年に訪米した佐藤は、ジョンソン大統領との会談で「今回の訪米の前に天皇陛下に拝謁したところ、陛下も日本の安全確保ということを心配されていた。前回の訪米の際に大統領は、私に対して、日本に対する any attack に対しても日本を守ると約束された。その後、中共が核開発を進めるに至ったことにも鑑み、先に大統領の与えられたコミットメントが、我が国に対する核攻撃に対しても同じように適用されることを期待したい。沖縄返還も今日このようなことになって来ていることでもあり、それとの関連で、陛下は日本の安全についていろいろ心配しておられるので、ここでこの問題に触れた次第である」と述べているのである(36)。

これだけでは、昭和天皇が沖縄返還と日本の安全保障についてどのような考えを持っていたかを具体的に知ることはできない。また、佐藤の発言が天皇の意向を受けたものなのかどうかも、はっきりしない。だが国際情勢を知悉する天皇は、沖縄返還によってアメリカの日本に対するコミットメントが低下することを懸念していたのではないだろうか。

沖縄返還交渉は、紆余曲折を経ながらも、佐藤栄作首相とリチャード・ニクソン（Richard Nixon）大統領の間で最終合意が成立、一九七一年六月に沖縄返還協定が調印された。そして翌一九七二年五月一五日には沖縄返還が実現し、二七年に及ぶ米軍の沖縄統治に終止符が打たれることになる(37)。アメリカのコミットメントが低下しないということであれば、日米関係における〝喉に刺さった棘〟ともいうべき沖縄返還問題が一段落したことは、昭和天皇にとっても肯定的に評価できることだったであろう。沖縄が本土復帰を果たした直後の五月一八日、佐藤や各都道府県知事などを集めて赤坂御苑で園遊会が開催された。そこで天皇は屋良朝苗沖縄県知事に、「沖縄県が日本に復帰して喜ばしく思います」と声をかけたのであった。(38)

3 ニクソン・ショックから新冷戦へ——一九七〇～八〇年代

1 ニクソン・ショックへの関心

沖縄返還協定が成立した直後の一九七一年九月、日米関係を大きく揺さぶっただけでなく、世界を驚愕させる出来事が起きた。ヘンリー・キッシンジャー（Henry A. Kissinger）米大統領補佐官が秘密裏に中国を訪問、ニクソン大統領が近い将来訪中することを発表したのである。そして一九七二年二月、実際にニクソンが中国を訪問し、国際情勢は大きな転機を迎える。朝鮮戦争で軍事的に直接衝突し、台湾問題で激しく対立してきた米中が突如接近したことは、それまで米中対立を軸として展開してきたアジアの冷戦構造が劇的に変転することを意味していた。さらに、ニクソンはソ連との関係改善にも力を入れ、第一次戦略兵器制限交渉（SALTⅠ）などを妥結させる。いわゆるニクソン＝キッシンジャー路線によって、米ソはデタントと呼ばれる新たな時代を迎えたのだった。対中政策の大転換や米ソ・デタントというニクソンの外交は、ベトナム戦争でアメリカの国勢が著しく衰退したことへの対応であった。(39)

ニクソン・ショックと呼ばれる突然の米中接近は、日米関係に計り知れない衝撃を与えた。戦後日本の対中政策は、基本的にアメリカのそれに従うものだったからである。日本は、アメリカの求めに応じて、中国を代表する政府として、中国大陸の共産党政権ではなく、台湾の国民政府を承認していた。また、日本の歴代政権は常にアメリカに対して対中政策を変更する際は必ず日本に事前に諮るよう求め、アメリカもそれを約束してきたにもかかわらず、日本の頭越しにアメリカが中国に接近したことは日本政府のショックを増幅させた。このニクソン・ショックによって、日本のアメリカに対する信頼が一時的にではあれ損なわれたことは否定できなかった。

孫崎亨元駐イラン大使が、その著書『日本外交　現場からの証言』で「戦後外務省を最も激しく揺さぶった事件(40)」だったと表現したこのニクソン・ショックについては、昭和天皇もかなり関心を払っていたようだ。一九七二年三月二日と推測されるアーミン・H・マイヤー（Armin H. Meyer）駐日大使と『ニューヨーク・タイムス』記者との会見で、昭和天皇はニクソン訪中の意義を尋ねると同時に、日米関係の重要性と、日本の現在の繁栄をもたらしたアメリカの支援に対する「大きな負債」について強調したのであった(41)。

天皇が言う「大きな負債」が具体的に何を指しているのかは定かではないが、過去の昭和天皇の言葉から推察すると、アメリカの経済支援や在日米軍を指しているのであろう。キューバ・ミサイル危機直後、アメリカへの支持を表明したことなどは、この「大きな負債」に対する「恩返し」なのかもしれない。

この日の会談で、さらに昭和天皇はマイヤーから「米中接近と世界の緊張緩和にかかわらず、アメリカ政府はアジアの平和にとって日米関係ほど重要なものはないと考えている」との説明を受ける。これを聞いた昭和天皇は「目に見えて感動」し、日米関係は肝要であるという「アメリカの再確認の言葉に感謝の意を示した」のであった[42]。

さて、昭和天皇はなぜマイヤーの言葉にそれほど「感動」したのだろうか。「知識が豊富で、国際情勢について鋭い感覚をもち、通暁している」との評価をマイヤーから受けていた昭和天皇[43]は、米中接近と米ソ・デタントによってもたらされる世界的緊張緩和が日米関係の基盤を掘り崩すのではないかと懊悩していたものと思われる。一般的に、脅威が低下すると、同盟は弛緩する傾向にある。具体的にいえば、日米安保がソ連や中国といった脅威に対抗するものであるならば、中ソの脅威の低下に伴って日米安保や在日米軍の必要性も低下する可能性がでてくる。一九七一年以降、実際に、世論の日米安保に対する支持は低落していた。世論調査において親米であるべきだと答えたのは、一九七〇年には四五パーセントだったが、一九七二年には三七パーセントにまで下落した。その一方、中立を志向する回答は、一九七〇年には二九パーセントだったが、一九七二年には三四パーセントへと増加していたのである[44]。こうした状況ゆえに、天皇は、アメリカの日本に対するコミットメントを確認して胸をなでおろしたのであろう。

前述のように、一九五三年にも昭和天皇は、朝鮮戦争の休戦や緊張緩和が日本国内で在日米軍撤退論を高めることに懸念を示している。天皇の眼には、国際緊張の緩和は日米安保の存在意義を動揺させかねないものと映っていたのであろう。

国務省にあてたマイヤーの報告によれば、昭和天皇は「様々な機会に米国への賞賛と尊敬を強調した」という[45]。そこには、冷戦構造が変容するなか、日米安保体制を持続・発展させたいという天皇の懇望が投影されていたと見てよいだろう。

2 「象徴的な巡礼の旅」——天皇訪米

一九七〇年代における日米関係と昭和天皇のかかわりという点では、一九七五年の天皇訪米を見落とすわけにはいかない。

沖縄返還交渉が進展を見せていた一九七一年の春、アメリカ政府内で昭和天皇の訪米が議論された[46]。この年の九月末から一〇月中旬にかけて天皇と皇后がヨーロッパを訪問することを受けて、マイヤー大使は、天皇訪米を検討するようアメリカ本国に要請した。天皇外遊が日本の国際社会復帰を象徴すると評価されたこと、昭和天皇がこれまでよりも「一層大きな役割を果たそうとしている」と思われたことが、マイヤーの提案の背景にあった[47]。

マイヤーの進言をうけて、国務省は天皇訪米について検討した。アメリカ政府のなかでは、天皇訪米を日本側に打診することは、アメリカが「日米関係に与えている重要性を示すうえで有用だ」と考えられた[48]。そしてニクソン大統領も、天皇訪米を日本側に求めることに同意した[49]。当時のアメリカ政府は、昭和天皇の政治的価値を認めていたといってよい。

昭和天皇にも、訪米の意思があった。一九七一年一二月三一日の『佐藤栄作日記』には、「十時、内奏の為参内。来春早々のサンクレメンテの会合の御話をする。陛下には多分に御訪米の御意向があるよう伺はれる」との記述がある[50]。

さらに、アメリカ側の記録によれば、佐藤も、天皇訪米に強い関心を寄せていた[51]。佐藤は、天皇訪米がニクソン・ショックで動揺した日米関係の安定化に寄与することを期待したのではないだろうか。また高橋紘は、佐藤が天皇訪米に積極的だった理由について、「自分の手で沖縄返還も天皇訪米も果たし、戦後処理をすべて片付けたいとの〝野望〟があったのだろう」と分析している(52)。

結果的に、この時の天皇訪米は見送られた。高橋はその理由について、皇室が政治的に利用されることを危惧した昭和天皇や側近が時期尚早と判断したからだと述べている。そうだとすれば、昭和天皇は、日米関係になみなみならぬ関心を持つ一方、「象徴」としての自らの地位をふまえた慎重さも持っていたといえるだろう。また、外務省儀典長と宮内庁式部官を兼務した藤山楢一によれば、さらに別の事情もあった。「これはあまりおおっぴらに言えないんでしょうけど、訪米の五年前にヨーロッパにまず行かれたでしょ。あれは一種の陽動作戦で、いきなりアメリカに行くと、右翼が『謝りに行くのか』ということになるんで、反響を見るためにヨーロッパに行った(53)」。日本政府内には、ヨーロッパ訪問に対する国内の反応を見極めたうえで、天皇訪米の機会を探るべきとの見方があったようだ。

結局、天皇訪米が実現したのは、一九七五年九月のことであった。訪米した昭和天皇は、「私は多年、貴国訪問を念願し、もしそのことがかなえられた時には、次のことをぜひ貴国民に伝えたいと思っておりました。私の深く悲しみとする、あの不幸な戦争の直後、貴国が我が国の再建のために暖かい好意と援助の手をさしのべられたことに対し、貴国民に直接感謝の言葉を申し述べることでありました」と語った(54)。これは、おそらく昭和天皇の率直な気持ちであった。藤山は、「陛下は、あれだけの戦争をやって助けてくれたアメリカに、いつかは行ってお礼を言いたい、というのが本心だったことは間違いない」と証言している(55)。天皇のアメリカに対する万謝は、掛値のないものであった。アメリカ側が観察したように、天皇にとってこの訪米は、敗戦以後のアメリカの援助に謝意を表明する「象徴的な巡礼の旅」に他ならなかった(56)。

アメリカ側は、ジェラルド・R・フォード（Gerald R. Ford）大統領と天皇の会談が政治的なものとならないように配慮していた。ロバート・S・インガソル（Robert S. Ingersoll）大使は、フォードに対して「特定の政治、安全保障、経済問題に言及するべきではない」と具申している(57)。だが、キッシンジャーは、この訪問について「非政治的なものとされているが……高度に政治的な含意をもっている」と認識していた。即ち、天皇訪米は「日米関係が占領から緊密なパートナーに変化したその頂点をなすもの」であり、その成功は「日米関係に実質的に貢献」すると考えられたのである(58)。

田中角栄政権期、オイル・ショックをめぐる両国の立場の違いが表面化するなど、日米間には冷たい空気が漂った。だが、一九七四年末に成立した三木武夫内閣によって日米関係の調整が図られる。そうした中で実現した天皇訪米は、日米関係が安定を取り戻すうえで一定の意義を持っていたといえよう。

3 ソ連は「けしからん」――新冷戦と昭和天皇

ニクソン政権期に高まったデタントは、冷戦の緩和を世界中に印象付けていた。だが、それも長くは続かなかった。一九七〇年代末から八〇年代前半にかけて、米ソ関係は戦後最悪と言われるほど険悪化し、世界は「新冷戦」の時代を迎えたのである。

米ソ関係を一気に悪化させたのは、一九七九年に起きたソ連のアフガニスタン侵攻であった。天羽民雄元外務省情報文化局長によれば、ソ連によるアフガニスタン侵攻について、天皇は「ソ連は結局〔アフガニスタンを〕とってしまうハラなんだろう」（〔 〕内は原文のママ。以下同）とよく語ったそうである。天羽は「陛下は、ははあ、ソ連がやっているなと。時間稼ぎで既成事実化して、居すわっちゃおうとしていたのだから。陛下は早々と見越している。……ソ連はけしからん、というお気持ちは〔陛下に〕あったでしょうね。ソ連という国はしたたかで、一度食いついたら放さないというお気持ちをもっていましたね」と振り返っている(59)。

昭和天皇は、ソ連のアフガニスタン侵攻をソ連の膨張だと見て、ソ連に対する警戒感を募らせていたものと思われる。「七〇年代というのは、ブレジネフ〔当時、ソ連共産党書記長〕が軍縮ということでカーター〔同、米大統領〕をだましながら、中南米とか、アンゴラ、エチオピアと広がっていったのですから。口ではいろいろ言っても、アングロ人は戦おうとしないわけですよ。ハンガリーだって、プラハ、ブダペストも同じこと、それで最後にアフガニスタンにきたから。そういう大きな話も、（天皇は―引用者）述懐的に言われます」と天羽は述べている(60)。つまり天皇は、一九七〇年代の冷戦を、デタントを利用しながらソ連がアメリカを騙して勢力を拡大してきた過程と理解していたのである。確かに、一九七〇年代、ソ連は一九七五年の全欧州安全保障協力会議開催に応じるなどデタント路線を維持する一方で、核軍拡を進めた。また、アンゴラでアンゴラ人民解放同盟を支援し、エチオピア、イエメンなどで社会主義政権を樹立し、さらには、アルジェリア、イラク、シリアなどに軍事顧問を派遣していた。一九七九年には、中米のニカラグアでサンディニスタ民族解放戦線が政権を掌握し、親ソ姿勢をとっていた。アメリカやヨーロッパとの関係では安定を模索しながら、ソ連は第三世界での勢力拡大を追求し続けていたのであった。

新冷戦下における昭和天皇のソ連に対する反感は、中曽根康弘首相の日米同盟強化路線への支持へとつながった。中曽根は、「『不沈空母』でがんがんやられていた時です。陛下は、雑音という言葉を使われたかどうだったか、とにかく『世の中にはいろいろな考えがあるようだが、対米関係を改善してよくやってきた。体を大事にしてしっかりやりなさい』とほめてくれましたね」と語っている[61]。日米同盟を重視する中曽根は、一九八三年、日本をソ連に対抗する「不沈空母」にすると発言し、強い批判を浴びた。そのときにも、昭和天皇は中曽根が日米関係の強化に尽力していることを高く評価し、中曽根を後押ししたのであった。

ソ連のアフガニスタン侵攻に関連して、天羽は天皇の冷戦観について興味深い証言を残している。彼は、ソ連のアフガニスタン侵攻で、天皇の「西側はどこまで力を持っているのか、という昔からのお気持ちが増幅されたかもしれませんよね。一種の悲観論ていうのかなあ。歴史的なところからきますよねえ、西側はいろいろやってましたから、すぐにはどうにもならない、一喜一憂しないというお気持ちはもっていましたね」と述べているのである[62]。さらに天皇は「ローマ帝国の末期のように、西側は蛮族にむしばまれて、滅ぼされやしないか。いつまで続くんだろうか」と「西側の没落」を憂慮していた。天羽によれば、「蛮族というのは、ソ連圏のようなもの」であった[63]。昭和天皇は、アメリカに大きな信頼を寄せる一方で、西側陣営が冷戦に敗れるのではないかとの不安を抱いていたのである。ジョン・ルイス・ギャディス（John L. Gaddis）は、その著書のなかで、米ソ冷戦は一九六〇年代にはその趨勢が決まっていたと分析している[64]。また、一九九一年にソ連が崩壊したことは周知の事実である。これらの点を想起すれば、冷戦の帰趨に関する昭和天皇の深憂は、天皇がソ連の脅威をいかに強く感じていたかを物語っているといえよう。

一九八九年一月、反ソ・反共意識を抱懐し、日米関係を重んじてきた昭和天皇は、八七年の生涯を閉じた。ベルリンの壁が崩れ、アメリカのジョージ・H・W・ブッシュ（Geroge H.W.Bush）大統領とソ連のミハイル・ゴルバチョフ（Mikhail Gorbachev）書記長がマルタ島で冷戦の終結を宣言したのは、その年の冬であった。

おわりに

機密を解除されたアメリカ政府の外交文書などによって、占領終結後も昭和天皇が、日米両政府首脳や米軍高官に対して、アメリカの協翼への深謝と、日米の協力関係を発展させ、日米安保体制を堅持すべきであるとの考えを繰り返し表明していたことが明らかになった。冷戦が始まった一九四〇年代末から冷戦末期の一九八〇年代まで、一貫して昭和天皇は、アメリカへの万謝を胸臆に温めながら、日米関係に強い関心を寄せ、その維持・強化に努めていたのである。

こうした天皇の言動は、占領期以来のアメリカの対日支援に対する高い評価と、共産主義勢力、とりわけソ連に対する強い警戒感によるものであった。米ソ関係が安定あるいは改善し、国際緊張が緩和した一九五〇年代後半や一九七〇年代にも、昭和天皇の反ソ・反共意識と日米関係重視姿勢に変化はなかった。日米安保体制を動揺させかねない国際緊張の緩和は、天皇の眼にはむしろ〝危機〟と映っていたようだ。

昭和天皇が日米安保を重視したさらなる理由として、日本独力ではソ連その他共産主義勢力に対抗できないと天皇が判断していた可能性もある。日本の防衛政策にも関心を寄せていた天皇は[65]、自衛隊による「自主防衛」ではなく、あくまでも在日米軍と自衛隊の「二本立て」による日本防衛が現実的だと見ていたのではないだろうか。

もちろん、昭和天皇が反ソ・反共意識や日米安保体制への支持を、公然と口にすることはなかった。戦後も、大日本帝国憲法下の「大元帥」としての矜持とバイタリティを失わない一方で、日本国憲法下の「象徴」という立場を踏まえた慎重さを、昭和天皇は持っていたものと思われる。

それでも、「天皇外交」は冷戦下の日米関係において重要な意義を持っていたといえる。日米の外交文書や政府関係者の証言は、日米両政府首脳が天皇の言動を重視していたこと、即ち天皇が戦後日米関係において無視できないアクターであったことを示しているからである。冷戦下における日米協調路線、そしてアメリカの冷戦戦略の一翼を担ってきた日米安保体制は、日本政府・自民党とアメリカ政府だけでなく、昭和天皇によっても支えられていたのであった。

6 昭和天皇の短歌は国民に何を伝えたか

象徴天皇制下におけるそのメッセージ性と政治的機能

内野光子

はじめに

第一節では、皇族たちの短歌の発信源である「歌会始」の実態を、敗戦後からの沿革や選者・応募者・作品の傾向から何が変ろうとしているのかを軸に探ってみたい。これまでも筆者は『短歌と天皇制』（風媒社、一九八八年）『現代短歌と天皇制』（同、二〇〇一年）の二著により考察してきたが、本章では、新しい情報も踏まえて概観したいと思う。

つぎに、第二節において、主として昭和天皇の短歌作品に即して、そこに立ち上がるメッセージが何を意図し、国民の天皇像形成にどんな影響をもたらしているのか、を分析してみた。

皇族から、とくに天皇から国民へ情報を発信できるチャンスは、各種イベントにおける「お言葉」、種々の記者会見、報道される短歌作品などに限られる。現在では、メディアとして、新聞・雑誌、ラジオ、テレビに加え、宮内庁のホームページに至るまで、拡大されている。そこにおける言語活動を核とした分析はさまざまな形で進み、近年は、皇室イベント、国や各種団体の行事、国内外の視察旅行、公開される私的生活などにおけるパフォーマンスや図像・写真・映像などに焦点をあてる研究も活発になってきた。[1] 本稿では、長い伝統を背負いながら現代にあっても愛好者の多い、小さな詩形——短歌、天皇の短歌に着目してみたい。

1　天皇の短歌発信の場としての歌会始

1　歌会始への関心が薄れるなかで

① 公害に耐へ来しもみの青葉茂りさやけき空にいよよのびゆく　（天皇、一九九九）
② 雪原にはた氷上にきはまりし青年の力愛（かな）しかりけり　（皇后、一九九九）
③ 大いなる世界の動き始まりぬ父君のあと継ぎし時しも　（天皇、二〇〇〇）
④ 園児らとたいさんぼくを植ゑにけり地震（なゐ）ゆりし島の春ふかみつつ　（天皇、二〇〇二）

冒頭の四首は、平成期の歌会始の天皇・皇后の作品である。新聞は、「宮内庁によると」として、①は、皇居賢所にたつ一本のモミの木が汚染の改善とともに成育し、葉を茂らせている様を詠んだものであり、②は、長野冬季オリンピック会場で青年たちの見せた極限の力を詠んだもの、と報じている。[2] 一九九九年歌会始の「お題」が「青」であったことから、天皇は「青葉」を、皇后は「青年」を詠みこみ、その背後には「環境」、「オリンピック」というキーワードを潜ませる。三首目については、「冷戦の終結ののち欧州を隔てる障壁が崩れ、人々が相互に理解しあえる可能性に向かい、世界の大きな変動が始まったのが、陛下自身が皇位継承したところであることに思いをはせられ」詠んだ作品であると、宮内庁のコメントとして報じられている。(3) 四首目は、二〇〇一年四月、阪神淡路大震災の復興状況視察のため淡路島を訪問した際の植樹を詠んだとされる。(4) いずれもその当時、歌われた対象は多くの国民の関心事であった。

近年の歌会始の天皇・皇后はじめ皇族たちの作品を一覧してみると、年ごとの天皇家の家族異動、皇室行事、国家的・国際的行事、事件・災害などにふれ、理想的な家族像、世界平和、環境保全、福祉増進、文化振興への期待が語られ、全作品あわせた総体として、さまざまな配慮、バランスをもって構成されていることがわかる。(5) 歌会始の皇族たちの作品がこのような傾向を持つことは、敗戦後の一九四七年からの大きな流れでもあった。それと同時に、一方では、昭和から平成への推移のなかで、微妙に変化を見せる側面もある。何が変り、何が変らなかったのか。「歌会始」という、あるいは「天皇の和歌」という小さな舞台ではあるが、そこで詠みあげられた作品やその周辺で繰り広げられてきたさまざまな出来事を通じて、戦後の象徴天皇制の推移を垣間見ることができる。

平成となってすでに一六年、現在の天皇及び皇室自体への国民の関心は、昭和天皇の病気・死去の時期、いわば昭和晩年と比べて、かなり希薄になってきている。この間、天皇の代替わり、二人の親王の結婚、皇太子夫妻の長女誕生、皇太子妃の病気などのトピックスはあり、皇太子妃の病気に端を発し、男子による皇位継承が危ぶまれる状況と女性天皇の可否問題が突出している懸念はあるが、天皇・皇室の求心力は徐々に落ちているにちがいない。正月一般参賀者数を見ると、昭和晩年には一二〜一三万人を記録していたが、平成に入っては、皇太子結婚の翌年一九九四年の一一万人が突出するだけで、五万から七万人台を推移して現在にいたっている。

そうした傾向に少しでもテコ入れをしたい政府は、一九九九年一一月一二日「天皇陛下御在位十年記念式典」「天皇陛下御在位十年をお祝いする国民祭典」を実施した。この行事の唐突さと、とくに夜の部の「国民祭典」における芸能・スポーツ界の若手タレントやアスリートを動員しての異様さは記憶にあたらしい(6)。歌会始においても、近年、顕著な現象の一つとして、入選者のなかに必ず、中学生・高校生を一人交えることが続いている。入選者は圧倒的に高齢者が多く、二十代、三十代が皆無に等しいなかで、若い入選者の「不自然」に際立った存在、「関係者」の青少年へのこれほどまでの熱意を見逃すわけにはいかない。政策的、教育的な配慮があるとすれば、その意図とするところは何なのか。歌会始報道において、入選者の氏名・年齢・職業・住所のみが発表される年末と作品とともに歌会始の模様が開催当日の少なくとも二回の新聞記事が定着し、「入選者最年少」の学生には必ずスポットがあてられることになる。その効果は、作者たちの年齢層に表れるというよりは、むしろ彼らの指導者たちや歌壇に与える影響の方が大きいと言えよう。

夏空に音は広がりかげろふの揺れる道の辺パレード終る　（女子高校生、一七歳、一九九八）
新しき羽を反らして息づける飛翔間近の青スジアゲハ　（男子中学生、一五歳、一九九九）
指先に打鍵の重さ兆しつつショパンの「革命」弾くとき迫る　（男子高校生、一六歳、二〇〇〇）

青春のまっただ中に今はゐる自分といふ草育てるために　（男子高校生、一七歳、二〇〇一）

トンネルのむかうにみえる僕の春かすかなれどもいつか我が手に　（男子高校生、一七歳、二〇〇二）

夕闇が僕の体を押してくる光へ走る夕暮れの街　（男子高校生、一六歳、二〇〇三）

彼と手をつなげることが幸せでいつも私が先に手をのばす　（女子短大生、二〇歳、二〇〇四）

2　昭和から平成——岡井隆の歌会始選者就任は何を意味するのか

敗戦後一九四六年四月、御歌所が廃止され、新しい歌会始として出発したのが一九四七年である。二〇〇〇年までの歌会始の詳細な動向は、旧著『短歌と天皇制』（一九八八年）、『現代短歌と天皇制』（二〇〇一年）に譲ることとして、ここでは、敗戦後今日までの選者、入選者、応募者の動向とその時代の特色を、便宜上、つぎのような六期に区分をした上でまとめておきたい。

〈歌会始の動向とその背景〉

第一期（一九四七〜一九五二年）——占領下、新憲法の象徴天皇制スタート。五〇年、朝鮮戦争始る。

●選者は御歌所歌人から民間歌人へ。五〇年にすべて入れ替わり、吉井勇、尾上柴舟、齊藤茂吉、窪田空穂、釈迢空を起用。

●入選者の陪聴始る。五島茂、中西悟堂、橋本徳寿ら著名歌人の入選相次ぐ。
第二期（一九五三〜一九五八年）――冷戦下、独立後「逆コース」の気運高まる。五四年北海道を最後に天皇の戦後巡幸終了。五三年皇太子訪欧。
●五三年一月秩父宮死去により歌会始「船出」は二月に延期。五七年、初の女性選者として四賀光子、茂吉没後の後任は土屋文明を起用。応募者数低迷。
第三期（一九五九〜一九六六年）――経済高度成長期、五九年皇太子結婚による皇室ブーム。天皇・皇室批判タブー化強まる。六三年生存者叙勲復活。六四年東海道新幹線開通、東京オリンピック。六六年中教審「期待される人間像」答申。
●五九年選者に木俣修、五島美代子起用。四賀光子と女性選者二人続く。
●六四年応募者四万六九〇〇首を超え、大衆化顕著、応募者のモラル低下問題化。
第四期（一九六七〜一九七八年）――六七年初の建国記念の日。六八年明治百年。七〇年大阪万博。各地で公害問題噴出。七三年オイル・ショック。七一年天皇生誕七〇年、天皇夫妻訪欧。七六年天皇在位五〇年祝賀など。
●六七年選者に佐藤佐太郎、宮柊二加わり、新聞歌壇選者と同じ様相を呈す。
●応募者減少し、三万首前後を推移。七〇年沖縄から初の入選者。
第五期（一九七九〜一九九二年）――不況から地価高騰、円高・ドル安、バブル経済崩壊へ。八九年、昭和天皇死去、平成へ、皇太子結婚。冷戦終結から湾岸戦争へ。
●七九年、選者に戦中派の上田三四二、岡野弘彦起用。

●入選者の高齢化と女性の増加。八四年、雑誌『短歌』に「詠進要領」掲載が始る。応募者漸次低減、九一年、一三〇〇〇余首、三二年ぶりに一万台にとどまる。

第六期（一九九三年〜）——五五年体制崩壊から政界再編成へ。不況の長期化、金融破綻。阪神淡路大震災、オウム事件、薬害エイズ。大蔵省、厚生省、警察、外務省・農水省など不祥事続く。小泉内閣成立。9・11事件、北朝鮮拉致被害者帰国、イラク戦争突入。九三年、皇太子結婚。九九年、国旗・国歌法成立、天皇在位十年式典開催。二〇〇一年、良子皇太后没。皇太子夫妻に長女誕生。

●九三年、清水房雄が辞めて前衛歌人と称された岡井隆選者に起用。当時の選者は、ほかに千代国一、岡野弘彦、武川忠一、田谷鋭の計五人。そして二〇〇四年の選者は一九一九年生まれの武川に代わって、戦後生まれの永田和宏を起用。二〇〇四年九月、島田修二急逝。

●応募歌数、二万首前後推移。九八年より中学・高校生の入選者続く。

本章では、前記第五期から第六期へ、昭和から平成への推移を選者の動向を中心に、まず検証したい。

第1表「近年の歌会始選者と応募状況」からも明らかなように、応募歌数は、昭和晩年にあっては、経済成長期に重なる歌会始最盛期に比べ、緩い下降線をたどる。天皇の代替わりを経て、平成に入って以降は低迷を続けていることになる。選者の動向からみると、一九五九年から選者としてかかわってきた木俣修（一九〇六年生）の後を岡野弘彦（一九二六年生）が引き継ぎ、平成に入ってまもな

第1表　近年の歌会始選者と応募状況

年	題	応募歌数	選者
一九七九	丘	三二四九七	木俣修、香川進、山本友一、上田三四二、岡野弘彦
一九八〇	桜	三〇七七七	
一九八一	音	三一一七三	
一九八二	橋	三〇六九一	木俣修、前田透、窪田章一郎、上田三四二、岡野弘彦
一九八三	島	二六八五一	
一九八四	緑	二九八五〇	香川進、前田透、窪田章一郎、上田三四二、山本友一
一九八五	旅	三〇一四九	香川進、清水房雄、窪田章一郎、山本友一、岡野弘彦
一九八六	水	三一三三三	
一九八七	木	二九三七二	香川進、清水房雄、武川忠一、上田三四二（89・1死去）、岡野弘彦
一九八八	車	二八〇一五	
一九八九	晴	一九五〇〇	（開催されず）
一九九〇			（二月六日「晴」の作品にて「昭和天皇を偲ぶ歌会」開催）
一九九一	森	一三八七三	千代国一、清水房雄、武川忠一、田谷鋭、岡野弘彦
一九九二	風	一八八六七	
一九九三	空	二〇六五二	千代国一、岡井隆、武川忠一、田谷鋭、岡野弘彦
一九九四	波	二二四四九	
一九九五	歌	二一三六一	
一九九六	苗	一九三一八	
一九九七	姿	一九五七七	
一九九八	道	二一六三八	安永蕗子、岡井隆、武川忠一、島田修二、岡野弘彦
一九九九	青	二二八一三	
二〇〇〇	時	二二六一八	
二〇〇一	草	二三九九九	
二〇〇二	春	二三六三七	
二〇〇三	町	二四二六八	
二〇〇四	幸	二六〇七五	安永蕗子、岡井隆、永田和宏、島田修二（04・9死去）、岡野弘彦

く、前衛歌人と称されていた岡井隆（一九二八年生）が選者に就任する。その前段階として、一九七九年、岡野弘彦と上田三四二（一九二三年生）が選者入りしたとき、「戦中派」と呼ばれていた歌人がよもや歌会始にかかわろうとは、という意外性と天皇制への加担を指摘する、批判的な論評がわずかに残されている。(7)

岡井の選者入りについては、歌壇・論壇において少なからず反響があったといえる。筆者が確認しただけでも、一般新聞・雑誌、短歌雑誌、結社誌などに寄せられた論評は一〇〇点を超える。(8) その内容は、岡井の選者就任をめぐって、疑問をさしはさむもの、支持するもの、容認するもの、個人の勝手とするもの、無関心を表明するものなど、さまざまであるが、論旨が曖昧なものが多いのも特色である。それというのも、岡井が現代歌壇で占める位置や歌壇の力関係と無縁ではありえず、率直な批判を避ける状況を物語っている。一九九三年来、一〇年を経た現在では、この件にふれる者は極端に少ない。

二〇〇三年七月、翌年の選者が、最年長者であった一九一九年生まれの武川忠一にかわって、一九四七年生まれの永田和宏の就任が発表された。が、この件についての論評も出足は鈍い。最近、同世代の歌人から「難くせをつけた人がいるんだかいないんだか」と嘆く時評を発見した。永田自身の選者就任への発言も見当たらないのである。(9) 歌会始の何が変わろうとしているのか。それをめぐる状況、歌壇の受けとめ方も大きくというより、なし崩し的に変貌して来ているのではないか。

では、岡井隆とはどんな歌人なのか。歌壇人には自明のことであっても、一般にはわかりにくい。ある人物辞典にはつぎのように記述されている。「一九五五年慶大医学部卒。内科医として東京、北九州、豊橋の病院に勤めた後、一九八九年京都精華大教授。四六年『アララギ』に一八歳で入会。父は齋藤茂吉の、母は土屋文明の門下であった。五一年に近藤芳美を中心とする『未来』創刊に参加。(中略)五六年刊行の第一歌集『斉唱』は、時代に生きる不安をよんだ青春歌集。五五年から塚本邦雄との交流は、叙情の変革、文明批評の導入、喩の獲得などを果たし、塚本とともに前衛短歌運動の旗手を担うことになる。(後略)」(篠弘執筆)とされ、大方の評価として異論のないところだろう。(10)

岡井の選者就任発表後もっとも早い反応は、『朝日新聞(大阪版)』のインタビュー記事「〝前衛歌人の旗手〃歌会始の選者に――批判と期待の中で岡井隆氏に聞く」（一九九二年九月四日）である（傍線引用者）。

体制も反体制もいまは死語だと思っています。歌会始がいまの天皇制の象徴的儀式だ、とするなら、それはいいことです。

続けて、「民衆の参加する短歌コンクールとしては本邦最大で知名度も高い」という位置付けをする。さらにつぎのように語っている。

昭和から平成にかわって天皇家の象徴性は昔ほどではなくなっていると思います。同時代に反権力を歌ってきた歌人らが選者になる日も遠くないでしょう。私としてはそれを望んでいます。

また、別のところではつぎのように述べている。[11]

（歌会始の）儀式は天皇家及び宮内庁の行事である。わたしは一人の歌人として、それに協力し、短歌がマスメディアやテレビを通じて少しでも一般の人々の正当な関心の的となることを願っている。

歌会始が「天皇制の象徴的儀式」なのか、「天皇家及び宮内庁の行事」なのか。「最大規模の短歌コンクール」なのか、「もっと正当な関心を寄せるべき天皇家の行事」なのか。岡井という同一物による、こうした同時代の矛盾した言説とともに、筆者が想起するのは、かつて岡井の、次にあげるような過激なまでの歌会始批判である。

その一つ、六〇年安保闘争が盛り上がりをみせ始めた時期、「歌会始は誰のものか」というアンケートに答えて、岡井はつぎのように答えている。(12)

文学であるならば、天皇制と結びついた国家権力に守られたくない。民衆の下からのエネルギーに守られてこそ、その資格があるのではないか。

さらに、六〇年安保闘争のさなか、岡井はエッセイにおいてつぎのように述べる。現代歌人協会が歌会始入選者の祝賀会を開催したことを受けて、協会の機関誌『現代歌人』創刊号で歌会始自体を糾弾しているのである。(13)

本来これは宮中の一儀式でしかない行事であり、民衆の生活とのつながりから言えば、新聞が特に報じなければならぬほどの行事とは思えぬ。(中略)この一行事に文学の仮面をかぶせた歌人達は、その仮面を知っている以上、腹ではあれら歌の形をしたものどもを笑っているか否定している筈である。

宮中歌会始選者とか召人とか参列者とかいうものが一種権威化（オオソライズ）され得るのは、実はマスメディアの権威によるので、皇威によるものではない。（中略）この行事がマスコミのとりあげる所とならず、草深い皇居に破れ蚊帳がかかっているとしたら、現代歌人の誰が選者になりたがるか。

選者就任の前と後、四〇年近い隔たりがあるというものの、歌会始をめぐる同一人物の発言であることに驚きを隠しきれないでいる。この自らの齟齬について、岡井自身はつぎのようなコメントを残す。(14)「各時代における政治的事件や社会的事象について、わたしは、その年齢になりに十代後期から六十代の今日まで歌い続けてきた」と述べた後、つぎのようにいう。

ともかく、時代と共に推移する一人の男の思想の影を辿ろうとすれば辿れる。計画的にしたことでもないし、妙な責任感をもってしたことでもないが、結果としてそうなっていることについて、自分の作品の一特色と考えているのである。

ここには、なぜ自説が大きく転換したのかについての言及がない。いわば開き直って、マス・メディアを舞台に、つねに陽のあたる場所を歩んできた結果にすぎず、なし崩し的な変貌であった、と読み取ることができる。一人の人間の考え方が変っていくことが健全な成長であることも多い。しかし、「結果としてそうなっている」とは、文筆を業とする、著作者としての責任、自らもいう「いや応なく歌人を代表して発言させられることが多い」表現者としての説明責任を放棄したことになるのではないか。

かつて鶴見俊輔は「転向」を「権力によって強制されたためにおこる思想の変化」と定義し、暴力などの直接的強制とともに間接的強制による場合も指摘した(15)。マス・メディアにおいて脚光を浴び続けることにより、その影響力を利用して、自らの歌壇的地位を確保・上昇させていく図式を岡井隆にあてはめてみると理解しやすいかもしれない。支持者を拡大していく過程に、マス・メディアを介しての利権の供与、歌壇の各種の「賞」を介しての誘惑などによる「転向」ないし「批判封じ」は日常茶飯事ではなかろうか。

かつて岡井は「マス・メディアの権威」を唾棄するがごとく軽蔑したが、その「権威」をみごとに活用し続けている一人ではなかろうか。その背景にはそういう人物を重用するメディアの責任があることも確かである。かつて厳しく糾弾した〈マス・メディアと皇室と歌人たち〉との関係だが、現代においても、その関係はほとんど変ることがない。一九九三年、岡井は自らの選択として歌会始選者となり、すでに一〇年以上が経つ。その過程で、一九九九年の国歌国旗法制化論争において、岡井はつぎのような〝迷言〟を残す致命傷を負いながら、マス・メディアを渡り歩くことになる(16)。

国旗日の丸、国歌君が代に反対する人は、マスメディア（旧マルクス主義者がまだゐるさうな）の情報操作に素直な〝いい人達〟と本邦歌壇の一部の論客ぐらいであらう。

これらの岡井発言を正面から位置付けた小笠原賢二は、「前衛歌人・岡井の死を決定づける発言として長く記憶されよう」と述べる。[17]

3　歌会始はどう変わるのか

歌会始に変貌の兆しはあるのだろうか。応募歌数から見る限り、一九九〇年代以降二万首前後を推移していたが、近年は、二万首台前半を推移していることがわかる。これは、前述のとおり、一九九八年より毎年、高校生・中学生・短大生らの入選者が続いていることと無関係ではないだろう。

報道によれば、一九九九年の入選者を指導した中学校の国語教師は、生徒全員四五〇人余りにお題「青」の短歌創作の課題を出し、その中の秀作八〇首を応募させたという。[18]指導教師、学校の業績主義が生徒自身の意欲より先行し、その弊害が取り沙汰されている読書感想文コンクールの類を想起する。課題としての読書感想文が子どもの本離れを助長しなかったか。強制に近い題詠による短歌創作の指導が短歌嫌いを増やしはしないか、危惧を感じる。さらに、歌会始の選者のキーパーソンでもある岡野弘彦は、一九九九年五月個人短歌雑誌『うたげの座』を創刊、そこには中学生・高校生の短歌発表の場、「つどいの座」が設けられた。岡野は、これまで「全国的に小・中・高等学校の国語の先生達の中で、生徒に短歌を作らせ、その指導に熱心な方々がふえてきた。私も去年から今年にかけて全国数ヵ所で、そういう先生に呼ばれて作歌教育の相談や講演をした」という〝意欲的な〟実践をかさねている。[19]かつて太平洋戦争下の中学生において生徒全員が教師の命により「詠進」するということも珍しくなかったという事実も想起したい[20]。また、さらに時代を遡れば、金沢の女学校時代、年末になると必ず歌会始の〝献詠〟をしたという長沢美津の回想もある[21]。

歌壇人口の高齢化に危機を感じた歌壇の人間が青少年に仕掛けて短歌人気をあおりたい気持ちはわかる。現に、多くの短歌雑誌や各種の短歌コンクールに学生の部やジュニアの部が設けられるようになった[22]。青少年取り込みのための手段が功を奏するのか、見極めることが肝要だが、公権力がかかわる歌会始での青少年「優遇」となると、たんなる話題づくりだけでは済まされない問題が残されよう。教育現場での「強制的」応募と「優遇」はセットになっていっそう「きな臭さ」を増して行くのではないだろうか。

一方、宮内庁を中心とする歌会始サイドから選者周辺の歌人や歌壇に対しても、多くのメッセージが発信されており、前記の応募者向けに比べれば、さまざまな成果を上げていることは見逃せない。前述のような岡井の選者起用に連動した歌壇の動きをはじめ、召人起用や広く陪聴者としての招待などを通じて、歌壇への働きかけが一層活発化しているようである。長沢美津は女性の召人への道を開いた（一九九二年）、とか現代歌人協会前理事長として加藤克巳が召人となった（一九九六年）とか、斎藤史が召人になったのは、二・二六事件で被告となった斎藤瀏の娘、史への癒しの意味があった、とか取りざたされた[23]。さらに斎藤史については昭和天皇に代わって平成の天皇が一種の和解の手をさしのべたかのようなうがった見方も登場した[24]。一九七九年以降、歌会始選者を務めている岡野弘彦は、一九九八年日本芸術院会員となった。岡野を除いても一〇年間以上選者を務める者が複数となった。

さらに、二〇〇三年には、前述のように選者起用に興味深い動きがあった[25]。前述のように二〇〇四年の選者に、一九四七年生まれの永田和宏が最年長の武川忠一（二人は当時「産経歌壇」の選者でもあった）と入れ代わる形で就任した。年齢構成から見ると、一九二〇年生まれの安永蕗子、一九二四年生まれの岡野弘彦、一九二八年生まれの岡井隆と島田修二に次いで、いわゆる戦後生まれの永田が加わったことになる。その年齢的隔たりは近い人で二〇年にも及び、十五年戦争下に生まれた篠弘（一九三一年）、佐佐木幸綱（一九三八年）らの世代を飛び越えたことになる。選者の系譜からいえば、岡井も永田もアララギ系結社の主宰者である。それでも微妙に保っていた従来の選者出身結社の「バランス」が崩れ、偏向が顕著になったといえる。すなわち、岡井は『未来』（近藤芳美創刊）の、永田は『塔』（高安国世創刊）の主宰者である。永田の世代の皇室との関わりといえば、皇太子と正田美智子さんとの結婚あたりからの記憶から始まろう。前述のように、永田の選者就任への反響はいまだに数えるほどしかない。まったく無関心であるとは考えにくいが、まるでタブーであるかのように、お互いに発言を自制している様子が、岡井の場合よりいよいよ明白に見て取れる。

歌会始選者といっても、天皇観や皇室観の形成過程の世代間位相は大きく隔たっているにちがいない。しかし、選者になるという選択には、おそらく、個人的な栄誉や結社運営にかかる現実的な利益などが大きくのしかかっているのだろう。歴史に学ぶという姿勢こそが人間の「知性」の証というならば、知性的な決断とはかけ離れた選択だったのではないか。もっとも、かつて筆者がたとえば永田和宏について「夫婦や家族で売り出す歌人たち――そのプライバシーと引き換えに」と指摘した「永田家」の「当主」にかかわるだけに、要するにそういう世俗的な利益が選択の基準となっているのだろう、という意味で納得してしまう一面がある。(26)

以上のような歌会始の動向を背景に、皇室と歌壇・歌人との交流は、さまざまな皇室イベントなどを通じて種々のメディアを舞台に展開されるようになった。天皇・皇室人気や天皇・皇室への求心力が衰えつつあるなかで、むしろ盛んに、大胆になされるようになって来たといえる。歌人と歌会始との関係は、短歌と国家との関係を端的に表している。なお、国家権力は選者をどのように選ぶのか、文芸と国家権力との関係を、歌人と勲章とに焦点をあてて分析した別稿「勲章が欲しい歌人たち」を参照して欲しい[27]。

2　天皇の短歌は国民の天皇像形成にどれほど役にたったのか

まずは、一九四五年の敗戦を境に制度的に激変した時期に限定し、その中で発表された天皇の短歌を中心に、時代的背景とそのテーマと発表のされ方に着目しながらたどってみる。つぎに、独立以降の天皇・皇后の短歌を昭和晩年まで、そのテーマと表現の変遷をたどることにする。

1　戦時下から被占領下へ、昭和天皇の短歌

昭和天皇の短歌を読むには、生前に刊行された、天皇の歌集『みやまきりしま』（毎日新聞社、一九五一年）、天皇・皇后の合同歌集『あけぼの集』（読売新聞社、一九七四年）『昭和の御製集成』（毎日新聞社、一九八七年）がある。没後には『昭和天皇御製集おほうなばら』（宮内庁侍従職編、読売新聞社、一九九〇年）、『昭和天皇御製集』（講談社、一九九二年）が公刊された。鑑賞の書も何度か出版されている

が、近年では、不二歌道会代表による『昭和天皇のおほみうた 御製に仰ぐご生涯』、明治神宮の神職にあった著者による『御製に仰ぐ昭和天皇』、日本新聞協会に勤務した著者による『昭和天皇の和歌』などが刊行されている。(28)

昭和天皇の短歌は、公表されたものをふくめて、前掲『おほうなばら』に集大成されており、その歌数八六五首である。そのうち、一九二一(大正一〇)年以降一九四五年八月までの敗戦前の作品は、毎年の歌会始作品だけの二四首にすぎない。歌集への収録はほとんどが敗戦後の作品である。実際に、昭和天皇が何首の短歌を残したかはさだかではない。敗戦前の昭和天皇の短歌を評して、岡野弘彦は、「調べと内容の大きさが自然に象徴性を感じさせる」伝統的な歌風と「常に世を思い民を思う」「幽暗で晦冥な感じ」を指摘する。敗戦後の短歌については、「明るく力強く」「大柄な風景の中に繊細な心の動きがからまって」いるといった解説をしている。(29) また、加藤克巳は、「おおらかで、しずかに澄んで、あたたかい人の心というものが素直に表現されている」と評し、「おおらか」「あたたかい」「すがしい」「澄んでいる」などの批評語が定着しているようである。(30) 一方、昭和天皇は自身の作歌態度について「私はできるだけ気持ちを率直に表したいと思っているが、そういう精神で歌をこれからも勉強したい」と述べている。(31)

天皇の短歌は、一般には新聞を通じて年二回発表される。一月一日の新聞において天皇一家の写真や近況とともに、旧年の作品が天皇、皇后ともども数首ずつ発表される。(32) さらに、歌会始当日の各紙の夕刊には歌会始の一首が、他の皇族、召人、選者、入選者の作品とともに報道される。では、まず昭和天皇の作品を遡り、発表当時の背景とその後の読まれ方ないし政治的利用の経緯を探ってみよう。

（1） 天皇の短歌が山形「県民の歌」に

⑤ 広き野をながれゆけども最上川海に入るまでにごらざりけり （一九二六年、歌会始「河水清」）

一九二六年一二月に大正天皇が亡くなるので、⑤は摂政時代最後の作品である。山形県提供の資料によれば、「昭和五年にいたって、宮内庁の許可を得て、東京音楽学校の島崎赤太郎教授が作曲し、以来、県民に親しまれてきている。昭和五七年三月三一日『県民の歌』に制定した」とあり、戦前は県内の小・中学校で歌われたという(33)。ここで注目しなければならないのは、昭和天皇の大正期の短歌が県民の歌「最上川」として制定されたのが、たった二十数年ほど前の、まさに昭和晩年にあたる一九八二年だったのには驚かされる。その年は、前年より教科書問題や閣僚の靖国神社参拝が大きくクローズアップされた年でもあった。「御製」の利用の象徴的な出来事であったといえよう。

（2） 天皇は平和主義者だったのか

⑥ あめつちの神にぞいのる朝なぎの海のごとくに波たたぬ世を （一九三三年、歌会始「朝海」）

⑦ 峰つづきおほふむら雲ふく風のはやくはらへとただいのるなり （一九四二年、歌会始「連峰雲」）

⑥の作成時、一九三一年の満州事変に引き続き、一九三二年三月には満州国建国宣言を行ない、血盟団事件、五・一五事件がかろうじて続いていた政党政治に終止符を打ち、一九三三年には日本は国

際連盟を脱退、時を同じくしてドイツではヒットラー政権が成立していた。⑦は太平洋戦争開始前後の作であったと思われる。にもかかわらず、この二首は昭和天皇追悼記事において、「やむを得ない開戦」だったとして、天皇の平和的イメージをアピールする短歌としての鑑賞や解説が幾度となく繰り返されていた。[34]とくに、昭和天皇死去時に氾濫したこのような読解や鑑賞の手法の背景には「天皇は何も知らなかったし、政治の決定権もなく、平和主義者であった」という敗戦直後からの「天皇擁護論」が尾をひいている。これは、後述の極東軍事裁判での天皇免責の論理と無縁ではなく、その後の昭和天皇擁護論の主流となった。[35]

昭和天皇の短歌を読み解く、前述のような手法自体によってもたらされる効果は現代にあっては微々たるものであっても、皇室イベントやメディアにより繰り返されることによる効果は無視できない。日中戦争から太平洋戦争史において、昭和天皇が果たしてきた役割を曲解するものだろう。[36]

(3) 敗戦直後天皇が詠んだ四首の行方

⑧ 爆弾にたふれゆく民の上をおもひいくさとめけり身はいかならむとも

⑨ 海の外の陸に小島にのこる民のうへ安かれとただいのるなり

⑧⑨は、『おほうなばら』に「終戦時の感想二首」として収録されている。が、それまで公刊されていた『みやまきりしま』、『あけぼの集』には見当たらない作品である。これらの公刊歌集に採択掲載されなかった理由が不明瞭としながらも、昭和天皇の「自己証明ないし自己正当化のための『私

歌』であったかもしれない」とする考察がある。[37] しかも、終戦時に詠んだ歌は、これだけではなかったようだ。[38] 敗戦直後一九四五年一〇月から翌年五月まで侍従次長を務めた木下道雄の日誌一九四五年一二月一五日の記述によれば、この二首のほかに⑩⑪という二首も記録され、前記⑨は改作前と思われる⑨'の形で載せられていた。さらに、「御製を宣伝的にならぬ方法にて世上に洩らすこと御許しを得たり」ともある。[39]

⑨' 外国と離れ小島にのこる民のうへやすかれとたたいのるなり

⑩ みはいかになるともいくさととめけりたたふれゆく民をおもひて

⑪ 国からをたた守らんといはら道すすみゆくともいくさとめけり

さらに、一九四五年一二月二九日の宮内記者会で、元旦用に紹介された作品は⑨の一首のみであった。[40]「終戦時の天皇の短歌四首」の去就を時系列で追ってみると第2表のようになる。⑧⑩⑪の三首を国民が知り得るのは一九六八年の木下の著作による。さらに広く流布するのは、天皇没後の『文芸春秋』によってである。⑧の五句の意味するなまなましさ、⑩⑪の自己弁護的な内容に鑑み公表を控えたものが、後年、天皇の心情はここにあったとする「心情吐露的」な解釈がなされることも多い。

(4) 天皇の「松上雪」をめぐって

⑫ ふりつもるみ雪にたへていろかへぬ松ぞををしき人もかくあれ　（一九四六年、歌会始「松上雪」）

第2表　終戦時の天皇の短歌四首

天皇の歌集、ほか	刊行年	収録状況	備考
元日新聞報道	一九四六年	⑨	「人間宣言」と同時
『みやまきりしま』（毎日新聞社）	一九五一年	なし	
『宮中見聞録』（新小説社）	一九六八年	⑧⑨'⑩⑪	木下侍従次長著、明治一〇〇年
『あけぼの集』（読売新聞社）	一九七四年	なし	皇后との合同歌集
『昭和の御製集成』（毎日新聞社）	一九八七年	⑨	大型写真集
〈一九八九年一月七日天皇没〉			
「側近日誌」（『文芸春秋』四月号）	一九八九年	⑧⑨'⑩⑪	木下道雄元侍従次長著
『おほうなばら』（読売新聞社）	一九九〇年	⑧⑨	
『昭和天皇御製集』（講談社）	一九九二年	⑨	
『昭和天皇のおほみうた』（不二歌道会）	一九九五年	⑧⑨⑩⑪	

敗戦の年に詠まれ、翌年の歌会始の御製として発表された作品である。占領期ながら、御歌所が廃止になるのはこの年の四月だから、まだ御歌所が機能していたわけである。お題「松上雪」の発表は、例年の八月一日より遅れて前年一九四五年一〇月二二日であり、翌日の新聞報道によれば、御歌所長（三条公輝）は謹話としてお題につき、つぎのように説明している。[41]

（前略）緑濃き松が枝にしづしづと積もれる雪、一面洵に平和の象徴とも見るべく、また積雪を冒していよいよ清節を開く有様は、他面に現下国民の苦難に耐へつつ勇往邁進する姿も見られて、そぞろに感深き御題と拝察するのであります。

天皇は、困難に耐えて待つ意志を「ををし」と、雪に耐える松を「人もかくあれ」と歌う。当時の国民に、教訓めいた短歌はどのようにうつったのだろうか。

⑬ 冬枯のさびしき庭の松ひと木色かへぬをぞかがみとはせむ　（一九四八年一月一日、折にふれて）
⑭ 潮風のあらきにたふる浜松のををしきさまにならへ人々　（同前）

時代はくだって、昭和天皇追悼記事では、これらの作品は、占領政策下において日本古来の伝統を守る覚悟を国民に発信している、という鑑賞が流布した。ジョン・ダワーも近年の著作で、「松上雪」の一首について「忍耐の美しい姿を表す古典的なイメージ」を作り上げ、「（天皇の）反抗の意を絶妙に表現したものである」とするがいかがなものか。その前提としての歌会始自体の評価と歌会始の内容にやや誤解があるようである(42)。

さらに時代はくだって、二〇〇二年二月四日、小泉首相の施政方針演説の「むすび」の部分で、この作品が引用され、問題となったことは記憶に新しい。首相は演説において、⑫を紹介の後、つぎのように続けている。

終戦後、半年も経たない時に皇居の松を眺めて詠まれたものと思われます。雪の降る厳しい冬の寒さに耐えて、青々と成長する松のように、人々も雄々しくかくありたいとの願いを込めたものと思います。

　明治維新の激動の中から近代国家を築き上げ、第二次大戦の国土の荒廃に屈することなく祖国再建に立ち上がった先人たちの献身的努力に思いを致しながら、われわれも現下の難局に雄々しく立ち向かっていこうではありませんか。明日の発展のために。子どもたちの未来のために。


　この演説の直後、昭和天皇の歌の引用は皇室の政治利用ではないかとする、野党―民主党、自由党からの批判が出た。自由党は、衆議院運営委員会理事会で議事録からの削除を要求したという。(43)

　小泉首相は、儒学者の言葉や故事にまつわる教訓などを引用したりするのが趣味のようである。一般に首相の演説は総じて官僚の作文にすぎないことは広く知られ、生彩を欠くところだが、小泉首相は「むすび」の部分だけが唯一自筆の生の声ではないかとの憶測もある。新世紀に入って、半世紀以上前の御製の引用では、説得力もなく、むしろ時代錯誤が際立っただけではなかったか。

　なお、一九四六年歌会始（「松上雪」）終了後の新聞報道によれば、例年の三分の一にあたる一万四二六二首の詠進歌から五首が選ばれたとして発表され、皇族の歌では、天皇の⑫と皇太后（節子大正天皇皇后）の歌「よのちりをしづめてふりししら雪をかざしてたてる松のけだかさ」の二首が発表されただけだった。この年、良子皇后は服喪のため歌を出していないと記事にある。ところが、最近、田所泉の指摘により、この皇太后の歌が昭和天皇・皇后の合同歌集『あけぼの集』に良子皇后の作品として収録されていることがわかった。このミスは、以降、宮内庁・メディア両サイドから訂正されることもなく、良子皇太后の作品として引用され、二〇〇〇年の皇太后追悼記事などにもしばしば登場している。ということは、読者サイドからいえば、誰もが気づかないほど没個性的ないかにも皇后の作品とうつったのではないか(44)。

(5) 天皇の短歌と退位をめぐる状況の推移

⑮ 戦のわざはひうけし国民をおもふこころにいでたちてきぬ
（一九四六年一〇月三〇日、宮内省発表）

⑯ わざはひをわすれてわれを出むかふる民の心をうれしとぞ思ふ
（一九四六年一〇月三〇日、宮内省発表）

⑰ たのもしく夜はあけそめぬ水戸の町うつ槌の音も高くきこえて
（一九四七年、歌会始「あけぼの」）

⑱ うれしくも国の掟のさだまりてあけゆく空のごともあるかな
（一九四七年、初出不明）

⑮⑯は、地方長官会議の後、参内地方長官を前に宮内省が発表した三首の内の二首である。一九四六年二月一九・二〇日の神奈川県にはじまった一連の行幸を通じて、「わざはひ」を受けた民を見舞う天皇と天皇を思う民の心が通い合うかのような演出を垣間見る。⑰は、その年の行幸終盤、一一月一八、一九日の茨城県下水戸の復興の姿を詠んだもので、内容的にもかなりの自信と余裕を見せる表現となっている。この時期の背景として見落とすことができないのは、天皇の退位問題であり、憲法

改正草案と極東軍事裁判の行方であった。第3表のような年表を作成してみるとGHQと敗戦国政府との攻防の実態がよくわかる。天皇誕生日に戦犯は起訴され、皇太子誕生日に刑を執行していることもわかる。翌年の歌会始の一首⑰を整える年末には、極東軍事裁判での天皇訴追の可能性は薄れ、新憲法も両院での議決を経て成立している。日本政府は、天皇が一〇月二九日に署名をし、半年後の翌年の天皇誕生日四月二九日施行を目論んだが、現実には、前年極東軍事裁判開廷の日でもあった五月三日が施行日となった、という経緯がある(45)。

⑱もおそらく、お題「あけぼの」が発表された一〇月一〇日以降に詠まれた一首であろう。象徴天皇制をうたった新憲法が公布の運びとなり、天皇は自らの行く末についてはいささかの安堵感を覚えた時期で、それが⑰⑱の二首にはあらわれているのではないか(46)。

さらに、つぎの二首⑲⑳が一九四七年元旦の『朝日新聞』「青鉛筆」で紹介されたということは、天皇側近によるメディアへのリークという情報操作の結果の一つであろう。一部の国民による奉仕を天皇が安心感をもって対応する様子が伺える、これらの作品は、「天皇退位」からの距離を占領軍や

第3表　天皇退位問題と憲法改正・極東軍事裁判との関係略年表

退　位	憲　法	極東軍事裁判
45・3・16 SWNCC「天皇の処遇について」		45・9・11 GHQ戦犯逮捕指令 10・4 GHQによる政治犯釈放命令 12・6 近衛逮捕、12・16自決
46・1・1 人間宣言	46・1・24 幣原、マッカーサー会談で天皇制維持、戦争放棄	46・1・4 公職追放指令

4・29 南原東大総長、道義的退位論表明 12・5 新皇室典範審議開始	47・1・16 皇室典範公布 5・1 天皇初めての記者会見 5・3 天皇、日本国憲法施行記念式典に 宮内省、宮内府に 5・4 天皇一家、都民体育大会に	48・1・1 新年一般参賀再開 4 『週刊朝日』三淵最高裁長官退位論発言 退位問題、海外報道続出 8・15 『読売新聞』世論調査 皇太子譲位20%弱 8・26 横田喜三郎、政治的法的退位論発言 11・12 田島宮内府長官、マッカーサーへ留位の書簡
2・7 政府松本私案奏上GHQ提出 2・13 GHQ憲法草案提示 2・22 GHQ草案、閣議受入決定 3・6 政府改正草案要綱発表 4・10 衆議院総選挙 4・17 政府改正草案正文発表 8・24 衆議院修正可決 10・6 貴族院修正可決 10・7 衆議院貴族院修正案に同意 11・3 日本国憲法成立、公布	47・1・31 マ元帥、2・1ゼネスト中止命令 4・20 第一回参議院選挙 4・25 衆議院選挙 5・3 日本国憲法・皇室典範施行 10・21 国家公務員法公布 10・26 刑法改正、不敬罪廃止公布 12・22 民法改正、家制度廃止公布	48・7・20 国民祝日法公布
4・29 GHQ東条英機ら戦犯起訴 5・3 極東軍事裁判所開廷 6・18 キーナン主席判事天皇訴追せずと言明 10・1 ニュルンベルク国際軍事裁判判決	47・10・10 キーナン主席検事、天皇と実業界に戦争責任なしと表明 12・31 東條証言、天皇の開戦責任	48・1・6 東條証言、天皇に開戦責任なし 不起訴決定 2 文筆家の公職追放、新聞発表 11・12 極東軍事裁判、A級25人被告に有罪判決。キーナン検事天皇除外が連合国で一致と言明 12・2 天皇、キーナン検事経由で米大統領の寛大さに感謝を表明 12・23 東条英機ら7人絞首刑執行

国民にアピールしたかったのだろう。この二首は『おほうなばら』の一九四五年（昭和二〇年）の作として収録されている。

⑲　戦ひにやぶれし後の今もなほ民のよりきてここに草とる　（一九四七年一月一日）

⑳　おちこちの民のまゐ来てうれしくぞ宮居のうちに今日もまたあふ　（同前）

一九四七年、組閣の遅れから行幸は六月に始まったが、前年にまして一〇泊以上の大規模な長期にわたるものが多く、関西、東北、中部、北陸、山陰・山陽などの各地に及んだ。しかし、年末から一九四八年にかけては、天皇及び政府は、極東軍事裁判における東条英機の証言が案じられ、裁判も最終局面をむかえるにいたり、国内外に天皇の戦争責任問題や退位問題が再浮上することになる。行幸は、九州への展開を前に占領軍より阻止されたのだろうか。形を変えて、後年の植樹祭参加の布石となる植樹式や国民体育大会などの行事への参加、各種の文化的行事や社会福祉関係行事に参加することが多くなった。そうした状況のなかで一九四六年の歌会始の「松上雪」作品と同じテーマでの作品として紹介した⑬⑭（一九四八年一月一日新聞発表）に続き、次のような短歌が公表されることになる。

㉑　うらうらとかすむ春べになりぬれど山には雪ののこりて寒し　（一九四八年、歌会始「春山」）

さまざまな曲折を経て決まった「国民の祝日」だったが、紀元節など従来の天皇制維持のための関連行事は後退し、天皇家の私的行事として残るものも、政治的な、天皇の求心力や権威が弱まったことは確かであろう。

(6) 文化への傾斜

そんな状況のなかでも、初めての「文化の日(旧明治節)」を迎えて、「近詠」五首を一商業新聞に発表させるというような天皇側近による情報操作が繰り返される。その内幕は拙著でもふれたが、後の侍従長入江相政の日記によれば、文化の日の前日に「文化の日を当て込んで積極的に宮内府から発表する」ことについて、メディアに対してあまりオープンになることは効果的でなく、無視や扱いが小さくなるという懸念が的中し、特定のメディアに「特種として洩らすべき」であったと反省する件がある。一九四八年一一月三日『時事新報』には五首全部掲載されたが、『朝日新聞』には、㉒、㉓の二首しか掲載されず、他には掲載されなかったらしい(47)。しかも、『朝日』の一面には「いよいよ世紀の判決　東京裁判あす再開」の見出しの文字も踊る。なお、次の三首を含む五首はいずれも『おほうなばら』では、その前年一九四七年の作品として収録されている。いずれにしても天皇の「ふみのはやし」=文化へのまなざしを鮮明にさせたかった意図が浮上する。

㉒ 海の外とむつみふかめて我国のふみのはやしを茂らしめなむ

(一九四八年一一月三日、『朝日新聞』)

㉓ 悲しくもたたかひのためきられつる文の林をしげらしめばや

(同前)

一九四九年、前年まったく中断されていた行幸が復活し、九州全県を三週間かけて精力的に回り、短歌の数も増す。現在では想像もつかないが、その一部が雑誌『改造』(一九五〇年一月号)に発表された。[48]㉔、㉕、㉖を含む「天皇御歌七首」で、五首が九州行幸にちなむものであり、二首が湯川秀樹ノーベル賞受賞にかかるものであった。翌月の『改造』編集後記によれば、この「御歌」を掲載したためとは明言していないが、大きな反響があり、部数も大幅に伸びたとある。後年、中野重治が、この一件について「いまも歌会始があつて、名はかわつたかも知れぬが、披露される作が何にしても貧しすぎる。選だけがあつて、批評がない。そこが具合わるい」「七首そのものの批評も私は聞かなかつた」「子規などがあれだけたたかつた御歌所風の世界へ、新しい歌人たちが——といつてだいぶ年取つてはきたが——なんとなし滑りこんで来ている事実に問題はあるだろう。新年歌会の作品に限らない」(「御歌所風改良のこと」)と批判的なエッセイを発表しているが、数少ない論評の一つであった。[49]

㉔ みほとけの教まもりてすくすくと生ひ育つべき子らにさちあれ　(一九五〇年一月、『改造』)
㉕ かくのごと荒野が原に鋤をとる引揚びとをわれはわすれじ　(同前)
㉖ 賞を得し湯川博士のいさをしはわが日の本のほこりとぞ思ふ　(同前)

さらに驚くべきことに、占領中とはいえ、この年の歌会始におけるお題「若草」の披講作品の英訳が宮内庁から発表されている。[50]占領軍の検閲のための翻訳は必要欠くべくもない作業だったのかも知れない。拙著で占領軍の検閲のために短歌の類を英訳した日本人スタッフのありようが不明のままだとしたことがあったが、最近、古い短歌雑誌を読んでいて「郵便の検閲を兼ね翻訳の仕事あれども未だ行かず（飯岡幸吉）」（『短歌研究』一九四九年四月）という歌に遭遇した。[51] また、この年の歌会始に陪聴者として参加した鹿児島寿蔵の緊張した面持ちの記録が興味深い。この日参加した歌壇関係者は、民間歌人だけとなった選者―尾上柴舟、吉井勇、折口信夫（茂吉と空穂は病気欠席）、召人―金子薫園（鳥野幸次欠席）であり、陪聴者二十数名の中、歌人は、山口茂吉、四賀光子、松村英一、木俣修、佐藤佐太郎、長谷川銀作と寿蔵ということになる。また、翌年のお題が歌会始当日に発表されるようになったのもこの年からであった。[52]

㉗　もえいづる春の若草よろこびのいろをたたへて子らのつむみゆ　（一九五〇年、歌会始「若草」）
Children all beyond, Their faces beaming with joy, Are seen gathering The spouts tender of grasses Coming out to greet the spring.（Young grasses）

一九四九年には、天皇といわゆる「文化人」との接触が会見や会食を伴う懇談という形で活発となる。旧紀元節二月一一日における学士院会員との会食を皮切りに、芸術院会員、文化勲章受章者、新聞関係者、スポーツ選手らを招いての面談や懇談、さらには、特定の文化人、たとえば辰野隆、サトーハチロー、徳川夢声との座談（二月二五日）、歌人でいえば、佐佐木信綱、斎藤茂吉らを招いたりしている（五月一〇日）。ここには、新憲法の象徴天皇制における天皇の重大な役割の一つであった人間天皇の露出と戦争被災者へ激励と復興支援が行幸＝全国視察という形で定着しかけた時期、さらに、天皇の文化的な側面を早急に固めたい意図が感じられる。この年の九月には、天皇の最初の著作という触れ込みで、『相模湾産後鰓類図譜』（岩波書店）が刊行されて、「生物学者」天皇のイメージづくりに一役買っている。一九四七年六月二三日第一回特別国会で「朕」が「わたくし」に変わったのをはじめとして皇室関係用語が変更されるのもこの頃である。(53)

一方、一九四九年は、七月国鉄労組への大量人員整理通告がなされるや否や、下山事件、三鷹事件、松川事件が続いて起こり、労働組合運動弾圧に利用された年となった。四月にはＮＡＴＯが、一〇月には中華人民共和国が成立し、翌五〇年にはアメリカではマッカーシー旋風が吹き荒れ、その年六月朝鮮戦争が始まった。東西対立が激化するという国際情勢のなかで、一九五一年にはアメリカ主導の対日講和条約、日米安全保障条約が締結され、翌一九五二年四月二八日条約が発効した。占領軍は駐留軍と呼ばれ、五月三日の記念式典の「お言葉」で天皇は、天皇退位説を否定した。

一九五一年五月大正天皇の節子皇后、貞明皇太后の死去に伴い、翌年の歌会始は中止されたが、講和条約発効を前に次のような天皇の歌五首が新聞に発表された。

㉘　国の春と今こそはなれ霜こほる冬にたへこし民のちからに
（一九五二年四月二九日、平和条約発効の日を迎へて）

㉙　冬すぎて菊桜さく春になれど母のすがたをえ見ぬかなしさ
（同前）

㉚　わが庭にあそぶ鳩見ておもふかな世の荒波はいかにあらむと
（同前）

講和発効をもっていわば敗戦処理を終えた、この期の日本は、いわゆる「逆コース」を歩み始めることになり、皇居前広場のメーデー事件を口実に破壊活動防止法を成立させ、警察予備隊は保安隊となり、各地で米軍基地反対闘争が苦しい展開をすることになる。

2　昭和天皇の短歌は何が変ったのか

短歌の内容と表現は密接に関わり、切り離しては考えられない。さらにその根底に作者の発想がたどられることになるだろうが、皇族たちの短歌作品には、また別の要素が加わることも多い。天皇のみならず皇后の短歌も取り上げながら、発信の状況と表現に着目して昭和晩年までたどってみたい。

(1)「民」から「ひとびと」へ

まず、天皇が国民をどのように捉えていたかを知る手掛かりの一つが昭和天皇の短歌にもある。天皇が国民をなんと表現していたか。昭和天皇の皇太子時代の短歌「あらたまの年をむかへていやますは民をあはれむこころなりけり」(一九二四年歌会始「新年言志」)、昭和一〇年代の短歌「みゆきふる畑の麦生におりたちていそしむ民をおもひこそやれ」(一九三七年歌会始「田家雪」)、敗戦後もしばらくは、すでに掲げた短歌⑨⑩の海外に残る「民」、⑮⑯の戦災を受けた「国民(くにたみ)」「民」、⑲⑳の皇居に奉仕に来る「民」との表現が続く。一九五〇年代後半になると次のような表現が多くなる。もっとも、「国民(くにたみ)」という表現は、その後も長く、「国民のさちあれかしといのる朝宮居の屋根に鳩はとまれり」(一九六六年)、在位五〇年の折の「喜びも悲しみも皆国民とともに過しきぬこの五十年を」（一九七六年）、晩年の「国民に外つ国人も加はりて見舞を寄せてくれたるうれし」（一九八七年）などに散見することができる。

㉛ 人々とうゑし苗木よ年とともに山をよろひてさかえゆかなむ（一九五四年）

㉜ 皇太子の契り祝ひて人びとのよろこぶさまをテレビにて見る（一九五九年）

㉝ 新しく宮居成りたり人びとのよろこぶ声のとよもしきこゆ（一九六八年）

(2)「国」の出現

やや意外なことではあったが、一九四五年以前の短歌の絶対数が少ないものの「国」に類する言葉がいっさい見当たらない。「安らけき世」「わが世」「波たたぬ世」「世のありさま」「栄ゆかむ世」は登場しても、「国」にあたる表現がない。敗戦後はじめて登場する「国」は次の㉞の一首であり、前掲⑱では、新憲法を「国の掟」と詠み、独立期を前掲㉘では「国の春」と歌っている。

㉞ 国おこすもとゐとみえてなりはひにいそしむ民の姿たのもし（一九四六年一〇月三〇日）

㉟ 国のため命ささげし人々のことを思へば胸せまりくる（一九五九年、千鳥が淵戦没者墓苑）

㊱ わが国のたちなほり来し年々にあけぼのすぎの木はのびにけり（一九八七年、歌会始「木」）

なぜ「世」が退き、「国」が頻繁に使用されることになるのか。「世」は、国語的な意味のなかの

「特定の統治者が国を治める期間」を指し、昭和天皇自らが治める時代・エリアを意味していたが、象徴天皇制の新憲法下では、元号はありえても、統治者ではなくなったので、天皇の統治の時空とは別個に存続する「国」を使用することになったのだろう。㉟の「国のため」と同じ意味で使われている短歌としては、一九六二年、日本遺族会創立十五周年に発表した「国守ると身をきずつけし人びとのうへをしおもふ朝に夕に」「国のためたふれし人の魂をしもつねなぐさめよあかるく生きて」などがある。「天皇」のために命を捧げた人々と読み替えるのが、むしろ史実に近いといえよう。

(3)　戦争責任の行方

最晩年の全国戦没者追悼式に際しては㊴の短歌があるが、一九四二年の前掲⑦「峰つづきおほふむら雲ふく風のはやくはらへとただいのるなり」との間にどれほどの径庭があるのだろうか。この間に位置する一九七〇年代初めの海外旅行に際しては㊲、㊳、㊴のように歌う。㊲によれば「軍部に押し切られた」という自らの口惜しさを三〇年後の今もなお思い続け、それを露わにする一方、㊳、㊴に見られるような、先の戦争で日本軍による犠牲を強いられた外国人による天皇への戦争責任追及、天皇を決して許そうとしない人々が「うらむ」というふうに捉えるのは、まさに無神経、無責任の構図ではないだろうか。自らを正当化し、他を省みない、甘えの構造ではないのか。せめて、敗戦直後の極東軍事裁判進行中の緊張感は持続されるべきだったのではないか。この四首は、まさに昭和天皇の戦争責任への姿勢を示していよう。残念ながら、戦争責任を正面から問題視することから逃避、あるいは曖昧にしてきた日本の戦後史の反映ともいえる。

それどころか、昭和天皇死去時、追悼・回顧報道において氾濫した、天皇のいわば短歌による「心情吐露説」は、前掲⑥⑦の解釈に見るような、一首の深読み・裏読みの手法を通して、「平和主義者」、「苦渋の決断を迫られる統治者」のイメージ形成に貢献している。

㊲ 戦をとどめえざりしくちをしさななそじになる今もなほおもふ　（一九七一年、伊勢神宮）
㊳ 戦果ててみそとせ近きになほうらむ人あるをわれはおもひかなしむ　（同前、イギリス）
㊴ 戦にいたでをうけし諸人のうらむをおもひ深くつつしむ　（同前、オランダ）
㊵ やすらけき世を祈りしもいまだならずくやしくもあるかきざしみゆれど　（一九八八年）

かつて、記者会見の席で質問が戦争責任の問題に及んだとき、「そういう言葉のアヤについては、私は文学方面はあまり研究していないのでよく分かりませんから、そういう問題についてはお答えが出来かねます」というあまりにも〝有名〟な昭和天皇の発言に照らして、いわば伝統〝文学〟の一ジャンルである短歌で、自らの「思い」を述べ続けていることとの整合性については、どう理解すべきなのだろうか。(54)

(4) 年少者・高齢者への視線

敗戦後の短歌に「人びと」と並んで、「若人」「子ども」、「老人」が何度も登場するのが特色である。つぎに、五〇年間にわたる作品から適宜選んでみたが、その捉え方はかなり固定的で、類型的なのがわかる。というより、天皇と若い人々との出会いは、国民体育大会やオリンピックに限られ、子どもや高齢者らとの出会いも視察先の福祉施設であることがほとんどであろう。短歌のなかに、たとえば、日常的な暮らしのなかで、遊び、学ぶ子供たち、働き、恋する若者たち、時には泣いたり、怒ったりする高齢者の姿は、なかなか見出すことができない。天皇との出会いを演出された若者たちであり、子供たち、高齢者たちなので、パターン化を免れない。そして天皇自身もそれを超えては眼が届きようもなく、短歌の対象にもなりえないだろう。老若の農夫たちを歌った㊶ですらむしろ珍しいのではないか。身体障害者を見る眼にも「日常」の姿は映っていなかったのだろうと思う。

㊶ 老人をわかき田子らのたすけあひていそしむすがたたふとしとみし　（一九四七年、折にふれて）
㊷ よるべなき幼子どももうれしげに遊ぶ声きこゆ松の木の間に　（一九四九年、福岡県青松園）
㊸ みほとけの教まもりてすくすくと生ひ育つべき子らにさちあれ　（一九四九年、佐賀県洗心寮）
㊹ 夜の雨はあとなく晴れて若人の広場につどふ姿たのもし　（一九五〇年、名古屋にて）
㊺ 世のなかをさびしく送る老人にたのしくあれとわれいのりけり　（一九五六年、大阪市立弘済院）
㊻ 暖かく秋田の人に迎へられてここに正しくきそふ若人　（一九六一年、秋田国民体育大会）
㊼ 暖かきこの岡にすむ老人にたすけあひつつくらせよと思ふ　（一九七四年、鷲ヶ峰老人ホーム）
㊽ 外つ国人とをしくきそふ若人の心はうれし勝ちにこだはらず　（一九八四年、ロサンゼルス・オリンピック）
㊾ 母子センターにはぐくまれたる子供らのよろこびのいろ見つつうれしき

（一九八六年、大阪府植樹祭）

（5）　皇統譜のなかで

綿々と続いて来たとされる天皇家の祖先「遠つおや」への思いは、敗戦前には詠まれることはなかったが、戦後の旅先における短歌にはしばしば見える。安徳天皇陵に参って「水底に沈みたまひし遠つ祖をかなしとぞおもふ書を見るたび」（一九五八年）と歌い、「遠つおやのいつき給へるかずかずの正倉院のたからを見たり」（一九七九年）と詠んで㊿の「旅」にいたる。そして、もっとも身近な天皇として偲ばれるのが、祖父の明治天皇であり、「おほぢ」「おほちち」「明治のみ代」と詠まれる。昭和六〇年代、一九八〇年代後半になると頻繁に回顧的な作品が多くなるのは、天皇自身の晩年意識のあらわれだろうか。

㊿　遠つおやのしろしめしたる大和路の歴史をしのびてけふも旅ゆく　（一九八五年、歌会始「旅」）

㊿1　国鉄の車に乗りておほちちの明治のみ世をおもひみにけり　（一九八八年、歌会始「車」）

同時に、敗戦直後は、㊿2のように立太子礼に皇太子を「みこ」と歌い、㊿3のように海外旅行・結婚に際しては「皇太子（ひのみこ）」と歌われていたが、㊿5㊿6では「東宮」とその居所で呼ばれるようになる。そして、㊿7㊿8に見るように、皇孫である「浩宮」が登場してくるのが昭和最晩年のこの時期である。

52 このよき日みこをば祝ふ諸人のあつきこころぞうれしかりける（一九五三年一月一日、立太子礼）
53 皇太子のたづねし国のみかどとも昔にまさるよしみかはさむ（一九五三年、英国女王戴冠式）
54 あなうれし神のみ前に皇太子のいもせの契りむすぶこの朝（一九五九年、皇太子結婚）
55 桜の花さきさかる庭に東宮らとそぞろにゆけばたのしかりけり（一九八四年）
56 秋なかば国のつとめを東宮にゆづりてからだやすめけるかな（一九八七年）
57 夏庭に紅の花さきたるをイギリスの浩宮も見たるなるべし（一九八五年）
58 ブータンのならはしわれに似る話浩宮よりたのしく聞けり（一九八七年）

皇統譜のなかではいわば傍系である祖母や母、皇后や皇太子妃が詠まれることは少ないのだが、その例外が、昭和天皇の母であり、大正天皇の皇后だった貞明皇太后を詠んだ作品である。田所によれば、一七首で、近親者のなかでは突出しているという(55)。昭和天皇の短歌に初めてその母が登場するのが、一九五一年の挽歌三首である。59はそのうちの一首で、行幸先での追憶の短歌に60 61がある。また、62の明治天皇と母とをしのぶ作品が象徴的に語るように、昭和天皇の短歌による明治天皇へのオマージュは多いが、父大正天皇を歌った作品は皆無である。明治天皇から昭和天皇への継承を強調し、大正天皇はできればなるべくその影を薄めたい意図が、ここでもあきらかになっている(56)・(57)。

59 出でましし浅間の山のふもとより母のたまひしこの草木はも（一九五一年）

⑩ ありし日の母の旅路をしのぶかなゆふべさびしき上の山にて　（一九五二年）
⑪ たらちねの母の好みしつはぶきはこの海の辺に花咲きにほふ　（一九五五年、伊豆西海岸堂ヶ島）
⑫ おほぢのきみのあつき病の枕べに母とはべりしおもひでかなし　（一九七〇年）
⑬ 母宮のひろひたまへるまてばしひ焼きていただけり秋のみそのに　（一九七八年、歌会始「母」）

以上、昭和天皇の短歌において歌われる対象や表現上の推移をたどってみたが、一貫して言えることは、事柄や言葉だけの問題ではなく、天皇自身の制度上の位置づけ、国民に対する意識、さらには天皇制を支えている体制の変容が反映していると考えられる。

昭和天皇の晩年は、憲法上の象徴天皇制がいささかでも定着していく過程にあったといえよう。日本経済は高度成長期を迎え、それを背景に国民の国家観や家族観が少しずつ変貌を遂げている時代と重なっている、とも言い換えることができる。象徴天皇制といえども、天皇は、天皇家独特の伝統的・文化的な長い歴史と深い背景があることを強調し、時の政府からは、現在の経済体制や政治体制を全面的に支える力となることを期待され、それを「国のつとめ」と自覚することが要請され、みごとに応えた軌跡の一つが昭和天皇の短歌であったといえよう。あえて極論を言えば、天皇の短歌は、短歌の形をした、たった三十一文字の「公文書」とも考えられるのではないか。保阪正康は、宮内庁サイドの話として「(御製の)公表のシステムについて政治的に極めて強いニュアンスのもの、それから誤解を生む御製というのはオミットされている節がある。それからマイナスの感情を直に吐露したような歌、たとえば涙であるとか、そういうのも省かれた」と語っている。[58]「心情を吐露」する余地もないのが天皇の短歌の実態なのだろう。

昭和晩年から平成期における、明仁・美智子皇太子夫妻及び天皇・皇后の短歌と、徳仁・雅子皇太子夫妻の短歌の軌跡とそのメッセージ性及び果たす役割については別稿に譲りたい(59)。

7 日本民族宗教としての天皇制

——日常意識のなかの天皇制のモジュール

栗原　彬

1　宗教潮流としての天皇制

天皇制は、信じられることによって成り立つ想像のシステムである。それは自覚的に信じられることもある。天皇は生き神だという信条を持つ人さえいる。しかしまた、無自覚にからだが天皇制支持の方へ動いてしまう、からだが信じている、という場合も、この想像のシステムの圏内にある。テレビのにわか勉強以外に天皇のことをまったく知らないのに、なぜか皇居前の記帳所に来て、記帳してしまう若者の無意識の行動に、かえって天皇制の本性が構造的に浮かび上がると言えるかもしれない。信じられることによって成り立つ限り、この想像のシステムは、広義の宗教である。その点、現在の天皇制の問題をふくむ日本の思想状況をとらえるのに、戸坂潤が『思想と風俗』（一九三六年刊）という著書で語った「日本民族宗教」という概念は役にたつ。

この概念が今日も意味を持つかどうかは、一九三〇年代と現在との間に状況の対応関係があるか否かにもよる。たとえば、一九八〇年代の軍事費一％枠の撤廃は、三〇年代に進行した軍国化に対応しているし、国家秘密法は軍機保護法や治安維持法に対応している。また、最近発表された新学習指導要領案のいままでとちがう著しい特徴は「君が代」「日の丸」の義務づけだが、これは戦前の国体づくりに対応している。さらに日米安保制ないし日韓軍事同盟は、日独伊防共協定と対応している。有事立法は国家総動員法に、政党の保守化や労組の保守化、政・官・財・労のネオコーポラティズムは、大政翼賛会や産業報国会に対応している。このようなパラレリズムがあるからこそ、日本民族宗教という概念はアクチュアルなものになる。

戸坂潤は、一九三〇年代に三つの宗教の潮流があることを指摘した。

第一の潮流は、当時ジャーナリズムが「宗教復興」と呼んだ現象である。仏教、キリスト教、神道などの経典の出版が行われ、予言、霊的体験、霊界通信、神秘主義やオカルティズムなども流行した。戦後について言えば、宗教書が書店の店頭に山積みされる現象は、一九七〇年代の初めごろから始まる。神秘主義、オカルティズム、霊界体験などの風潮も世紀末に向けてますます強まっている。また、現在でもテレビで自称、他称の高僧、名僧の宗教講話の番組があるが、一九三〇年代初期はラジオで宗教講話が始まった時期であり、「宗教復興」がマスメディアと結びついて飛躍的な展開を遂げていった。

第二に戸坂が指摘したのは、新宗教あるいは民衆宗教の潮流である。ひとのみち、大日本観音会（後の世界救世教）、大本教、霊友会などがあげられる。これらの新宗教は各々信者が数十万人とも言われ、隆盛をきわめた。この第二の潮流には社会不安という基盤があり、どこにも行き場所がない、救われる場所がない人たちが新宗教に走った。これと似通った最近の現象は、すでに六〇年代から始まっており、いわば高度経済成長から落ちこぼれた人たちが新宗教に向かうというものだった。それから以降も、新宗教ブームは続いており、世紀末に向かって、「小さな神々」はますます盛んである。

三番目に戸坂が「日本民族宗教」と呼ぶ潮流がある。それは国家神道だけでなくて、天皇制を支える心性《メンタリティー》を指している。それは国体、日本主義、精神主義、「非常時の精神」などを広く括る概念だった。

戸坂は日本民族宗教の担い手として軍部、官僚、日本型大ブルジョワジーの三位一体を指摘した。同時に、この三位一体に支えられながら、日本民族宗教が教育、風俗、文学、芸術、そして政治や経済にいたるまであらゆる領域にわたって浸透していったことを述べている。つまり、天皇制の究極の到達点は、それが日常生活の宗教であり、日常意識としての天皇制であるということになる。それが戸坂のいう日本民族宗教の内実にほかならない。

戸坂は、新宗教といわれる民衆の宗教の持つ社会的な批判性を評価した。にもかかわらず、彼は全体としては第一と第二の宗教の潮流が、第三の吸引力の強い日本民族宗教に呑みこまれていくであろうと予測し、それはまさに歴史の現実になった。

一九二一年と一九三五年の二度にわたって不敬罪、治安維持法などの名で大弾圧を受けた大本教の本部が、昭和天皇の死に際して、それを「崩御」としてとらえ、天皇に対する崇敬と恭順の意を表明した。三〇年代と同じような、第三の潮流への吸引現象が現在も起こっているといえるだろう。

日本民族宗教の核心には「自発的服従」というメカニズムがある。周知の通り、今日、新中央集権主義、新保守主義、新軍国主義あるいは一九八六年体制といわれる政治的な再編成が進行中である。それらに歯止めがきかない構造的な原因として、このメカニズムがはたらいているという事実を看過することはできない。

「自発性」と「服従」とは元来矛盾する二つの言葉である。それらが結びついて、「自発的服従」という、矛盾を内包する概念をつくっている。自らすすんで服従すること、服従したことを自発的なものだと思い込むこと、これは管理社会に特徴的な内面支配のメカニズムでもある。それが日本民族宗教の自発的服従というメカニズムと重なり合っているといえるだろう。

そもそも人間は、何も決めないでおくときに、最も解放されている状態にある。そのときには政治は必要がない。しかし、多くの人間が共に住むときには、決めなければならないという現実が出てくる。そのときに「決めなければならないのなら自分のことは自分で決める」、これが人間の政治の第一歩であり、自己決定、自治としての政治の出発点である。

自発的服従は、この「自分のことは自分で決める」ことの対極にある。第一に、他人によって行動や生き方を強いられている。第二に、その服従が「自分の進んで選んだもの」「自発的なのだ」という粉飾をほどこされる。つまり、自発的服従において、人は二重に侮辱されているのだ。

2　天皇制の上演モデル

日本民族宗教としての天皇制をとらえるために、天皇制の上演モデルを考えてみよう。

この上演モデルの主演は言うまでもなく天皇自身である。

演出をつとめ、シナリオをつくるのは政治権力であるといっていいだろう。

そして、シナリオにも介入するけれど、主に舞台上でパフォーマーをつとめるのは、前景では宮内庁および政府の関係組織、場合によると自治体などである。しかし、後景のほうがむしろ重要であり、自民党、中道政党、財界、官界、右翼、巨大企業の意思決定機関などが圧力を働かせる。

さらにその舞台の上に、コロスまたは媒介者と呼べるものがいる。それは政治的な意思決定を社会的な次元に下ろしていく中間的な意思決定者、権力を下へ移譲していく際の媒介的なリーダーである。それは主に公的組織と情報産業であり、天皇制の上演モデルに欠かせない存在である。

最後に観衆がいる。さまざまな観衆がいて、なかには舞台に背を向ける、つまり天皇制の上演を拒否する人もいる。

以上が大まかな上演のモデルであり、それに即して天皇制の循環システムを考えていこう。

3　天皇制の構造

まず、主演の天皇をめぐって、天皇の存在に即した空間構造と天皇制の時間構造を押さえておきたい。

天皇制の空間構造については、折原脩三の析出した「天皇制の本体とは空虚な中心である」という理論命題がある。私は、これが天皇制の空間構造のポイントだと思う。

折原によると、天皇は「天の真名井《まない》」である。すなわち天井から円光が落ちており、そのスポットライトのなかに人影がなくて、ただ座だけが白じらと浮かび上がっている。

しかし、この空虚な中心としての座はブラックホールのような凄まじい吸引力を持っている。この空虚な中心のまわりにさまざまの権力が渦巻いており、宮城、宮城から東京、東京から日本、そして戦前でいえば「大東亜共栄圏」から世界へと、同心状の広がりがつくられていった。この空虚な中心という考え方については、折原と私がこういう議論をしてからかなり後に、来日したロラン・バルトが皇居を中心にする東京について同じようなことを述べたことがある。

第二に、天皇制の時間構造とは、天皇制が時間を無化する装置だということである。つまり「皇統連綿」の神話は、「悠久」という形容詞があるように、時間を停止させ、歴史を消し去り、時間を忘却させるはたらきをもっている。

かつて韓国の大統領が訪日の前に、韓国国民の世論に押されながら「天皇は戦争中の韓国人に対する日本人の罪悪を謝罪せよ」と述べたことが新聞で伝えられた。私自身は不意に頭を殴られるような軽いショックを受けた。それはつまり私自身の身体もまた時間の忘却のなかに入っていたからにちがいない。歴史を忘却するという日本民族宗教の装置があり、その根源に天皇制の、時間を無化する構造があるといえるだろう。

こうした時空の構造を持つ「座」を占めるべき天皇の身体について考えてみよう。天皇の身体は生《なま》身《み》・現身《うつしみ》・隠身《かくれみ》の三位一体を形づくっている。かつて天皇の身体は、この生身・現身・隠身が深い落差をもって激しく切り結んでいた。だからこそ天皇の生身をとらえて価値剥奪をすることも可能だったが、また逆に現身と隠身についてのタブーも非常に強かった。明治の元老が「玉《たま》」といって操作の対象にすると同時に、現人神でもあるといったように、落差の激しい複数の身体であった。

しかしながら、今日では、マスメディアの媒介によってこの三位一体は空像化してしまっている。その意味では天皇の身体の複製化が進んでいるといえるだろう。メディアを通して天皇の身体を世間に表象していく型が定着して、周知のコピーになっていく。それが天皇の後光《アウラ》を崩壊させていく。ベンヤミン流にいえば、天皇の身体を「礼拝的価値」から「展示的価値」へと変容させたことになる。

しかしながら、空虚の中心という聖なる座を占めるべき天皇の身体は、擬似的なものにしろ、アウラをまとわざるをえない。そこで、天皇の身体は「お人柄神話」によって補填されることになる。天皇の身体は「清浄・純真・無垢の人」、場合によっては「おやさしい」、「個人としては平和主義者」といった擬似アウラをまとう。

しかし「清浄・純真・無垢の人」というのはほとんど白地であり、なにものでもないものである。

それはスクリーンともいえる。身体のスクリーンに、国家秩序の意思の影と国民の自我の影とが二重に投影されている。天皇の身体は、市民社会の欲望の投影であり、すぐれて近代的なものの表象でもある。その意味では「日本国の象徴」というのは的確な表現であるという逆説が成り立つ。

そこで、天皇の身体の上演目録を見てみよう。

第一に、聖なる天皇の上演がある。たとえば、みくに奉仕団というのがある。この制度は宮城県の農村青年数十人が皇居の草刈りをした草を持ち帰り、それを施肥として清浄米をつくって、それを天皇に献上したことから始まった。この奉仕団が全国に広がり、今日では宮内庁へ申し出て順番がくるまでに半年から一年待つ盛況だという。

これはあとでもふれるが、農民層の再分配幻想が皇居での草刈りという象徴行動を通して、広い意味の生産力主義の規範に結びついている例だといえよう。天皇の植樹した場所や宿泊した部屋が神聖化されるということはよく知られている。

明治天皇が各地を行幸したときに、天皇が食べ残したごはんを病いで目のつぶれたおばあさんが食べたら、目が開いて見えるようになったという話が瓦版の新聞に載っている。こうした奇跡と神話が語られ、それが聖なる天皇のイメージをつくっていった。近代の天皇は新宗教をふくむさまざまな宗教の最大の教祖、大司祭を演じてきた。明治天皇以来の聖なる存在ということが現在まで繰り返し表象されてきていて、それができごとや儀礼として上演されている。

第二は、文人天皇の上演である。その最も見やすい例は、年初恒例の歌会始である。山崎正和の言い方では、「和歌は最も高貴で単純な一人に収斂する」。〝高貴で単純な一人〟とはもちろん天皇のことであり、ここでは天皇は伝統文化の司祭の役を演じ、文化のヒエラルヒーの頂点に立っている。

第三に、科学者天皇の上演である。天皇の専攻している生物学は分類学である。分類学とは近代の表象であり、天皇は近代科学の秩序の象徴を演じている。皇族の書く自然科学系の論文は学術雑誌でもつねに巻頭に置かれるという。

第四は勤労者天皇の上演。折にふれてマスメディアに流される「執務にお忙しい天皇」という写真とコピーであり、あまり多くを語る必要はないだろう。

第五に、家父長天皇の上演ないしは「天皇御一家」の上演がある。天皇の死に際して記帳に訪れた若い人たちに、昭和天皇にどのようなイメージを持つかと問うと、「日本のお父さん」という答えが、一つの型として返ってくる。天皇は日本民族の家父長としてイメージされている。そして「仲睦まじい」「ほほえましい」「いたわりあう」といった決まり文句がついた天皇の家族の肖像は、「一億総中流」の家族の幸福の象徴でもある。天皇の「聖家族」が社会的なヒエラルヒーの頂点に立っているといえる。年初の参賀や園遊会は、こうした「聖家族」の存在証明の場である。

天皇家のマナー、着付けや風俗がしばしば女性雑誌などに取り上げられる。天皇家の后になりうる人は「究極のお嬢さん」、その次に「本物のお嬢さん」の層、その下に努力すれば本物のお嬢さんになれる層、さらに似非お嬢さんというヒエラルヒーがあると言われる。これは偏差値による男の子のヒエラルヒーとパラレルに存在している。

すなわち、象徴資本としての天皇制は、天皇の身体の上演を通して威力を発揮する。このような上演目録を使って政治権力がシナリオをつくっていく。

4　政治権力によるシナリオ

第一に、行政改革による新自由主義＝新国家主義推進のシナリオがある。個人の自助の名のもとでの日本型福祉社会論が唱えられ、いわゆる民営化、つまり民間活力の導入が行なわれて、規制の緩和によって開発が進められた。他方、巨大労組の解体と体制内化への取り組みも進んだ。

そこにはそれなりの社会の合理化、旧秩序のゆらぎ、そして新しい競争状態への移行という状況がある。したがって、その状況のなかで秩序の再編成、新たな統合を形成する必要が生じてくる。そこでナショナル・アイデンティティが強調された。執政府と官僚主導型のリーダーシップの下に、政・官・財、それに労働界の一部を新たに結合し、なおかつ大衆を包括する政治へと移行しようとするのが、新国家主義推進のシナリオといえるだろう。

これと関連して、二番目に、都市型社会への合理化を進めると同時に、都市型社会の住民を包括的に政治基盤へ編入するというシナリオがある。大規模な都市の再開発——ここにリクルート問題が出てくる構造的な基盤があった——が進められ、産業構造でもハイテク産業、情報産業へ比重が移行する。

それと並行して中曽根康弘前首相がかつて唱えたレフトウィングへの勢力の拡大が引き続き行なわれている。新藤宗幸によれば、税制改革には都市型社会の勤労者を基盤に編入するねらいがあるといわれている。

三番目に、教育改革による新国家主義推進のシナリオがある。新学習指導要領案には、高校の教科目のなかに国際化、情報化などを盛り込み、開発への志向性を養うという側面がある。他面では、道徳教育の徹底、「日の丸」「君が代」の義務づけを行い、従わない教師は指導要領違反で処分の対象とする、という強い拘束力に特徴がある。

これと時を同じくして、西岡文相は、現在は自治体の知事部局の所管になっている私学に関する事項を、公教育と一本化することが望ましいと発言している。つまり教育委員会の所管に移して、国家行政のもとに一本化していく方針であり、教育の面での新国家主義推進のシナリオには露骨なものがある。

第四に、国際化の名によって国粋化を推進するというシナリオがある。学習指導要領の改定案について、西岡文相の「国旗、国歌を大切にする気持があってはじめて他国にも尊敬の心を持てる」という発言(一九八九年二月一〇日)があるように、国際化のために「日の丸」「君が代」が重視されるという論理が展開される。

これら新しいナショナリズム推進のシナリオの究極は天皇制の操作であろう。社会の移行期、政治の再編成期に、ナショナル・アイデンティティを調達するために、ナショナルな統合機能を果たす文化装置であり政治的なシステムである日本民族宗教としての天皇制が繰り返し用いられる。

天皇の死と代替わりをめぐる国家的な儀礼は、新しいナショナリズムを形成する戦略のうちにあらかじめ組み込まれていた最大のイベントであり、スペクタクルであるといえるだろう。

戦後、天皇がナショナリズムを引き起こす核心となったできごとは、三度あったと考える。

第一は、戦争直後の昭和天皇の巡幸である。彼は宗教的な司祭として、各地の荒御魂《あらみたま》を祈り鎮めて和御魂《にぎみたま》に変える巡礼の旅を行なった。明治天皇の行幸もそうであったが、社会が分散し、混沌としていて、政治社会を統合する必要があるときには常に巡幸が行なわれる。

ベネディクト・アンダーソンは『想像の共同体』のなかで、一八世紀の後半から一九世紀の初期にかけて、スペイン＝アメリカ帝国がなぜ一八の別々の国家に分裂して、クレオール人のそれぞれの共同体が「われわれ国民」という観念を発達させたかを分析している。

そのなかで、アンダーソンは、南アメリカの新生共和国が一六世紀から一八世紀にかけて行政上の単位であって、それがクレオール人の宗教上の巡礼路に対応するクレオール役人の行政的な巡礼路であり、このことがクレオール印刷業者の新聞と共に、国家という想像の共同体形成に決定的な役割を果たしたという。それは西欧型の、中間層、ブルジョワジーがナショナリズムを担うという国家形成とはまったくちがう型である。

日本の天皇の巡幸の場合も、そうした政治巡礼として考えなければならないだろう。実際、この巡幸によって戦後初のナショナルな統合がなされていった。統合をアフターケアとして保障するのが年一回ずつ各都道府県で順繰りに開かれる国民体育大会だといえる。国民体育大会は、政治巡礼のヴァリエーションである。

二番目には、現在の新天皇である皇太子と正田美智子さんとの結婚の儀礼があった（一九五九年）。周知のように、軽井沢でのテニスが出会いのきっかけになるという、ニューファミリー伝説による核家族時代のナショナリズムである。昭和天皇の即位の大礼が一九二八年に行なわれたときにラジオが一挙に普及した。よく知られているように、皇太子の結婚のときにはテレビが普及した。天皇制がナショナリズムを引き起こすときには、つねにスペクタクルを伴い、それにメディアの普及ということがからんでいる。

第三が昭和天皇の死と新天皇の即位である。王の死と再生の儀礼に、共同体も一度の死と甦りを経験するという人類学的な主題を核として、大喪の礼から、即位の大礼、大嘗祭へと延々と続く国家的な儀礼が、ナショナリズムの目玉になる。

5　中間的意思決定——天皇制の上演の移譲

こうした権力のシナリオが、通達や命令や「協力の要請」というかたちで下におりていき、社会に浸透していくときに、社会の中間的な意思決定の段階を通過する。そこでは天皇制の上演の媒介者によって権力の移譲と増幅が行なわれると考えられる。

具体的には、「自粛」の意思決定とガイドラインづくりがどこでどのように行なわれたかを見ることで、この中間的な意思決定のありかが見えてくる。

新聞の場合には、内閣官房から新聞協会に「報道へのお願い」というのが届く。

テレビの場合には、一九八八年九月二二日、つまり天皇の容体悪化が報じられてすぐに、在京民放五社編成局長会議で、Xデーの特別編成措置の合意をみたといわれる。

銀行の場合は、全国銀行協会が一二項目のメモをつくった。これを全国地方銀行協会と全国相互銀行協会に流して、さらにそれぞれが個別の銀行に流すというやり方を取った。

映画の場合、自粛の意思決定は全国興行環境衛生同業組合連合会の定例理事会で行なったという。それが各都道府県の組合、県下の支部、そして支部から各映画館に流れる。

二月二四日の大喪の日については、全国五六都道府県と政令指定都市の九一の中央市場のすべて、それから約一七〇〇の地方市場の大半が一斉に休みに入る。最初に農水省の指導を受けて休みを内定したのは築地と神田などの都の中央卸売市場らしい。それが引金になって、東京、大阪、名古屋等々がつくっている全国中央卸売市場協会が臨時休業を申し合わせた。そして地方市場もそれに倣うことになったという。

大喪当日の東京の交通量を平日より七割減らすという決定については、警視庁交通部が、交通業界の団体が加盟している東京交通調整協議会に車の運行の自粛、平日より七割減への協力を要請した。協議会は総会を開いてそれを決定し、協議会に属している約二〇〇の業界団体にそれを流した。

こういう中間的な意思決定のレベルについて、具体的に見てみたいケースとして、昭和天皇が埋葬される武蔵陵墓地がある八王子市での動きがある。同市では「昭和天皇をお迎えする八王子市民の会」という組織をつくった。これは商工会議所が中心になって急遽つくられた会で、香奠として一人一万円の寄付をロータリークラブやライオンズクラブの会に求めた。この市民の会の呼びかけ人は、保守、中道系の議員と商工会議所の会頭など、八王子の保守地盤を支えている人びとだった。呼びかけ人が地元の有力者だから、寄付を募られれば拒否できない、出さない人は仲間ではないという雰囲気があったといわれる。寄付は一種の踏み絵だという報道もなされた。

これに対しては、戦争体験がある中高年のなかで、反発や反対も強かった。しかし、他方では、小渕官房長官がこの市民の会に足を運んでおり、そこでの挨拶では、「市民が自発的に会を発足したと聞いて、心から敬意を表したい」と、何度も「自発的」という言葉を織り込んだという。

要約すれば、中間リーダーによる決定と執行が行なわれ、しかも「天皇のことだから」という理由で、納得しがたいと思いながらも横並びに従ってしまう。さらにそれは市民が自発的に行なったのだという、自発性のカモフラージュがなされる。

6　天皇制のモジュール

このように中間リーダーの決定が受け入れられていく構図が成り立つうえで、天皇制の上演モデルで言えば観衆である人々の日常意識がどうなっているのかということが問題になる。そこで日常意識としての天皇制の構造を考えてみよう。

天皇制という概念はモジュール――モジュールとは交換可能な機能的な構成単位のことをいう――として、政治的、イデオロギー的、文化的な文脈と合体して、さまざまな天皇制のヴァリエーションをつくっていく。モジュールとは、もともとはコンピュータ用語でプログラムやハードウェア機能の単位をさす言葉である。モジュールは転用されて、たとえば宇宙船の一構成単位でありながら母船から独立して行動できる船体をさし、また、規格化された部分で構成する住宅をモジュール式と呼ぶ。つまり、モジュールは、ひとたび創り出されると、交換可能な構成単位として、多様な社会的、文化的な文脈のなかに移植可能、増殖可能になるのである。天皇と権力の発信装置が、天皇の空虚な中心をポイントとするモジュールを政治、経済、文化、社会に幾重にも織り込んでいき、最終的には人びとの身体の受信装置によってそれが受容される。それが天皇の身体に投影され返していく——これが日本民族宗教の循環図式といえるだろう。

その場合、天皇制のモジュールには枠組《フレーム》みがあると考えられる。このフレームは伸縮することによって、モジュールの広がりが決まる。このフレームには時間的、空間的に無限拡大を図るという命題がある一方で、フレームが固定すればそれは天皇制が制度として成立するということになる。したがって、もっとも小さいモジュールは、天皇の身体と「座」の関係だけにフレームが限定されている場合ということになる。

また、たとえば——これは男性優位の構図でもあるが——天皇と皇位継承者としての皇太子だけがモジュールのフレームの中心であるという場合がある。一九八八年九月に天皇の容体悪化が伝えられたとき、皇太子と皇太子妃が天皇を見舞った。皇太子はベッドに横たわる天皇を上からのぞき込んで見舞った。しかし、皇太子妃は床にひざまずいていた。それは上から見るのが畏れ多いという身体の姿勢である。そのときに皇太子妃はモジュールの中心から距離を置く関係において、フレームの内にいることになる。この構図を拡大すれば、国民が皇居前に駆けつけて玉砂利にひざまずく光景につながる。

皇室全体がフレームであったり、皇室と宮内庁がフレームの内側に入っていくという場合もある。内閣総理大臣が国民として天皇を見舞ったときの言動を映像などで見ると、総理大臣は国民の代表であると同時に、天皇というモジュールの中心に対して臣下でしかないような関係も表れてくる。

　このモジュールは無限に広がるのだが、たとえば、大喪の礼のときに参列者一万人が選ばれた。この一万人は、社会的なエスタブリッシュメントとして、いわば自他共に許すモジュールの核心の部分かもしれない。

　このモジュールは天皇の死に際して「崩御」の文字を使った新聞の紙面やテレビの画面の上にも広がる。Xデーのために前もって用意されていた新聞の紙面やテレビの画面では、このモジュールが最大限に広がっている。もとより、わずかながら戦争責任にもふれるというかたちで、モジュールのバランスをとることもあるし、民衆ができあいの紙面や画面にシラケルとそのモジュールは縮小される場合もある。

　こう考えてくると、ことのほか天皇制というモジュールのフレームの境界《インターフェイス》にある人たちが興味深い。それは生活史のうえで天皇制と関わりが深い人たち、特に戦争体験がある人たちである。

　天皇制のモジュールの境界領域にある人たちは天皇個人へのコミットメントが深く、そのなかには敢えて天皇を自分と無縁なものと見なす人がいる。あるいは憎しみを抱く人もいる。戦争責任について一貫して天皇に対する批判的な姿勢を持続している人も多い。ところが、その愛憎が転換する場合がある。戦争体験から戦後も引き続き天皇に批判的な考え方を持っていたのに、記帳にきてしまったという人が少なくない。ここには、天皇制のモジュールの広がりと同時に深さの問題があって、天皇制との関わりがたんなる意見や知識ではなく、感情構造に深く根差していることが見て取れる。

　その一方では、モジュールのフレームが経済活動の必要から溶けてしまう場合もある。たとえば巨大企業などのトップリーダーが、表面的には自粛へとなびいていても、べつに感情的に天皇制にコミットしているわけではない。そのときに、経済活動上のマイナスが大きすぎると、自粛をセーブし直すということが出てくる。

モジュールの重要な受け手として、若い人たちを中心に、天皇および天皇制についてまったく空白で、一九八八年九月以降のテレビや週刊誌での学習によってフレームをつくっていった人たちがいる。情報産業が九月以降に流した天皇像は、すばらしい天皇、純真で善人で平和主義者の天皇像だった。そういうすばらしい人が死んだのだからという理由で、記帳に行く若い人たちが多かったといえるだろう。

さらに、このフレームが日常的には意識されないにもかかわらず、Xデーに際して浮かび上がってくるケースがある。たとえば、大学を卒業してある会社に勤めていたら、原発と関係する仕事があり、それを引き受けたくないという理由から、結局その会社を辞めた若い男性がいる。その人が天皇の死に際して、一月七日になぜかカメラを持って記帳にきてしまった。結果的に天皇を讃美する動きのなかに自分が組み込まれてしまったことに、あとで気がついて愕然としたという。

天皇制についてまったく空白で、急速に学習をした若い人たちにとっては、自分のなかに係留した天皇制のモジュールについて、それをとらえ返したり、対象化することがかえって困難になる。さまざまな争いに満ちている政治社会のなかにあって、天皇が白無垢の白地で、純真さや善性を体現しているという神話があるために、逆に強い吸引力を発揮する。モジュールのなかの「空虚の中心」をめぐる関係構造が身体に入り込んでいると考えざるをえない。

天皇制の問題、究極的には天皇制をめぐる自発的な服従を解くという問題は、天皇制のモジュールのフレームを縮小させる、ないしは日常意識のなかの天皇制のモジュールをこわすという問題だろうと思われる。モジュールを解体することによって、天皇制の文化装置を逆遠近法の光源の位置から引き下し、商事会社や大学などと並ぶひとつの経営体へとイメージの編成変えをしていくことが重要だろうと思われる。

7 日常意識の問題

天皇制は、このように、モジュールが適合的に入り込むための受容の装置を日常意識のなかに持っていると考えられる。そのために、市民社会は過剰な天皇報道に表層ではシラケながら、深層では天皇制を内面化して、構造的に受け入れてしまうのである。

天皇制的なコーポラティズムをつくっていく日常意識の側の受容装置として、第一に生活保守主義があげられるだろう。

生活保守主義とは、基本的には生活防衛のエゴイズムだといえよう。とりわけ生活防衛のエゴイズムがはっきり出てくるのは住民運動である。生活保守主義と住民運動は表裏の関係にある。

一九八八年二月、大和市の市民九三人が、三宅島に「米空母艦載機の夜間発着訓練場誘致のお願いツアー」なるものを行なった。大和市上空の訓練がうるさいので、三宅島で引き受けてくれ、という主旨である。この「お願いツアー」はいったい住民運動といえるのだろうか。私はこれもなお住民運動といわなくてはなるまいと思う。もとより、生活保守主義と住民エゴイズムがくるところまできたという感じはある。

しかし問題はそれから先にある。利害の調停をお上にお願いするのではなくて、この訓練は三宅島の人たちにとっても迷惑だということを市民レベル、住民レベルで膝をつき合わせて了解していく。そして、現在行なわれている訓練をどうしたらやめさせることができるかというふうに、みずからのエゴを転生させていくというかたちで問題を解決しなければならないだろう。つまり生活保守主義の根には「私」があって、この「私」は現状肯定的に「公」になびく場合と、あくまでも「私」に執し、「私」を転生させていって「私」連合としての「共」を形成する場合もある。

天皇の容体悪化が伝えられたときに、「昭和という自分の生まれ育った時代が終わりになるんだな」と感じた若者が少なからずいる。若者は無意識のうちに「昭和」という時間意識としての天皇制を内面化しており、「昭和」のフレームにアイデンティティの停泊点をおいている。したがって、その時間意識は、現状は変わってほしくない、変わらないだろうという生活保守主義に重なってくる。

日常意識の側の装置として、第二に、組織本位の生産力ナショナリズムがあげられる。これは生産力を増大させて自分のパイの取り分を多くしたい、そのためにはまずパイ自体つまり組織の生産力を大きくする必要があるという考え方といえる。

高度経済成長が一九七三年でひとまず終わって低成長時代が続いた後、現在は情報産業とハイテク産業と開発産業を中心に生産力主義を再編成する時期に入っている。そして、この場合にもやはり同じ組織本位の考え方が働く。パイの分け前を大きくするためにまず組織や国家のパイ自体を大きくする。そういう生産力ナショナリズムが基底にある。自分の属する組織のパイを大きくする→系列組織のパイを大きくする→日本株式会社のパイを大きくするという径路に沿って動いていく。

これを組織同士の関係でいうと、組織の横並びと横倒しということになる。草木もなびいた観のある「自粛」は組織単位で行なわれた。会社の総会で右翼に攻撃されることを避けるといった現実的な理由があり、自粛しても、損益は下請けに転嫁できるという計算があったかもしれない。しかしそれ以上に自粛は、組織の横並びに働いた、強いタブー意識を示している。組織の大政翼賛体質が働いている、と言わざるを得ない。

この組織ナショナリズムの系として、開発や情報化に見られるグローバリズムないし全国志向がある。都市の再開発、ウォーターフロント、リゾート開発などは、全国一斉に行なわれる。現在進行している情報化も、情報ナショナリズムとして表れている。まず最初にネーションワイドに情報網をつくってしまい、そこに自分たちの情報の取り分を見出していくという考え方が当然のこととされている。自分たちの等身大の情報ネットワークを身近なところからつくっていき、それがたまたま全国ネットにつながるという発想があってもいいはずだが、決してそのようにはならないのである。

第三に、「官」とか「上」への自発的服従という心性がある。市民社会の内側で集団間の利害を調整したり、集団内でみずから秩序形成をしていくという考え方はあまりなく、「官」や「上」からの法律や通達、指示などを所与のものとしてそのまま受け入れてしまう意識の構造がある。

しかしながら、党とイデオロギーによる領導を離れて、自らの生活の存否を賭けて立ち上がった住民運動は、否定の強さということにその真骨頂がある。住民は、水俣の漁民がそうであるように、永い時間をかけて「官」や「お上」への拒否を不退転のものにしていった。住民運動がその存在を証明した民衆理性は、天皇制をめぐって無数の批判と抵抗の闘いとして現れた。「官」と「上」への自発的服従の心性は根強く存続しているにせよ、この受け皿には亀裂が走っており、その点が、一九三〇年代と八〇年代との違いを示している。

第四に再分配幻想がある。つまり、価値が天皇の空虚な中心に流れ入って、それが人々に再分配されて出てくる。モノやカネが直接動いて再分配化されるということではないけれども、前に述べたみくに奉仕団の例のように、精神的な次元、価値の次元で言えば、現代においても「大御心」をもって「幸福」と「平和」を民に再分配するという幻想は生きている。天皇がいないと国がまとまらないという意識も、この幻想の一部である。

地方の老人のあいだで記帳に行かないと年金がもらえないという噂話が流れたという。共同体が解体しつつある都市型社会の不安を基盤とする、一つの都市伝説としての再分配幻想と言ってよい。各地方都市に設けられた記帳所は聖なる場に見立てられて、民衆が巡礼がわりに皇居のモジュールである記帳所に行く。こういう構図が生きているとすれば、再分配幻想はかなり広範に、伏流水のようにある、といえるのではないか。これが、若い人たちが無意識のうちに記帳所を訪れてしまうという行為に対しての一つの説明ともなると考えられる。

第五に、エスタブリッシュメントへのヒエラルヒー志向がある。たとえば、女性雑誌『女性セブン』の一九八九年一月五日・一二日合併号の付録に、「目ざすぞ田園調布一丁目」という女の人生ゲームの双六がある。「いい会社めざしてガンバロー」「いい男をキープするのが幸福への近道」「そろそろマイカーが欲しくなってきた」「子どもをいい学校に入れるのは大変」など、いくつかのポイントがある。この「目ざすぞ田園調布一丁目」というゲームは幸福な家庭、幸福な老後を究極の目標にして、逐次的に達成すべき条件を求めて、社会的なステイタス、権力、金、住まい、さらに風俗までも含めてのエスタブリッシュメントへのヒエラルヒー志向を示している。また別の女性雑誌『女性自身』の一九八九年一月二九日号は、「有名一流企業社長、旧華族などのお嬢さんに質問」と題して、「日本全国の名門名家上流階級の令嬢百人面接全調査」を行っている。ここに描かれるエスタブリッシュメントの家族の頂点に「天皇御一家」という家族があることは言うまでもない。

第六には、自発的服従のメカニズム、管理社会の内面支配のメカニズムという問題がある。市民社会の人間関係を管理・被管理関係で編成し直していく場合に、それは人間と人間との直接的な関わりとか生身の関係を希薄にした、抽象的で操作的、したがって抑圧的な関係として現れる。もとよりその背後には国家の物理的な権力装置がつねにあって、それがたとえば、大喪の礼などのできごとに際して強権性をむき出しにする。しかし、日常的にはむしろソフトな管理が行なわれる。ソフトな管理とは、自分が自らすすんで管理という名の支配に服従することであり、その服従する構図自体が内面化されてしまっている「内面支配のメカニズム」の自動機械に身をゆだねることを意味する。

管理社会型の自発的服従を成り立たせる二とおりの政治言語がある。

ひとつは科学技術、経済などの専門用語で、専門用語を神話化してそれを転用すると、対象がいかにも価値中立的に見えてくるというメカニズムが働く。たとえば、「ベトナム戦争に加担する」とはいわないで「ベトナム特需」というと、経済的な中立的なできごととして抵抗なく通用してしまう。

この政治言語は、主として開発をめぐって頻繁に使われており、管理社会での忘却をうながす言葉のひとつである。もうひとつは大和言葉であって、伝統的な言葉のアヤで語る政治言語である。これはシンボルとしては「日の丸」「君が代」などに収斂していく言葉であり、大和言葉によって事態を曖昧化し、曖昧化することで人々を日本民族宗教に無抵抗に拉致してくる機能を持つ政治言語である。

この両方ともじつは天皇制の言葉でもある。つまり、天皇は科学者天皇でありかつ文人天皇でもある。二つの政治言語はそういう象徴性とうまく対応している。前にも述べたように天皇制には時間を無化するはたらきがあり、時間を忘れているという状態ができる。その忘れているという状態を自覚できるときには引き返すことも可能だが、忘れている状態を認識できずに、忘却それ自体をさらに忘れる、つまり忘却という行為が二重になっている場合には、幸福な状態が生まれる。それは小春日和の幸福な状態になる。

この忘却の忘却、二重の忘却という状態は同時に、電子メディアのつくる流れのメディアが、時間を無化し、歴史を忘却させ、身体性を希薄化していくこととつながってくる。天皇の身体は空虚な中心であり、希薄な身体だと先に述べた。逆に、それを市民社会の欲望や自我の投影として見れば、天皇の天皇の身体が希薄だというのは、じつはわれわれの身体が希薄化してコピー化していることでもある。電子メディアを通して身体が非常に間接化されていく。電子メディアそれ自体がそういう構造を持っているために、二重の忘却や空虚な身体という構造が、そのままそっくり情報社会の構造につながっていってしまうことがある。構造的にみて、ますます情報化社会が発展していくと、それにつれて天皇制は最盛期を迎えるということになってしまうのではないか。

8　天皇制による自由の喪失

天皇制のモジュールが日常生活のいたるところに入り込んでいる結果、私たちは魂と精神の自由を見失っている。私たちは、二重の忘却から脱して、生活世界のなかに、自己と他者が共に自由であり、解放されてあることを望む。自由の喪失とは、自分のことを自分で決めることができない状態である。この事実を洗い出しておきたい。

まず、行動と生活における自由の喪失がある。大喪の当日、喪に服さなければならない、歌舞音曲を慎しむべし、自粛・休業で市場が開かないといった自粛の強制がある。大喪の礼前後に運輸省の航空局がテロ防止対策の一環として航空貨物の搭載を郵便物にいたるまで一切認めない。それを「ああ、そうですか」と受け入れてしまうという服従の心性がある。

思想における自由の喪失ということはもっと重要だ。長崎市の市長と明治学院大学はなぜ市民社会のなかで孤立無援だったのか。天皇制批判とか天皇の戦争責任を問うビラを配っていたために、アパートの部屋をガサ入れされたり、デモで逮捕された若者は数知れない。

すべての服従の根底に、魂と精神の自由の喪失ということを見取らなければならない。雑誌『短歌』が、天皇特集の臨時増刊号を組み、その巻頭に歌会始の選者たちの挽歌が載っている。

大君はさやけくありて野の草の名すらただしく歌よみましき　　岡野弘彦

これは最高の歌人天皇への賞讃の言葉である。

現人神人間天皇ふたつながら生きて歴史のなかに入りましぬ　上田三四二

こういう日本の短歌は天皇制から自由ではない。渡辺保が『女形の運命』（岩波現代文庫）で分析したように、伝統芸能の家元制度は天皇制のモジュールにほかならない。

「個人」としての存在の自由の喪失ということがある。私という個人ではなく、国家という擬似種族に包摂される民という発想をする原型は、天皇という空虚な中心そのものにある。こうした非人称的な存在形態がモジュールとしてあるかぎりは、私たちは個人という存在として自由になるわけにはいかない。

昭和天皇に、アメリカによる広島・長崎への原爆投下はやむをえなかったという発言がある。私はこの発言を絶対に許せない。無告の命、小さい命へのやさしさがみじんも感じられないからである。さらに、前田哲男が明らかにしたように、広島・長崎において日本人は被害者であっただけではない。広島・長崎には、それに先行する日本軍の三年余にわたる勅命による重慶政府戦略爆撃という空からの無差別の皆殺し、ホロコーストがあった。それが引き寄せたのが広島・長崎という帰結である。ヒロシマ・ナガサキは被害と加害の両義性を担っている。命への二重の責任が宙にさまよっている。天皇に戦争責任があったかどうかという問題だけではなくて、命へのやさしさを欠く現在の生き方の問題として、天皇の発言を許容し難いのである。

こうしてわれわれの生活、思想、行動、精神、感情にいたるまでを服従に追い込んでいく構造は解体する必要がある。そのためには天皇制のモジュールを日常の具体的な一つ一つの場で引きはがしていく、モジュールを位相移動してしまうという視点が必要だろう。その点では、決してまつろわぬ人びとの視点ということをもう一度考えたい。それは沖縄の視点であり、アジアの視点であり、在日アジア人の視点である。その視線の延長上に、「在日日本人」というアイデンティティのあり方が問われてくるだろう。

さらには、この天皇制が日本民族宗教という名の宗教であるからには、同じ宗教の土俵のなかで四つに組んでモジュールの位相移動をしていく、あるいは解体していくことが一つのポイントになる。私は同じ宗教の位相にある民衆的ミスティク――「民衆的ミスティク」は「民衆的神秘家」と訳されるが、うまくあてはまらない――を重視したい。

「民衆的ミスティク」とは、私の知る限り、林達夫の命名による。林が引き合いに出している民衆的ミスティクは、アッシジの聖フランチェスコである。「ミスティク」はもともと職人、とりわけ渡り職人を意味した。旅芸人として流浪し、清貧と平等の生活の職人であった聖フランチェスコは、まさに民衆的ミスティクであった。日本で民衆的ミスティクの像を結べば、私は、直ちに、親鸞、一遍、良寛、そして出口王仁三郎の名を思い浮かべる。民衆的ミスティクは、命への霊的な感受性を武器に、徒手空拳で日本民族宗教とわたりあい、その虚像を解体し去るに足る力動的機制である。典型的には石牟礼道子や田中正造のような人たちが地域社会のなかで、命の連鎖と共生を紡ぎ直しながら人間の再建を求めていくことのなかに、「生命への極限的感受性」の働きが構造的に現れており、したがってそこにはまぎれもなく民衆的ミスティクという生き方が見て取れる。民衆的ミスティクが天皇制と同じ土俵にあるというのは、一つには天皇自身が生物学者として自然を愛で、短歌にも自然が歌いこまれ、天皇の誕生日は「緑の日」になるように、天皇制が生命系およびエコロジーとの接点を危うく持っているからである。

したがって、天皇制と同じ土俵のなかで切り結んでこそ、肉を切らせて骨を断つ可能性があるのではないか。だからこそ民衆的ミスティクの視点を見定めていきたい。

林達夫は、天皇制とは「何かに対する警戒と恐怖の前もってする一種の予防体制」（林達夫・久野収『思想のドラマトゥルギー』平凡社）であると述べて、この「何か」の方が正統なのだ、という。天皇制を恐怖させるこの「何か」を、林は民衆の「アンダー・カレント」、つまり庶民の「うじゃうじゃしたもの」「モヤモヤしたもの」「イライラしたもの」が沸騰しているフォークロアの世界に見出す。猥雑でしかも透明な、エゴイスティックでしかも他の命にやさしい民衆の「アンダー・カレント」こそ、民衆的ミスティクの停泊点である。そうであるならば、天皇制のモジュールを引き受けてしまう民衆の身体が、両義的に民衆的ミスティクを育む苗床になる、と言える。

天皇制という想像のシステムの鏡像を微塵に打ち砕くのは、生活の職人としての民衆自身を措いてほかにないのだ。そこで再び「うじゃうじゃしたもの」は、市民社会の「私」であることを想起したい。「私」が天皇制の呪縛を解くのは、「私」が他の「私」との相互性のなかに「私」を転生させつつ、「共生」の領域を切りひらき、いのちのネットワーキングへ歩み出すことによってである。

註

序論　現代日本と象徴天皇

1　ＮＨＫ放送世論調査所編『図説　戦後世論史　第二版』（ＮＨＫブックス四〇八）日本放送協会、一九八二年、二一〇頁。
2　同右、一二二頁。
3　ＮＨＫ放送世論調査所『現代日本人の意識構造』（ＮＨＫブックス三四四）日本放送出版協会、一九七九年、一三七～八頁。
4　ＮＨＫ放送文化研究所編『現代日本人の意識構造』日本放送出版協会、二〇〇〇年、一二六～九頁。

1　象徴天皇と政権党

1　伊藤隆監修『佐藤栄作日記　第五巻』朝日新聞社、一九九七年、一〇四頁。
2　『毎日新聞』一九七二年五月十五日夕刊。沖縄の施政権を日本へ返還する方針を決めた日米首脳会議の際、佐藤はここに至る経緯についての感慨を日記に認めているが、その記述を「陛下への報告ができることを悦ぶ」と締めくくっている。また、帰国後、佐藤はこの会議の結果を天皇に報告したが、天皇は「御感一入、次々に御質ねあり。一時間余に互り、次の御予定にもさわるので一時間余できり上げる。御酒、皇后様から御菓子を下賜さる。感激の至り」と記している。『佐藤栄作日記』第三巻、朝日新聞社、一九九八年、一七六、一八〇頁（一九六七年十一月十五日、二十一日の項）。以下、Ⅲ—一七六、一八〇と記す。

3 石川真澄『人物戦後政治』岩波書店、一九九七年、四三～五頁。

4 五十嵐暁郎「近代史の正当性に果たす『純粋性』のあやうさ——明治以後の天皇制の歴史的役割」『朝日ジャーナル』三一巻四号、一九八九年一月二五日。

5 吉田茂『回想一〇年』第四巻、新潮社、一九五八年、七九頁。

6 同右、七二頁。

7 ジョン・ダワー『吉田茂とその時代（上）』ＴＢＳブリタニカ、一九八一年、四八～五〇頁。

8 木戸は天皇にたいして講和条約成立の際に退位することが望ましいと主張した。天皇自身や側近たちも退位を希望していたが、吉田が認めようとしないので実現しなかった。粟屋憲太郎他編『木戸幸一尋問調書』大月書店、五五九～六二頁、および中村政則『戦争史と象徴天皇』岩波書店、一九九二年、一七九～八一頁を参照。

9 The New York Times, October 20, 1945 ; Harold S. Quigley and John E. Turner, *The New Japan : Government and Politics*, University of Minnesota, 1956. ジョン・ダワー『吉田茂とその時代（下）』ＴＢＳブリタニカ、一九八一年、五三頁より再引。

10 ジョン・ダワー、同右、五三～四頁。吉田はまた、「不敬罪」「大逆罪」の廃止に反対し、マッカーサーに書簡を送るなどしたが却下された（高橋紘『陛下、お尋ね申し上げます』文春文庫、一九八八年、一〇八～九頁）。

11 ジョン・ダワー、同右、五四～五頁。

12 岩見隆夫『陛下の御質問』徳間書店、一九九五年、一四～五頁。

13 石川、前掲書、九三頁。

14 「内奏」という言葉は戦後作られた用語である。明治憲法下では閣僚や陸海軍の首脳部が天皇に報告や説明をして「ご裁可」を得るのを「上奏」または「奏上」と呼んでいた。戦後、新憲法の下で天皇は国政への関与を禁じられたが、憲法七条で定められた国事行為（認証や叙勲など十項目）にともない、内閣から認証官や受勲者などに関する説明を天皇に対して行なう必要が出てきた。宮内庁では旧憲法下での「上奏」などの表現を避けて「内奏」（内々に前もって申し上げる意）という言葉を使うことにした。したがって、「内奏」は元来、宮内庁用語である。しかし、実際には、「内奏」が終わった後、閣僚たちは所管事項を天皇に説明することが多かった。天皇にとっては「内奏」は閣僚から所管事項を聞く機会となったのである。こうしたことが一般化したのは講和条約が結ばれた後であった。「内奏」の他にも、首相や外相が海外へ出張する前後に「拝謁」し、挨拶をかねて報告をする場合がある。政府では、宮内庁とは異なり、これら天皇に対するすべての報告を「内奏」と称しており、宮内庁とは用法が異なっている。天皇は政治家と月に三回前後、これらのすべてを含んだ意味での「内奏」を受けていた。この「内奏」は天皇と二人だけで通常三十分間ほど行なわれる。その他にも、天皇の教養を深めるためとして、年間数十回にわたって外務省の調査部長による「国際情勢」や経済問題などの「ご進講」がある（『朝日新聞』一九七三年六月四日）。

15 岩見、前掲書、二〇二頁。

16 同右、五〇頁。

17 それにしても佐藤の「長ばなし」は有名だった。彼は好んで天皇と話し込み、そのために認証式の開始が遅れることもしばしばだった。

18 現在の日本国憲法は、「天皇は、この憲法の定める国事に関する行為のみを行ひ、国政に関する権能を有しない」（第四条）、「天皇又は摂政及び国務大臣、国会議員、裁判官その他の公務員は、この憲法を尊重し擁護する義務を負う」（第九九条）と定めて、天皇と政治家、公務員にたいして天皇の政治への関与を明確に禁じている。

19　戦後、宮内庁側の事情から「内奏」が生まれた事情については注14を参照。

20　『芦田均日記　第二巻』「一九四八年五月一〇日」の項、岩波書店、一九八六年、一〇七頁。同、一四頁も参照。岩見、前掲書、四〇〜一頁。当時、天皇と芦田の緊張した関係の背景にあったのは皇室の民主化問題であった。片山・芦田両内閣は宮中保守派である宮中府長官の松平慶民と侍従長の大金益次郎を更迭しようとしたが、天皇はこの方針に反対して人事はもめた。結局、芦田は天皇の意向に反して、侍従長の後任に三谷隆信（駐仏大使、学習院次長）、続いて宮内府長官の後任に田島道治を閣議決定するが、天皇はなお難色を示した（高橋紘『陛下、お尋ね申し上げます』文春文庫、一九八八年、一〇九頁参照）。芦田は「陛下から色々苦情を申された。私は政府をやめようかと一瞬考えたことがあった位だった」と日記に記している。

21　それから一ヶ月足らずの六月三日、天皇は侍従長を通じて芦田を呼び寄せ、「どうすれば旧来の宮内庁に対する世評を転換しうるか」と尋ね、そのために政府も努力するようにと希望を述べると同時に、「総理は時々参内して食糧事情や経済事情を奏上してもらいたい」と念を押した（『芦田均日記　第二巻』一八四八年六月三日の項、一二二頁）。

22　政治評論化の細川隆元は、天皇との会話をつうじて、「同感の時には、体を乗り出すか、『そう』のところが、『そーう』と長くなる」ということを理解した。「内奏」を行なった大臣たちも同じように経験し理解しただろう（岩見、前掲書、三七〜八頁）。

23　岩見、前掲書、三四頁。

24　同右、七六〜七頁。

25　同右。

26　『芦田均日記　第二巻』「一九四八年三月一〇日」の項、七二頁。岩見、前掲書、三八〜四〇頁参照。

27　伊藤隆・渡辺行男編『続　重光葵手記』中央公論社、一九八八年、七三二頁。岩見、前掲書、一九〜二一頁。

28 『朝日新聞』一九九一年一〇月二四日。中村政則『戦後史と象徴天皇』岩波書店、一九九二年、二〇七頁。
29 岩見、前掲書、一八四、一九八頁。
30 同右、二八、四六頁参照。
31 『朝日新聞』一九七三年五月二七日。岩見、前掲書、八〇頁参照。
32 『朝日新聞』一九七三年五月三〇日は、増原問題に対して野党四党は当初、公式な論評を避けるなど、「最初から異常なほど慎重に扱ってきた」と報じている。
33 『朝日新聞』一九七三年五月三一日。
34 『朝日新聞』一九七三年五月三〇日。
35 『朝日新聞』一九七三年六月七日。
36 同右。
37 その後、「内奏」が憲法問題にふれた例としては、前述の、重光による「内奏」の折に天皇が政府の方針に異を唱えたことを記した『続　重光葵日記』が出版された直後の一九八八年五月二六日の参議院決算委員会で、社会党の一井淳治がこの問題をとりあげたことがある。一井は、「天皇のこのような高度な政治的発言は好ましくない。現在の内奏でもそのようなことはあるのか」と追求した。しかし、政府の答弁は「内奏は、旧憲法と違い、象徴として一般的な教養を高める一つの手段として行なわれている。政治的発言はないはずだ」というものであった。そして、議論はそこで終った。
38 E・O・ライシャワー『日本への自叙伝』日本放送出版協会、一九八二年。
39 岩見、前掲書、五八〜九頁。
40 『読売新聞』一九八九年一月一二日。
41 岩見、前掲書、二〇四頁。

42　宮内庁編『道　天皇陛下御即位十年記念記録集』日本放送出版協会、一九九九年、三頁。平成の天皇は、同年八月四日の記者会見では、「憲法に定められた天皇の在り方を念頭に置き、天皇の務めを果たしていきたいと思っております」と述べるとともに、「現代にふさわしい皇室の在り方を求めて行きたいと思っております」と、現代日本社会の変化に適応した皇室の態度を模索しようとしていることを言明している（同書、九頁）。翌年、一九九〇年一一月一二日の即位の礼でも、同じ趣旨の言葉を繰り返して述べているが、このときは「皆さんとともに」の一節が削除された。これは、朝見の儀の際に、「天皇は憲法九九条で公務員と同様に憲法の尊重、擁護義務があるが、一般国民は主権者として憲法の改正ができる立場にあり、その意味でこの一節は不適当である」という一部の疑問に応えたものであった（『朝日新聞』一九九〇年一一月一二日夕刊）。

43　『朝日新聞』一九九〇年九月二一日、『毎日新聞』同年、一一月一二日。

44　『朝日新聞』一九九〇年一一月一三日。

45　宮内庁編、前掲書、一二頁。

46　『日本経済新聞』一九九九年一一月一二日。

47　元駐日米国大使のマイク・マンスフールドは、軽井沢で避暑中の皇太子時代の天皇に会い、「米国や欧州、そして外交政策のことなど様々なこと」を質問され、それに対して答えた。天皇は自分の考えは一度も口にしなかったが、マンスフィールドは「いろいろな新しい情報をお知りになりたいのだなあ」と、「深く印象に残った」と記している（マンスフィールド「わたしの履歴書」『日本経済新聞』一九九九年九月二一日）。

48　宮内庁編、前掲書、「御日程録」参照。

2　胸に一物

1　外務省編『日本外交年表竝主要文書』下、原書房、一九六五年、六二六〜七頁。なお、「条件つき降伏説」を簡潔に紹介するものとして、粟屋憲太郎「日本敗戦は条件つき降伏か」『日本近代史の虚像と実像4』大月書店、一八九八年、一二一～三四頁があげられる。

2　日高六郎『戦後思想を考える』岩波書店、一九八〇年、一～一四頁。または、竹前栄治『占領戦後史』岩波書店、一九九二年、九四～一六九頁。

3　高見順『敗戦日記』文春文庫、一九九一年、二九六頁。ところが、四日後に、「東洋経済新報が没収になった。これでいくらか先日の『恥ずかしさ』が帳消しの感あり。アメリカが我々に与えてくれた『言論の自由』は、アメリカに対しては通用しないということもわかった」(同右、二九八頁)。

4　粟屋憲太郎編『資料　日本現代史2　敗戦直後の政治と社会①』大月書店、一九八〇年、三三四～四三頁。

5　横田喜三郎『戦争犯罪論』有斐閣、一九四七年、二二三～九頁。昭和天皇の戦争責任に関する横田の見解は『天皇制』労働文化社、一九四九年、二六八～七五頁に述べられている。

6　『朝日新聞』一九四八年六月一三日。

7　吉田裕『昭和天皇の終戦史』岩波書店、一九九三年、八七～九〇頁。高橋紘『象徴天皇』岩波書店、一九八七年。『戦後日本思想体系5　国家の思想』筑摩書房、一九六九年、二七五～八一頁。

8　田中伸尚『ドキュメント昭和天皇』第八巻、緑風出版、一九九三年、八～二〇頁。

9　加藤周一「天皇制を論ず」『加藤周一著作集8』平凡社、一九七九年、九三頁。

10　河原敏明『天皇裕仁の昭和史』文春文庫、一九八九年、四五四頁。

11　児玉誉士夫・丸山邦男「天皇と政治」『創』一九七四年八・九・一〇月号。丸山邦男『天皇観の戦後史』白川書院、一九七五年、三〇九頁所収。

12　児玉誉士夫「わたくしの内なる天皇」『政論』一九七五年五月号、八五頁。

13　丸山眞男『思想』一九五六年三月号。『戦中と戦後の間』みすず書房、一九七六年、五九七～六〇二頁に採録されている。

14 岡見正雄・赤松俊秀編『日本古典文学大系86 愚管抄』岩波書店、一九六七年、三四八頁。

15 藤原基経に対する親房および山陽の賛美論は、『神皇正統記』と『日本政記』に見られる。岩佐正也編『日本古典文学大系87 神皇正統記・増鏡』岩波書店、一九六五年、一二二～三頁。ならびに、植手通有編『日本思想大系49 頼山陽』岩波書店、一九七七年、一五五～六頁。

16 加藤英明『天皇家の戦い』新潮文庫、一九八三年、二三一～二頁。

17 河内正臣『天皇と原爆』呉、天皇の真実を知る会、一九八九年、七頁。

18 歴史学（特に近・現代史）研究における規範の諸問題については、「『輔弼』をめぐる論争――家永三郎・長井和往復書簡」『立命館文学』五二一号、一九九一年六月、九二九～八七頁。

19 奥野誠亮「それでも信念は変わらない」『諸君』一九八八年七月号、二七～三三頁。伊藤達美「奥野問題を理解するために」『諸君』同前、三四～四一頁。

20 阿川弘之他「昭和時代の終焉」『中央公論』一九八九年三月号、五六頁。

〈補注〉

専門家によるアカデミックな研究の動向を概括・整理したものとして、つぎの文献を参照されたい。赤沢史郎「象徴天皇制の形成と戦争責任」『歴史評論』三一五号、一九七六年七月号、四〇～五四頁。荒敬「東京裁判・戦争責任論の源流」『歴史評論』四〇八号、一九八四年四月号、二一～二二頁。吉田裕「一五年戦争史研究と戦争責任問題」『一橋論叢』九七巻、二号、一九八七年二月、一九六～二一五頁。吉田裕「日本人の一五年戦争観と戦争責任問題」、赤澤史郎「戦争責任論の展望」、内海愛子「日本の戦争責任とアジア」、滝澤民夫「戦争責任問題と歴史教育」、荒井信一・平田哲男「歴史家の戦争責任をめぐって」、いずれも『歴史評論』四六〇号、一九八八年八月号、二～一五、一六～二五、四〇～五〇、五一～六四、七八～九三頁。岡部牧夫「明治憲法と昭和天皇」

『歴史評論』四七四号、一九八九年一〇月、一〇～二三頁。吉田裕「占領期における戦争責任論」『一橋論叢』一〇五巻二号、一九九一年二月、一二一～三八頁。小林直樹「戦後日本の主権論（上）」『国家学会雑誌』一〇四巻九・一〇号、一九九一年一〇月、一～七九頁。吉見義明「占領期日本の民衆意識——戦争責任論をめぐって」『思想』八一一号、一九九二年一月号、七三～九九頁。

21 「昭和時代の終焉」『中央公論』一九八九年三月号、五四頁。

22 五味川純平『「神話」の崩壊』文春文庫、一九九一年、二六九頁。

23 渡辺清『私の天皇観』辺境社、一九八一年、二六七頁。

24 いわゆる天皇制下の「国民家畜論」については、正木ひろし・里見岸雄「天皇大論争」『日本週報』三三〇号、一九五五年三月一五日、三～四頁。正木ひろし『近きより5　帝国日本崩壊』社会思想社文庫、一九九一年、二八八～三〇九頁。

25 渡辺清『砕かれた神』朝日新聞社、一九八三年、三三頁。

26 『朝日新聞』一九九四年一一月二六日。

27 たとえば、家永三郎『太平洋戦争』第二版、岩波書店、一九八六年、一一一、一四五頁。

28 村上兵衛「天皇の戦争責任」『中央公論』一九五六年六月号。吉本隆明編『戦後日本思想体系5　国家の思想』筑摩書房、一九六九年に再録、三一〇～三頁。

29 鈴木正幸『皇室制度』岩波書店、一九九三年、一八五～六頁。

30 井上清『天皇の戦争責任』岩波書店、一九九一年、二二五～七頁。吉田裕「天皇の戦争責任」『天皇の昭和史』新日本出版、一九八四年、四五～六頁。

31 田中伸尚「昭和天皇は立憲君主で平和主義だったか」藤原彰他編『日本近代史の虚像と実像』大月書店、一九八九年、二九六頁。家永三郎『戦争責任』岩波書店、一九八五年、四三～五頁。

32 宮地正人「政治史における天皇の機能」歴史学研究会編『天皇と天皇制を考える』青木書店、一九八六年、八四頁。黒羽清隆『十五年戦争史序説』下、三省堂、一九八四年、二五八〜三一〇頁。

33 詳細な分析は、軍事史の専門家、山田朗『昭和天皇の戦争指導』昭和出版、一九九〇年。

34 家永三郎『戦争責任』二三〇〜三頁。

35 正木ひろし『近きより5　帝国日本崩壊』三〇〇頁。

36 家永三郎・日高六郎「歴史と責任」『現代と思想』三〇号、一九七七年一二月、一三〜五頁。家永三郎『戦争責任』三四九〜五一頁。

37 渡辺清『私の天皇観』二六六頁。

38 丸山眞男「戦争責任の盲点」『戦中と戦後の間』六〇〇頁。

39 神田文人『昭和の歴史8　占領と民主主義』小学館文庫、一九八九年、二一〇頁。

40 渡辺清『砕かれた神』八〇頁。

41 家永三郎「東京教育大学文学部での最終講演——歴史学と法律学の接点」『戦争と責任』中央大学出版部、一九七九年、六三〜一〇〇頁。

42 内海愛子『朝鮮人〈皇軍〉兵士達の戦争』岩波書店、一九九一年、四一頁。内海『朝鮮人ＡＢＣ級戦犯の記録』勁草書房、一九八二年。

43 家永三郎・日高六郎「歴史と責任」一三頁。

44 村上兵衛「天皇の戦争責任」二二頁。

45 「ブラジルの小野田寛郎、日本国無責任を語る」『朝日ジャーナル』一九七五年一〇月三日号。

46 正木ひろし・里見岸雄「天皇大論争」三〜四頁。また、ねずまさしも、正木の革命説を肯定的に引用している。ねず『天皇と昭和史』下、三一書房、一九七六年、二六〇、三五〇〜三頁。

47 神田文人『昭和の歴史8　占領と民主主義』一〇二頁。
48 中野重治『中野重治全集』第十五巻、筑摩書房、一九六一年、三一四頁。
49 横田耕一『憲法と天皇制』岩波書店、一九九〇年、三一四頁。
50 石母田正他編『現代の発見第四巻　現代の天皇制』春秋社、一九六三年、七九頁。
51 園部裕之「『天皇制美化に反対し、思想・良心・信教の自由と民主主義を守る二・一一集会』参加記」『歴史学研究』六〇六号、一九九〇年五月、三九頁。
52 林健太郎他「大帝ヒロヒトの時代」『文藝春秋』一九八五年三月号、一〇九頁。
53 江藤淳「天皇と鈴木善幸」『政論』一九八二年八月号、三七〜八頁。
54 奥野誠亮「侵略発言、どこが悪い!?」『文藝春秋』一九八八年七月号、一一五頁。
55 石母田正他編『現代の発見第四巻　現代の天皇制』六六頁。
56 『赤旗』九一年九月一六日付。
57 渡部昇一「天皇制にツバする共産党の『民主主義』」『正論』一九八九年四月号、九六頁。
58 榎原猛「当今『天皇制論争』を糺す」『正論』一九八八年一二月号、八八頁。
59 杉森久英「日本民族の心象としての天皇」『知識』一九八九年三月号、五八頁。
60 小堀桂一郎「苦悩する神」『正論』一九八九年三月号、六三頁。
61 入江通雅「天皇に戦争責任なし」『知識』一九八八年一二月号、九五頁。
62 杉森久英「日本民族の心象としての天皇」五八頁。
63 同前。
64 小堀桂一郎「今上天皇論（上）」『正論』一九八六年六月号、三三一〜四〇頁。林健太郎「戦争責任とは何か」『文藝春秋』一九八九年三月特集号、二六四頁。

65 大原康男「あらためて『天皇の戦争責任』とは何か」『正論』一九八九年四月号、一〇七頁。
66 阿川弘之他「昭和時代の終焉」『中央公論』一九八九年三月号、五三頁。
67 林健太郎『昭和史と私』文藝春秋社、一九九二年、一九三頁。なお林が共産主義から離れる諸要因や心境については、同書、一八八〜九〇頁。
68 林健太郎・村松剛「英明だった昭和の天皇」『正論』一九八九年三月号、四九頁。
69 たとえば、伊藤隆は、一九八九年三月号の『中央公論』誌上に、「私はこの言葉を好みません」との発言をした。伊藤はまた、一九九二年二月一六日付の『朝日新聞』で坂本一登『伊藤博文と明治国家形成』を書評して、「分析に当たって著者は、敢《あえ》て『天皇制』という言葉を使用しなかったのは見識であろう」との評価を下している。
70 渡部昇一『日本史から見た日本人・昭和篇』祥伝社、一九八九年。
71 村松剛「『偉大なる父』の退場」『諸君』一九八九年三月号、一五五〜六頁。阿川弘之他「昭和時代の終焉」『中央公論』一九八九年三月号、五二〜三頁。竹山道雄「天皇制について」『新潮』一九六三年四月号、一七六頁。
72 一九四四年三月一四日付『益世報』(重慶)の「社説」。山極晃・中村政則編『資料日本占領1 天皇制』大月書店、一九九〇年、三二七頁。
73 たとえば、中村菊男『天皇制ファシズム論』原書房、一九六七年。吉本隆明編『戦後日本思想体系5 国家の思想』二二四〜四九頁。また、加瀬英明は、旧西ドイツでの体験をこう述べている。「ナチス・ドイツと日本が同じだったと比較されるのは心外ですね。同じように戦争責任について謝らなければならない、そういう発言をされると、まったく心外でどこで勘違いなさっているのか、と驚くんですけどね」(「外から見た『天皇教』」『文藝春秋』一九八九年三月特別号、四〇五頁)。

74 林健太郎「戦争責任とは何か」『文藝春秋』一九八九年三月特別号、二六三頁。児島襄『天皇と戦争責任』文春文庫、一九九一年、一一二頁。

75 鈴木正幸『皇室制度』岩波書店、一九九三年、一八四頁。

76 たとえば、竹山道雄『竹山道雄著作集1 昭和の精神史』福武書店、一九八三年、三九〜四〇頁。なお、昭和天皇自身もそのように証言した。「昭和天皇の独白八時間」『文藝春秋』一九九〇年一二月号、一〇四頁。

77 半藤一利、児島襄、伊藤隆、および三浦朱門らの見解。「『独白録』を徹底研究する」『文藝春秋』一九九一年一月号、一四二〜四頁。三浦朱門・山本七平「『万世一系』の歴史心理」『中央公論』一九八九年三月号、七七頁。それに対して、秦郁彦は、天皇を「陸海軍の総司令官」とみなす。秦「『天皇の戦争責任』をどう見るか」『正論』一九八九年四月号、一二二頁。

78 『朝日新聞』一九八七年一〇月九日。

79 『朝日新聞』一九八九年一月七日。

80 たとえば、一九六四年六月号の「マッカーサー戦記・虚構と真実」『文藝春秋』で、疑問が最初に提出された。最近の批判的検討として、豊下楢彦「天皇は何を語ったか」『世界』一九九〇年二月号、二三二〜五一頁。豊下楢彦「『空白』の戦後史」『世界』一九九〇年三月号、一〇五〜一七頁。松尾尊允「昭和天皇・マッカーサー元帥第一回会見」『京都大学文学部研究紀要』二九号、一九九〇年三月、三七〜九四頁。松尾尊允「象徴天皇制の成立についての覚書」『思想』七九二号、一九九〇年四月号。

81 林健太郎「共産党の天皇批判を批判する」『文藝春秋』一九八八年一二月号、一〇二頁。林健太郎「戦争責任とは何か」『文藝春秋』一九八九年三月特集号、二六四頁。

82 たとえば、清瀬一郎『秘録・東京裁判』中公文庫、一九八六年、三六頁。

83 清瀬一郎『秘録・東京裁判』四一〜八、五二〜八頁。

84　林健太郎「解説」『竹山道雄著作集1　昭和の精神史』三一八頁。なお、一九八三年の執筆当時、林は一九五五年に書かれた竹山の著書について、「この（二十八年）間に現れた史料、文献の類は実に夥しいものがあるが、しかも今日においてこの研究は少しも価値を失っていないばかりか、その正しさがますます確かめられている」と評価した。
85　竹山道雄「天皇制について」『新潮』一九六三年四月号、一六九頁。
86　入江為年編『入江相政日記』第五巻、朝日新聞社、一九九一年、二七頁。
87　江藤淳「天皇と鈴木善幸」『正論』一九八二年八月号、三八頁。
88　『週刊現代』一九七三年八月二日号。家永三郎『歴史のなかの憲法』下巻、東京大学出版会、一九七七年、七三八頁より再引。
89　渡辺治『日本国憲法「改正」史』日本評論社、一九八七年、三七八〜八二頁。
90　同前、三八一頁。
91　山口朝雄「この時期、天皇制批判を強める共産党の事情」『正論』一九八八年一二月号、一〇七頁。
92　富岡賢治高等学校課長による。『朝日新聞』一九九二年五月二二日。
93　林健太郎・村松剛「英明だった昭和の天皇」『正論』一九八九年三月号、五四頁。
94　阿川弘之他「昭和時代の終焉」『中央公論』一九八九年三月号、六〇〜一頁。
95　「『放言大臣』大いに吠える」『文藝春秋』一九八六年一〇月号、一二八頁。
96　『朝日新聞』一九八九年二月二四日。
97　『朝日新聞』一九八九年一月九日。
98　高橋紘『陛下、お尋ね申し上げます』文春文庫、一九八八年、二一一〜二頁。
99　同前、二五五頁。

100 児島襄『天皇と戦争責任』文春文庫、一九九一年、一一六頁。
101 石井威望他「昭和という時代」『正論』一九八九年三月号、一四七頁。
102 大江志乃夫・伊藤隆「歴史的『責任』の所在」『朝日ジャーナル』一九八九年一月二日特集号、四九頁。
103 同前。
104 同前。
105 犬丸義一「象徴天皇成立史ノート」『季刊科学と思想』七一号、一九八九年一月、より再引。
106 「中曽根首相の『天皇論』衆院予算委(六十一年三月八日)の論戦から」『正論』一九八六年六月号、五八〜九頁。
107 横田耕一「憲法と天皇制」二二九〜三〇頁。
108 本居宣長『玉くしげ』大久保正編『本居宣長全集』第八巻、筑摩書房、一九七二年、三二一〜二頁。
109 田中伸尚『ドキュメント昭和天皇第8巻　象徴』緑風出版、一九九三年、一六二頁より再引用された。
110 吉田松陰『講孟餘話』山口県教育会編『吉田松陰全集』第三巻、岩波書店、一九三九年、一八〜九頁。
111 同前、二〇頁。
112 児島襄『天皇と戦争責任』一一五頁。
113 竹山道雄「天皇制について」『新潮』一九六三年四月号、一七〇頁。
114 同前、一七八頁。
115 同前、一七六頁。
116 堀景山『不盡言』滝山誠一編『日本経済叢書』日本経済叢書刊行会、一九一五年、三一五〜六頁。
117 同前、三一六頁。
118 杉山久英「日本民族の心象としての天皇」『知識』一九九一年三月号、五三、五五頁。

119 堀景山『不盡言』三一六～七頁。
120 榎原猛「当今『天皇制論議』を糺す」『正論』一九八八年一二月号、八八頁。
121 小堀桂一郎「苦悩する神」『正論』一九八九年三月号、六一頁。
122 同前。
123 同前。
124 林健太郎「日本共産党の天皇批判を批判する」『文藝春秋』一九八八年一二月号、九四頁。
125 渡辺治『戦後政治史の中の天皇』青木書店、一九九〇年、四〇頁。
126 同前、四〇頁。
127 山口朝雄「この時期、天皇制批判を強める共産党の事情」『正論』一九八八年一二月号、一〇四頁。
128 阿川弘之他「昭和時代の終焉」『中央公論』一九八九年三月号、五六頁。
129 竹山道雄「天皇制について」一七七頁。
130 「中曽根首相の『天皇論』衆院予算委（六十一年三月八日）の論戦から」五八頁。
131 清瀬一郎『秘録・東京裁判』七七頁。
132 児島襄『天皇と戦争責任』二六頁。
133 同前、二七頁。
134 同前、一一六頁。
135 同前、五七頁。
136 この議論に対して、ジャーナリスト本多勝一は、「かりに戦後、マッカーサーが何らかの方法で天皇を処罰しても、それに対して日本人はあんまり反抗しなかったんじゃないか。みんなが行く方向へなびく、というのが本性であって、むしろ強固な天皇制というのは幻想じゃないか」と深い疑念をいだいている（大西巨人他「現代史をつかみとる難しさ」『朝日ジャーナル』一九八四年一〇月号、二二頁）。

137 小堀桂一郎「大嘗祭と日本の國民性」『日本及日本人』一六〇〇号、一九九〇年一一月号、三四頁。

138 上野裕久「国民意識にみる天皇像」『法学セミナー』一九八五年五月号、六三頁に引用されている。

139 林健太郎「大帝ヒロヒトの時代」『文藝春秋』一九八五年三月号、一〇六〜七頁。

140 児島襄『日中戦争5』文春文庫、一九八八年、四一七頁。

141 『朝日新聞』一九九三年一月二六日。

142 児島襄『日中戦争5』四二二頁。

143 阿川弘之他「昭和時代の終焉」『中央公論』一九八九年三月号、五九頁。

144 大江忍・伊藤隆「歴史的『責任』の所在」『朝日ジャーナル』一九八九年一月二五日号、四八頁。

145 同前、四四頁。

146 同前、四五頁。

147 阿川弘之他「昭和時代の終焉」五九頁。

148 同前。

149 同前。

150 長尾龍一「解説」清瀬一郎『秘録・東京裁判』中公文庫、一九八六年、二七八〜九頁。長尾自身の東京裁判観について、長尾「文明は裁いたのか裁かれたのか」『中央公論』一九七五年八月号、七三〜八五頁。

151 林健太郎『歴史からの警告』中央公論社、一九九五年、一〇三頁。

3　天皇制文化の復活と民族派の運動

エピグラフ　土方美雄「二・一一式典への首相出席をめぐる動向」「新地平」一九八五年四月号、一一頁。「〃骨抜き式典〟に抗した『第八回紀元節奉祝式典』」『ゼンボウ』一九九二年四月号、六六頁。

1　Carol Gluck, "The Past in the Present," 85. 所収は *Post War Japan as History*, ed. Andrew Gordon (University of California Press, 1993), 64-95.（邦訳はゴードン『歴史としての戦後日本』中村政則監訳、みすず書房、二〇〇一年）

2　一方でわれわれは、かつてのファシズム運動が民主体制下の政治権力を合法的手段によって獲得したこと、そしてそれは繰り返される可能性があることを思い起こすべきだろう。同時に私は、この章で取り上げた多くの団体のイデオロギーが、まさにファシズムの定義にぴったり当てはまると思っているわけではない点も、強調しておく。

3　ユルゲン・ハバーマスは、公共性に関する研究で、次のように書いている。「市民社会の公共性が成り立つか否かは、普遍的アクセスの原則が機能するかどうかによる。特定の団体がもともと排除される公共性は、単に不完全なだけではなく、そもそも公共性ではないのである」(Jürgen Habermas, *The Structual Transformation of the Public Sphere*, Trans. Thomas Burger, MIT Press, 1989, 85. 邦訳はハバーマス『公共性の構造転換』細谷貞雄、山田正行訳、未来社、一九九四年)。どの学者もこの「市民社会」の定義に賛成するとは限らないが、紀元節復活運動や元号法制化運動の活動的団体の多くは、国家と個人の間の公共空間に位置する媒介グループだったことは間違いない。

4　一九四八年の世論調査では回答者の八一パーセント以上が、この祝日の存続を支持していたし、この祝日が再制定される六六年以前の途中の年でも、復活支持の割合はわずかしか下がっていない。建国記念の日を制定する法案が国会を通過する直前に行なわれた政府による世論調査でも、この法案への支持は七一パーセントにのぼっている。紀元節奉祝会『紀元節奉祝会小史』九一頁を参照。唯一、変化が見られたのは、祝日を二月十一日にするかという問いで支持率が低下したことである。これは歴史家などがこの日に紀元節を祝うことに疑問を呈したためである。

5　たとえば、復活をめぐる論戦のさなか、一九五八年に歴史家や教師が出版した評論集、歴史教育者協議会『紀元節——日本の祝祭日　Ⅰ』淡路書房新社、一九五八年を参照。

6　神社本庁研修所『神社本庁史稿』一九八九年、ならびに Mark Teeuwen, "Jinja Honcho and Shrine Shinto Policy," *Japan Forum 8.2* (1996), 177–88. を参照。公刊、未公刊を含め、神社本庁の政治活動に光を当てる、多くの資料を提供していただいた神社本庁の杉谷正男氏に感謝する。

7　神社本庁時局対策本部『伝統回帰への潮流——元号法制化運動の成果』一九七九年、五頁。神社界の代表たちは、彼らが本当に求めているのは再び国から財政的援助を受けることではないかと問う人々に即反論している。自分たちが求めているのは、国とのかつての公的な関係を回復することであり、単なる財政援助ではないと主張する。

8　Woodard, *The Allied Occupation of Japan, 1945–1952*, 193.

9　神社界に関連する婦人団体の傘下にある組織。

10　田中卓「高松忠清宮司を偲ぶ」「すみのえ」一九七五年三～四月号、五～一六頁。

11　組織の一覧については、紀元節奉祝会『紀元節奉祝会小史』一六～七頁を参照。

12　日本郷友連盟は戦前の帝国在郷軍人会の戦後版組織と考えてよいが、戦前は在郷軍人会の影響力ははるかに強大だった。一九五六年に設立された日本郷友連盟は、戦友会の後継組織で、六四年には会員が一五〇万人いた。この年の動きについて、評論家の村上兵衛は、郷友連の本部も重要だが、地方レベルの支部の影響力も無視できないと書いている(「再軍備を支える〝郷友連〟」『エコノミスト』別冊、一九六四年四月十日号)。

13　「生長の家」は谷口雅春により一九三〇年に設立された。八〇年に会員数は三〇〇万人を数えている。

14　「紀元節復活問題年譜」『歴史評論』一九五八年二月号、七二頁に引用。

15　紀元節奉祝会『紀元節奉祝会小史』一二頁。
16　神社新報社政教研究室『近代神社神道史』神社新報社、一九八六年、三〇四頁。この本では、この年五〇万人以上の署名が集まったとされている。
17　『朝日新聞』一九五四年一月三日。
18　この記事は、若林義孝の『国民の祝日として「建国記念日」(紀元節)を新しく制定することの意義について』(建国記念日〔紀元節〕制定促進会総本部、一九五三年十一月二一日)という小冊子に基づいているようだ。一九頁の「国民運動を通じて建国記念日を確立する」という章で、若林は国が率先してこの祝日を制定することは期待できないと強調し、国民がこの祝日を選ぶなら、政府がそれについてくるだろう、と記している。
19　「仰ぐきょうこそ楽しけれ」『週刊朝日』一九六七年、一月二十日号、一九頁。初代市長として好川は市のシンボルを金鵄とすることを後押しした。
20　「『建国の日』をつくる人々」『週刊新潮』一九五七年、一月二一日号、二二頁。
21　『橿原市議会会議録』第五号、一九五六年、十二月二一～二七日。好川市長は十二月二一日、議会での所信表明演説で、自分の意図を説明している。
22　高速道路の計画については、鈴木良ほか編『奈良県の百年』山川出版社、一九八五年、二九九～三〇九頁を参照。
23　一九五七年から建国記念の日が制定される六六年まで、毎年、大和行列は奈良県の新聞『大和タイムス』(現『奈良新聞』)の売り物だった。同紙は大和行列を大きく取り上げ、紀元節復活運動には一貫して好意的だった。
24　古代日本の伝説的英雄で、その功績は『古事記』や『日本書紀』に描かれている。
25　「仰ぐきょうこそ楽しけれ」一九頁。紀元節踊りについては「大会社も足並み揃えて紀元節」『日本週報』一九六〇年二月五日号、三二頁を参照。

26 ハーバード大学のアルバート・クレイグ教授がこの類比を私に示唆してくれた。
27 二〇〇〇年七月二一日に私と話した際、西野は「軽くする」という言葉を使って、ミス紀元節を含めたことがこの祝日の意義を「made light（軽くした）」と思うと話した。
28 「仰ぐきょうこそ楽しけれ」二〇頁。
29 同、一六頁。戦前から戦中にかけ、学校は国が天皇制イデオロギーを住民に吹き込む重要な場所の一つだった。国の管理する学校の行事は、一九四七年の紀元節の中止によって終了した。
30 『朝日新聞』一九五六年二月一二日。
31 この質問が行なわれたのは一九五六年二月十四日の衆議院文教委員会においてである。質問の原文は、歴史教育者協議会『紀元節――日本の祝祭日 I』淡路書房新社、一九五八年、二一七～二〇頁を参照。
32 たとえば『読売新聞』一九五九年二月十日を参照。
33 「大会社も足並み揃えて紀元節」二九頁。
34 同、二九～三〇頁。
35 同、三一頁。
36 たとえば宮崎県と奈良県にある商工会議所などのような全国に地方支部のある団体は、紀元節復活運動に積極的だった。
37 元防衛庁長官の木村篤太郎が、紀元節奉祝会の会長となった。この会を引き継いだのが「建国記念の日奉祝運営委員会」で、現在も建国記念の日に祝典を主催している。
38 紀元節奉祝会『紀元節奉祝会小史』三三～四頁。
39 同、四九頁。
40 同、五七頁。一九九〇年、皇紀二千六百五十年の紀元節祝典では、別の青年グループがこの偉業を繰り返した。「神話のふるさとから東京へ」『ゼンボウ』一九九〇年四月号。
41 紀元節奉祝会『紀元節奉祝会小史』四〇頁。
42 日本文化研究会『神武天皇紀元論』立花書房、一九五八年。
43 三笠宮崇仁「紀元節についての私の信念」『文藝春秋』一九五九年一月号。一九五六年から、すでに三笠宮が紀元節の復活に強い異論を持っていたというくだりがある。
44 建国記念の日が制定されてからも、三笠宮はこの祝日に異論を持ち続けた。歴史家、色川大吉との一九七四年の対談で、三笠宮はこの祝日を実証的根拠のない二月十一日に定めたことを自分は最も懸念していると強調している。三笠宮崇仁・色川大吉「帝王と墓と民衆」『潮』一九七四年三月号、八〇頁を参照。
45 『宮崎今日』一九六三年二月十一日、十二日。相川は東京帝国大学法学部を卒業している。
46 紀元節奉祝会『紀元節奉祝会小史』五〇頁。
47 委員会の名前は「奈良県紀元節奉祝会設立準備委員会」。
48 紀元節奉祝会『紀元節奉祝会小史』五一頁。
49 同、六一〜三頁。
50 同、七四頁。
51 同、七〇〜二頁。
52 同、六九頁。
53 「紀元節神奈川方式」『サンデー毎日』一九六五年一月二四日号、一二三頁。内山は当時の首相、佐藤栄作の派閥に属する自民党議員だった。
54 同、一二二頁。
55 「読者は論争する」『朝日ジャーナル』一九六五年二月二一日号、一三頁。

56 「建国記念の日をお祝いしましょう」『理想世界』一九六五年二月十日号。
57 紀元節奉祝会『紀元節奉祝会小史』八四頁。
58 『熊本日日新聞』一九六五年二月十一日朝刊。
59 『宮崎今日』一九六六年二月十二日。「大和［民族の］魂」という言い方は、敗戦前、日本人独自の精神的特質を論じるときに広く用いられていた。
60 北海道大学の高見教授が一九九五年初めにこの話をしてくれた。
61 『神社新報』一九六六年二月二六日号。
62 紀元節奉祝会『紀元節奉祝会小史』九七頁。
63 内閣総理大臣官房審議室『建国記念の日に関する公聴会速記録』七二頁。
64 同、六頁。
65 同、七頁。
66 同、一三頁。
67 同、五八〜六二頁。
68 同、一〇一〜四頁。
69 同、一〇〇頁。
70 同、一一六頁。
71 同、三一頁。
72 同、五五頁。
73 同、五六頁。
74 同、二六頁。

75 同、二六～三〇頁。
76 同、四一～六頁。
77 建国記念日審議会『建国記念の日に関する世論調査』三頁。回答者の中では一二・五パーセントの人が「どの日でもいい」と答えている。
78 「仰ぐきょうこそ楽しけれ」一六頁。
79 同、二一頁。
80 紀元節奉祝会『紀元節奉祝会小史』一三四頁。
81 石川真澄「国会議員アンケート」『朝日ジャーナル』一九七六年八月十三～二十日号、一〇九～一〇頁。
82 有田芳生「建国記念の日・奉祝派の亀裂」『朝日ジャーナル』一九八七年二月二七日号。
83 「〝骨抜き式典〟に抗した『第八回紀元節奉祝式典』」六六頁。
84 五島は当時、日本商工会議所会頭を務めていた。
85 土方美雄「二・一一式典への首相出席をめぐる動向」一一頁。
86 中曽根は一九八五年三月十一日の参議院予算委員会で、社会党議員の質問に答えて、この点を明らかにしている。同、一二頁参照。
87 なぜ純粋派がこの小休止を必要としたかについては「建国記念の日奉祝の初心に返り独自式典開催へ」『祖国と青年』一九八八年二月号を参照。『祖国と青年』は右派の日本青年会議の機関誌。
88 「二・一一――ふたつの建国式典」『祖国と青年』一九八八年三月号。
89 Titus, "Accessing the World," 83.
90 Walter Edwards, "Contested Access : The Imperial Tombs in the Postwar Period," *Journal of Japanese Studies* *26.2* (Summer 2000), 371—92.

91 「〝骨抜き式典〟に抗した『第八回紀元節奉祝式典』」六六頁。
92 「『建国記念の日』反対・不承認運動の25年」『歴史評論』一九九二年二月号。
93 草の根の支持運動は目立っていたので、学者やジャーナリストの中には、これを戦後日本における新たな現象ととらえ、右派大衆運動と位置づける者もいた。歴史家の宮地正人は、「戦後天皇制の特質」『歴史評論』一九八〇年八月号、三三頁で、一九七〇年代には「右翼的な動きが擬似大衆運動的色彩をおびはじめた」と記している。歴史家の渡辺治は『戦後政治史の中の天皇制』青木書店、一九九〇年、三三九～五〇頁で、元号法制化獲得に向けての動きは大衆運動ではあったが、右派から草の根の支持を受けたという意味では新しい現象だったと理解した。こうした運動は一九七〇年代に大きく広がったが、その歴史は占領期直後に遡る。
94 檀君と檀君神話について、とりわけ近代の朝鮮で民族主義者がこの神話をどのように利用したかについては、Hyung Il Pai, *Constructing "Korean" Origins: A Critical Review of Archeology, Historiography and Racial Myth in Korean State-Formation Theories* (Harvard University Asia Center). を参照。韓国が檀君神話をいかに利用したかを明らかにできたのは、ブリティッシュ・コロンビア大学のパイ博士とドン・ベーカーのおかげである。
95 この年の後半、田中は最高裁長官に任命された。
96 参議院事務局「第七回国会参議院文部委員会会議録」六号、一頁。一九五〇年の元号制論議については、赤沢史朗「一九五〇年の元号論議」『歴史評論』三四五号、一九七九年一月号も参照した。
97 参議院事務局「第七回国会参議院文部委員会会議録」第七号、一頁。
98 同八号、四頁。
99 同、五頁。
100 神社本庁事務局対策本部『伝統回帰への潮流』一八～九頁。
101 『東京新聞』一九五〇年三月一日。『朝日新聞』が行った世論調査では、回答者の二五パーセントが西暦の採用を支持しているものの、四七パーセントがこれに反対している(『朝日新聞』一九五〇年三月二日)。

102 津田左右吉「元号の問題について」『中央公論』一九五〇年七月号。津田は参議院文部委員会が元号制に関する審議を行なった際、二月の証言でこの論文に記した考え方の多くをすでに表明していた。

103 同、七四頁。

104 「不敬罪復活問題の内幕」『週刊新潮』一九六一年一一月二七日号。

105 『毎日新聞』一九六一年二月六日。

106 日本遺族会の創設は一九四七年に遡る(当初の名称は「日本遺族厚生連盟」)。この年、昭和天皇は創設者に会い、すぐさま遺族会と宮中との連携が確立された。遺族会は戦後日本では最も大きな影響力を持つ圧力団体の一つで、八五年でも一〇四万の家庭に年金が支払われていた(この数は戦争関係者自体が死亡するにつれて少なくなっている)。田中伸尚・田中宏・波田永実は、『遺族と戦後』岩波書店、一九九五年で、この団体内でも遺族自身(遺族のすべてが日本遺族会に入っているわけではない)の内部でも、多様な見解があることを記録している。

107 たとえば国立国会図書館調査立法考査局『靖国神社問題資料集』一九七六年、三〇三〜一一頁を参照。

108 神社新報社政教研究室『近代神社神道史』神社新報社、一九七六年、三三八頁。

109 当時用いられていた暦によれば、明治維新が起きたのは旧暦九月八日。後に明治政府が採用した太陽暦によればこれは十月二三日に当たる。

110 神社本庁事務局対策本部『伝統回帰への潮流』二〇〜四頁。

111 『朝日新聞』一九六八年一月十七日。

112 政府主催行事の決定過程については、内閣総理大臣官房「明治百年記念に関する政府の行事・事業等について」『時の法令』六一九号、一九六七年、十月三日を参照。明治百年記念事業への世論については内閣総理大臣官房「明治百年に関する世論調査について」『時の法令』六五一号、一九六八年八月二三日を参照。

113　この現象についての分析は Aurelia George, "The Comparative Study of Interest Groups in Japan : An Institutional Framework," Australia-Japan Research Centre Research Paper #95, Dec. 1982. を参照。

114　内閣総理大臣官房審議室『元号法制定の記録』一九八〇年、一三六頁。

115　例えば日本青年協議会のような右派団体の出版物は、天皇在位五十年式典を「運動」としてとらえている。いくつかの右派団体の広報機関は、数多くの青年が在位五十年式典に参加したことを強調し、同じく多くの人が元号法制化運動に加わったと述べている。たとえば日本青年協議会『燃えあがれ元号法制化運動の炎――元号法制化運動記録集』一九七七年、二頁を参照。

116　一九七五年に神社本庁が発行したパンフレット『元号制度の確立を目指して』神社本庁時局対策本部、一九七五年は、最初にこう述べている。「本年、神社本庁は昭和が五十年を迎えたことを喜んでいる。天皇在位五十年を記念する式典に伴い、われわれは現在、各団体（この団体とは神社本庁の関係団体である国家神道青年協議会などである）との連係を図り、元号法制化を勝ち取ろうとしている」。

117　神社本庁事務局対策本部『伝統回帰への潮流』三三頁。

118　主要式典や、政府主催の記念行事についてさらに知るためには、内閣総理大臣官房『天皇陛下在位五十年記念式典記録』一九七七年を参照。

119　「日本讃歌」『理想世界』一九七七年二月号を参照。

120　神社本庁事務局対策本部『伝統回帰への潮流』四一頁。

121　この大会に参加した団体のリストは、日本青年協議会『燃えあがれ元号法制化運動の炎』六頁を参照。

122　日本青年協議会『平成時代の新しい国づくり』一九九〇年、一頁。私が現場の調査を終えた後、日本青年協議会についての追加資料を集めてくれた北海道大学の古矢旬教授、ボストン大学のフランチスカ・セラフィム教授に感謝する。
123　神社本庁事務局対策本部『伝統回帰への潮流』四二頁に引用。
124　同、一二頁。
125　つまり請願書はA宅に渡され、今度はそれがB宅以下に回される格好になる。
126　請願書を回覧する方法の特色の一つは、戸主だけが意見の表明を求められているだけで、それ以外の家族は署名のチャンスがないことである。
127　「現地ルポ、伊万里市議会議決への歩み」日本青年協議会『燃えあがれ元号法制化運動の炎』一九〜二一頁に所収。
128　日本青年協議会『燃えあがれ元号法制化運動の炎』二四頁。
129　この数字は一九七八年の神社本庁内部資料に基づく。神社本庁は、どの県と市町村が決議を採択し、次に目標とするのはどこかをたどるために、常にこの図表と地図を更新していた。
130　『地方議会決議実現の方法』一九七八年、神社本庁から提供。
131　内閣総理大臣（中曽根）官房審議室『元号法制定の記録』一七五〜六頁。
132　団体一覧については前掲書を参照。日本の大半の右派団体に加え、このリストには婦人団体や青年団体、さらには経済界団体や組合までが含まれている。
133　神社本庁事務局対策本部『伝統回帰への潮流』四九頁。
134　内閣総理大臣官房審議室『元号法制定の記録』一七五〜六頁。
135　たとえば一九七八年八月二十日の『産経新聞』に掲載された「元号法制化の声は全国に広がっています！」という広告を参照。このころまでに、四三の地方議会が決議を採択していた。
136　第二次キャラバンの活動の詳細については「元号第二次キャラバン、北へ駆ける」『祖国と青年』一九七八年二月号を参照。
137 神社本庁事務局対策本部『伝統回帰への潮流』五〇頁。
138 『朝日新聞』一九七八年八月十八日。
139 『元号新聞』一九七八年十月十七日。
140 これまでの世論調査では元号制の継続を支持する声が強かったが、制度の法的整備を支持するまでには達していなかった。
141 宮地正人「戦後天皇制の現段階」『歴史評論』一九八〇年二月号は、この章を準備するにあたってはとりわけ有益だった。一九五〇年の論争について記した赤沢史朗の評論とともに宮地の評論を読むことを勧めたい。元号法をめぐる国会関係資料をコピーしてくださった宮地教授に感謝する。
142 青木保『「日本文化論」の変容』中央公論社、一九九〇年、八一〜一二五頁。
143 衆議院事務局『第八七回国会衆議院会議録』第一五号、四頁。
144 同、三頁。
145 同、四頁。
146 同、五頁。
147 同。
148 一九九〇年代の後半、中野は新たに結成された民主党の幹部となって登場した。
149 衆議院事務局『第八七回国会衆議院会議録』第一五号、四頁および八〜九頁。
150 同、一〇頁。
151 同、一一頁。
152 富野市長は、一九九二年に私が逗子シティホールで教育実習生として働いているときに、自分の政策を説明してくれ、また逗子方式について九九年三月十一日のEメールで教えてくれた。富野市長の論議の多い政策については私の論考"Mr. Tomino Goes to City Hall : Grass-Roots Democracy in Zushi City, Japan"・（所収は *The Other Japan : Conflict, Compromise, and Resistance Since 1945*, ed. Joe Moore, M. E. Sharpe, 1997.）を参照。

153 キリスト教連盟と戦後の米国における政治的右派の歴史についてはSara Diamond, *Roads to Dominion : Right-Wing Movement and Political Power in the United States*, Guilford Press, 1995. を参照。

154 二〇〇〇年六月二十日の非公式の対談で、龍谷大学で地域政策を担当している富野暉一郎教授のゼミの学生六人は、建国記念の日は何を祝うのかと尋ねられて、大間違いの答えを出した。ある学生はこれは日本が米国から独立を回復した日だと話した。科学的なサンプルではないけれども、これは建国記念の日が何であるかを説明できる日本人がいかに少ないかを示唆している。

訳注（一四九頁） 元号法は以下の通り。①元号は、政令で定める。②元号は、皇位の継承があった場合に限り改める。

5 戦後日米関係と「天皇外交」

1 進藤榮一「分割された領土」（『世界』一九七九年四月号）。
2 豊下楢彦『安保条約の成立』（岩波書店、一九九六年）。
3 三浦陽一『吉田茂とサンフランシスコ講和（上、下）』（大月書店、一九九六年）。
4 G・デイビス、J・ロバーツ（森山尚美訳）『軍隊なき占領』（新潮社、一九九六年）。
5 『朝日新聞』二〇〇二年八月五日。豊下楢彦「昭和天皇・マッカーサー会見を検証する（上、下）」（『論座』二〇〇二年一〇月号、一一月号）。松井明の手記については、朝日新聞社の石田祐樹記者にご教示いただいた。記して謝意を表したい。

6　外務省が公開した「平和条約の締結に関する調書」には、天皇への「内奏」資料が含まれている。この調書は、講和・安保両条約締結に深く関わった西村熊雄外務省条約局長（当時）がまとめたものである。その分量は全七巻・三〇〇〇頁にのぼる。この調書の存在は一部の研究者の間では知られており、既に研究でも利用されていたが、外務省が公式に公開したことで改めて注目されるようになった。この調書の内容や意義については、菅英輝、坂元一哉、田中明彦、豊下楢彦「吉田外交を見直す」（座談会）（『論座』二〇〇二年一月号）を参照のこと。

7　豊下、前掲書、二〇九頁及び二二一頁。

8　植村秀樹『自衛隊は誰のものか』（講談社、二〇〇二年）三七頁。

9　前掲「吉田外交を見直す」一〇八頁。

10　伊藤隆監修『佐藤栄作日記』全六巻（朝日新聞社、一九九七〜九九年）、『入江相政日記』全六巻（朝日新聞社、一九九〇〜九一年）。晩年の昭和天皇に仕えた卜部亮吾侍従の『昭和天皇最後の側近卜部亮吾侍従日記』全五巻（朝日新聞社、二〇〇七年）も刊行が始まった。平野貞夫『昭和天皇の「極秘指令」』（講談社、二〇〇四年）は、昭和天皇が核拡散防止条約の批准を前尾繁三郎衆議院議長に働きかけたエピソードを紹介している。

11　升味準之輔『昭和天皇とその時代』（山川出版社、一九九八年）、後藤致人『昭和天皇と近現代日本』（吉川弘文館、二〇〇三年）、高橋紘『象徴天皇と皇室』（小学館、二〇〇〇年）、岩見隆夫『陛下の御質問』（文藝春秋、二〇〇五年）。

12　その史料の一部は、『朝日新聞』二〇〇五年六月一日、*International Herald Tribune/The Asahi Shimbun*, 2005. 6. 17. で紹介された。また、「この国の座標　一　天皇外交」、「この国の座標　一九　自主外交」共同通信配信、二〇〇五年五月二三日及び六月二八日も参照のこと。

13　この史料は、中北教授にご提供いただいた。記して謝意を表したい。『朝日新聞』二〇〇五年六月一日。

14　豊下の研究や「松井手記」からは、占領期から昭和天皇がソ連や共産主義の脅威をかなり強く感じていたことが伺える。例えば松井手記には、一九四九年一一月の第九回天皇・マッカーサー会見で、天皇が「ソ連による共産主義思想の浸透と朝鮮に対する侵略等がありますと国民が甚だしく動揺するが如（ごと）き事態となることをおそれます」と発言したことが記されている。また一九五〇年四月の第一〇回のマッカーサーとの会談では、天皇は「日本共産党は国際情勢の推移に従い巧みにソ連のプロパガンダを国内に流して国民の不満をかきたてようとしているように見受けられます」と述べたという（豊下、前掲書、二二三頁。『朝日新聞』二〇〇二年八月五日）。

15　この時期の米軍削減論については、拙稿「ＭＳＡ交渉と再軍備問題」（豊下楢彦編『安保条約の論理』柏書房、一九九九年）参照のこと。

16　日ソ国交回復については、田中孝彦『日ソ国交回復の史的研究』（有斐閣、一九九三年）を参照のこと。

17　鳩山政権期の防衛支出金交渉については、中村起一郎「防衛問題と政党政治」（日本政治学会編『年報政治学』一九九八年）がある。

18　重光訪米については、坂元一哉『日米同盟の絆』（有斐閣、二〇〇一年）第三章に詳しい。

19　伊藤隆・渡辺行男編『続　重光葵手記』（中央公論社、一九八八年）七三二頁。

20　坂元、前掲書、一六二―一六三頁。

21　同前、一六二―一六七頁。

22　Tokyo to Secretary of State, 1956. 2. 18, RG59, Records of the US Department of State, Central Foreign Policy Files 1955–1959, Box2577, National Archives II, College Park, MD（hereafter, NA）.

23　Memorandum of Conversation, 1956. 2. 28, *Confidential U. S. State Department Special Files Japan 1947–1956 Lot Files*, microfilm, reel. 33.

24　『朝日新聞』二〇〇二年八月五日。

25　同前。

26　Embassy to Department of State, 1958. 10. 22, RG 84, Records of the Foreign Post Service of the US Department of State, Japan, Tokyo Embassy, 1956–58, Box 54, NA.

27　アイゼンハワー政権期についての基本的文献としては、Chester J. Pach, Jr., & Elmo Richardson, ***The Presidency of Dwight D. Eisenhower***（1991, University Press of Kansas）などがある。

28　『沖縄タイムス』二〇〇一年八月一九日。ただし、日本本土から撤退した米軍の一部が沖縄と韓国に移駐したことは留意されるべきである。

29　この時期の米軍基地をめぐる代表的な問題として、一九五七年一月に発生したジラード事件がある。これは、群馬県相馬ケ原演習場で、米兵ジラードが薬莢拾いの日本人女性を故意に射殺した事件である。事件の凶悪さに加えて、ジラードの裁判権をめぐって日米が対立したこともあり、米軍基地に対する反感が非常に高まった。また、当時、東京では米軍基地拡張に地域住民が強く反発、激しい反対闘争を繰り広げていた（砂川闘争）。ジラード事件と砂川闘争については、明田川融『日米行政協定の政治史』（法政大学出版局、一九九九年）などを参照のこと。

30　ケネディ政権期についての基本的文献としては、James N. Giglio, ***The Presidency of John F. Kennedy***（1991, University Press of Kansas）などがある。

31　COMUSJAPAN to Felt, 1962. 10. 31, RG 84, Records of the Foreign Post Service of the US Department of State, Japan, Tokyo Embassy, 1962, Box 85, NA.

32　Reischauer to Department of State, 1962. 11. 1, RG 84, Records of the Foreign Post Service of the US Department of State, Japan, Tokyo Embassy, 1962, Box 85, NA.

33 ウォルター・ラフィーバー（久保文明ほか訳）『アメリカの時代』（芦書房、一九九二年）三二二頁。

34 Embassy to Department of State, 1962. 11. 21, *Confidential U. S. State Department Central Files, JAPAN 1960–January 1963, Internal and Foreign Affairs*, microfilm, reel. 9.

35 伊藤隆監修『佐藤栄作日記』第二巻（朝日新聞社、一九九八年）三〇九頁。植村、前掲書、一一一頁。

36 「佐藤総理・ジョンソン大統領会談録（第二回会談）」一九六七年一一月一四日（『楠田實日記』中央公論新社、二〇〇一年、七六六—一六七頁）。佐藤晋「佐藤政権期のアジア政策」（波多野澄雄編『池田・佐藤政権期の日本外交』ミネルヴァ書房、二〇〇四年）一四五頁。

37 沖縄返還については、河野康子『沖縄返還をめぐる政治と外交』（東京大学出版会、一九九四年）、我部政明『沖縄返還とは何だったのか』（日本放送出版協会、二〇〇〇年）や宮里政玄『日米関係と沖縄 一九四五—一九七二』（岩波書店、二〇〇一年）などを参照のこと。

38 『日本経済新聞』一九七二年五月一九日。黒田勝弘・畑好秀編『昭和天皇語録』（講談社、二〇〇四年）三一一—三一二頁。

39 ニクソン政権に関する基本的文献としては、Melvin Small, *The Presidency of Richard Nixon*（1999, University Press of Kansas）などがある。

40 孫崎亨『日本外交 現場からの証言』（中央公論社、一九九三年）二四頁。

41 Tokyo to Secretary of State, 1972. 3. 2, RG59, Records of the US Department of State, Subject–Numeric Files, 1970–73, Box 2405, NA.

42 *Ibid.*

43 Embassy to Secretary of State, 1971. 2. 23, RG59, Records of the US Department of State, Subject–Numeric Files, 1970–73, Box 2401, NA.

44 田中明彦『安全保障』（読売新聞社、一九九七年）二三七頁。

45 Embassy to Secretary of State, 1971. 2. 23, op. cit.

46 天皇訪米については、高橋、前掲書、第一章参照のこと。

47 Embassy to Secretary of State, 1971. 2. 23, op. cit.

48 Eliot to Kissinger, 1971. 5. 14, RG59, Records of the US Department of State, Subject–Numeric Files, 1970–73, Box 2401, NA.

49 高橋、前掲書、七七頁。

50 伊藤隆監修『佐藤栄作日記』第四巻（朝日新聞社、一九九七年）、四九五頁。

51 Johnson to Nixon, Memorandum for the President, "Meetings with Sato", 1971. 12. 29, Nixon Material, NSC, VIP Visit, box. 925, NA.

52 高橋、前掲書、七六頁。

53 岩見、前掲書、九九頁。

54 『朝日新聞』一九七五年一〇月三日。高橋、前掲書、七六―七八頁。

55 岩見、前掲書、九九頁。

56 Memorandum from Henry A. Kissinger, 1975. 10. 1, ***Japan and the United States : Diplomatic, Security and Economic Relations, 1960–1976*** (***hereafter, Japan and the United States***), National Security Archives, microfiche, sheet no. 307.

57 Ingersoll to the President, no date, ***Japan and the United States,*** sheet no. 305.

58 Memorandum from Henry A. Kissinger, 1975. 10. 1, op. cit.

59 岩見、前掲書、七六―七七頁。

60　同前、七八―七九頁。
61　同前、八九頁。
62　同前、七六―七七頁。
63　同前、七八―七九頁。
64　John L. Gaddis, *We Now Know: Rethinking Cold War History* (1997, Oxford University Press, New York), p. 280.
65　日本の防衛政策に昭和天皇が関心を持っていたことを示すエピソードとして、以下のものがある。まず、一九五一年、リッジウェイとの会談で、天皇は「もちろん国が独立した以上、その防衛を考えるのは当然の責務であります。問題はいつの時点でいかなる形で実行するかと言うことになると思います」と述べている（『朝日新聞』二〇〇二年八月五日）。また一九七三年五月の増原恵吉防衛庁長官による「内奏」の際、天皇は「近隣諸国に比べ自衛隊がそんなに大きいとは思えない。国会でなぜ問題になっているのか」と質問し、「防衛問題はむずかしいだろうが、国の守りは大事なので、旧軍の悪いところは真似せず、いいところを取入れてしっかりやってほしい」と述べた（『朝日新聞』一九七三年五月二八日。渡辺治『戦後政治の中の天皇制』青木書店、一九九〇年、二七三―二七五頁。なお、増原が「内奏」の内容を明らかにしたことに社会党などは天皇の政治利用だと強く反発、増原は辞任に追い込まれた）。
〔本稿は、「知られざる日米安保体制の〝守護者〟――昭和天皇と冷戦――」（『世界』岩波書店、二〇〇六年八月号）に加筆・修正を施したものである。また本稿は、科学研究費補助金・若手研究（B）による研究成果の一部である。〕

6　昭和天皇の短歌は国民に何を伝えたか

1　太平洋戦争後の皇族を扱ったものに限っても以下のような論考が見受けられる。①坂本孝治郎『象徴天皇制へのパフォーマンス』山川出版社、一九八九年、②T・フジタニ『天皇のページェント――近代日本の歴史民族誌から』日本放送出版協会、一九九四年、③加藤典洋『「天皇崩御」の図像学』平凡社、二〇〇一年、④北原恵「正月新聞に見る〝天皇ご一家〟像の形成と表象」『現代思想』二〇〇一年五月。

2 『日本経済新聞』（夕）一九九九年一月四日。

3 『日本経済新聞』（夕）二〇〇〇年一月一四日。

4 『日本経済新聞』（夕）二〇〇二年一月一五日。

5 毎年、一月中旬の歌会始開催日の一般夕刊紙に、皇族、召人、選者、入選者の作品が発表になる。一つの題にもとづいて詠まれた短歌群であるが、歌われている内容がさまざまである。とくに、主たる皇族、天皇・皇后、皇太子・皇太子妃間のテーマはほとんど重なることがない。

6 原武史「天皇在位十年の式典を見て」『朝日新聞』（夕）一九九九年一一月一六日。

7 片山貞美「ふたりの戦中派」『短歌年鑑一九七九年版』一九七八年一二月。

8 拙著「選者になりたい歌人たち」『ポトナム』一九九二年一二月。「岡井隆歌会始選者就任関係書誌」『書誌調査一九九五』一九九五年一一月。二点とも『現代短歌と天皇制』風媒社、二〇〇一年に収録。

9 早野英彦「短歌時評」『桜狩』二〇〇四年一月。なお、永田が編集発行人の「『塔』創刊五〇周年記念号」（二〇〇四年四月）の「塔短歌会年表」には、同人の種々の賞の受賞、受賞歌集の記述、どういうわけか、歴代の日本人ノーベル賞受賞者の記述があっても、彼が「歌会始選者」に就任した記述は見当らない。一方、歌会始選者発表の新聞記事には某学会会長の肩書が付されている。新聞のエッセイや〝ひと〟欄の類でも「歌会始選者」は略歴に出たり出なかったりという具合でメディアの読者を考慮して情報を使い分けている、という見方もできよう。

10 『現代日本朝日人物事典』朝日新聞社、一九九〇年、三五七頁。

11　岡井隆「歌会始の選者として」『短歌往来』一九九三年二月、三五頁。
12　「アンケート・歌会始は誰のものか」『短歌研究』一九五九年三月。
13　岡井隆「非情の魅力について」『現代歌人』一九六〇年五月、四七～八頁。
14　前掲、岡井「歌会始の選者として」三五頁。
15　鶴見俊輔編『共同研究転向』上巻、平凡社、一九五九年。
16　『短歌往来』一九九九年一月、三九頁。
17　「〈日の丸・君が代〉問題所感」『短歌往来』二〇〇〇年六月、巻頭言。
18　『朝日新聞』一九九八年一二月二五日。
19　岡野弘彦「若き短歌よ、宇宙にはばたけ」『短歌年鑑（平成一一年版）』二〇頁。
20　前田芳彦「今上天皇の〝おほみうた〟をめぐって」『短歌』一九八九年一月臨時増刊、二八〇頁。
21　長沢美津インタビュー「きわめたきことのありて心ときめく」『〔同時代〕としての女性短歌』河出書房、一九九二年、二三三頁。椿芳子「女性の短歌に見る〈紀元二千六百年〉」『銃後史ノート』六号（復刊三号）、一九八二年四月、一一六頁。
22　たとえば、二〇〇三年の募集要項によれば、①第一八回国民文化祭やまがた二〇〇三「文芸祭」短歌大会「小・中・高校生の部」、②第九回与謝野晶子短歌文学賞「青春の歌」（対象中学生以上大学院生）、③平成一五年度NHK全国短歌大会「ジュニアの部」、④第二四回全日本短歌大会（日本歌人クラブ）「学生の部」など。
23　斎藤史・樋谷秀昭「歌・歴史・人生」『新潮』一九九八年一月、三九八頁（『原型』斎藤史追悼号、二〇〇三年四月再録）「天皇訪韓は実現するか」『選択』一九九八年四月、一二一頁。
24　岡井隆「このしたたかな同時代の人　斎藤史全歌集解題」『斎藤史全歌集一九二三―一九九三』大和書房、一九九七年、九二六頁。

25 『朝日新聞』二〇〇三年七月八日。
26 拙著『現代短歌と天皇制』二二五頁。
27 拙著「勲章が欲しい歌人たち一～二」『風景』二〇〇二年九月～一一月。
28 ①副島廣之『御製に仰ぐ昭和天皇』善本社、一九九五年、②鈴木正男『昭和天皇のおほみうた　御製に仰ぐご生涯』展転社、一九九五年、③田所泉『昭和天皇の和歌』創樹社、一九九七年。
29 岡野弘彦「昭和天皇の歌風」『おほうなばら』読売新聞社、一九九〇年、三一六、三二三、三二六頁。
30 加藤克巳「天皇のお歌」『短歌』一九八九年一月臨時増刊、一二〇頁。前掲注（28）の①『御製に仰ぐ昭和天皇』には諸家による「御歌風」として折口信夫、木俣修、夜久正雄らの記述が紹介されている（三七～八頁）。
31 高橋紘『陛下、お尋ね申し上げます』文春文庫、一九八八年、四五頁。
32 新聞社によって、元旦の記事に短歌を載せるか否か、何首載せるかは異なり、新聞によっても時代によって推移している。
33 前掲、岡野「昭和天皇の歌風」三一六頁。「山形県民の歌」『山形県大百科事典』山形放送編刊、一九八三年、二七四頁。
34 田所泉『昭和天皇の和歌』創樹社、一九九七年、一一八～二八頁。
35 吉田裕「ロング書評『天皇の戦争責任』」『季刊運動〈経験〉』二〇〇一年五月、六一～七〇頁に、昭和天皇の戦争責任論の系譜が整理されている。とくに吉田は、橋爪大三郎の「昭和天皇は、明治憲法下の立憲君主制の枠内で、内閣や統帥部の輔弼のもとにしか行動できないから」という天皇擁護論は、基本的な先行研究や各種新資料公開に伴う研究の進展を無視するものとする。後藤到人『昭和天皇と近現代日本』吉川弘文館　二〇〇三年、一四七、一五〇頁。
36 前掲、後藤『昭和天皇と近現代日本』一一三、一四九～五〇頁。後藤は、昭和天皇の「宮中グループ」の中での位置づけには変容があり、とくに太平洋戦争下は「天皇親政」が強化されながらも、側近の木戸幸一は一貫して天皇の相対化を目指していたとする。

37 坂本孝治郎『象徴天皇制へのパフォーマンス』山川出版社、一九八九年、六六頁。

38 拙著『現代短歌と天皇制』一〇七〜八頁。たとえば、⑦の鑑賞にあたって、徳川義寛の「十六年九月六日の御前会議に、前日からのご準備になった明治天皇の御製〈四海兄弟〉(明治三十七年)(「よもの海みなはらからと思ふ世になど波風のたちさわぐらむ」)をお示しになって、戦争をできる限り避けるようにお望みになった」「しかし時勢は陛下のお気持とは逆の方向に進み、十二月一日には内閣と統帥部との一致した結論として陛下も開戦をやむを得ないとなさった」(「おほうなばら解題」前掲『おほうなばら』三三二頁)という解釈が定着していくのだろう。

39 木下道雄「側近日誌」『文藝春秋』一九八九年四月、二九五頁。これら四首の作品の存在が明らかになったのは、木下の旧著『宮中見聞録』新小説社、一九六八年であった。拙著『現代短歌と天皇制』九〇頁。

40 同「側近日誌」二九八頁。

41 「平和と苦難へ　畏き大御心、三条(公輝)御歌所長謹話」『朝日新聞』一九四五年一〇月二三日。

42 ジョン・ダワー(三浦陽一ほか訳)『敗北を抱きしめて』下巻、岩波書店、二〇〇一年、六六頁。「招待を受けた一般人は、宮中に参集した歌人に自分の歌を提出して批評してもらい、そして最高の評価をもらった作品が、その年の初めに天皇や貴顕の人々の作品とならんで出版されるのである」とあるが、「批評」や「出版」の事実はない。「新聞」への掲載を指すのだろうか。

43 『日本経済新聞』二〇〇二年二月五日、『朝日新聞』(夕)二〇〇二年二月五日など。「首相施政方針演説、識者はこう聞いた」『朝日新聞』二〇〇二年二月五日参照。

44 当時の新聞には貞明皇太后の短歌として発表されており、宮内庁へ作者を問合せたところ、「貞明皇太后の作品です」とだけの回答を得た。『朝日新聞』一九四六年一月二三日。田所泉「プロパガンダとしての『御製』」『インテリジェンス』四号、二〇〇四年五月、九三頁。

45 前掲、坂本『象徴天皇制へのパフォーマンス』一三三～四頁。

46 占領直後の天皇制、昭和天皇退位問題の経緯について、古関彰一「退位に揺れた天皇」『別冊歴史読本・激動の中の天皇像』一九八八年一二月、坂本孝治郎『象徴天皇制へのパフォーマンス』山川出版社、一九八九年、高橋紘『象徴天皇と皇室』小学館、二〇〇〇年、武田清子『天皇観の相剋』岩波書店、二〇〇一年、竹前栄治『占領戦後史』岩波書店、二〇〇二年などを参考にした。

47 拙著『現代短歌と天皇制』九四頁、『入江相政日記』朝日新聞社、一九九〇～九一年、一九四八年一一月三日の項。

48 「天皇の御歌が雑誌に」『朝日新聞』一九四九年一一月二六日。

49 歌会始について、中野重治の敗戦後まもなくの発言に、「短歌について」『短歌研究』一九四六年一一月、三五頁があり、政治的手段として天皇の短歌に言及する。また、『改造』発表に関連して「天皇制その銭金の面」『中野重治全集』一五巻、筑摩書房、一九七七年（初出、新日本文学会編『反天皇制』亜紀書房、一九七五年）、「うわ面で見て――御歌所風改良のこと」『中野重治全集』一五巻、筑摩書房、一九七七年（初出、『朝日新聞』一九七五年五月一八日）。

なお、当時の反響としては、一九五〇年から歌会始の選者となった釈迢空がつぎのように述べている点に着目したい。選者全員が民間歌人になったことから、歌会始詠進歌には「旧派の文体」によるものがほとんど見出されず、「天子様の御歌」が「明らかに変つて来てゐる」ことは『改造』の七首にも感じた（「詠進歌の新風」『東京日日新聞』一九五〇年二月二日、三日）、と述べている。

50 「歌界記事」『短歌研究』一九四九年四月、一〇四頁。英訳については同誌、七七頁参照。やや遡って、占領軍の検閲資料によれば「検閲の通らぬゲラに寄り来しがひくくもの言ひ人離れゆく（渡辺於兎男）」（『人民短歌』一九四八年七月。ちなみに英訳は「The men were present gathered around the galley that had been suppressed by censorship, and they dispensed again whispering in low voice.」）が削除の対象になっている。

51　占領軍の検閲資料であるプランゲ文庫により『短歌研究』四月号分を確認してみると、やはり「検閲言及」に該当するとなっている。英文調書によれば、発行が四月一日、提出が四月一五日、調査が四月二一日とあり、筆者の手元にある現物は、四月一三日の受入印が押されている都下のある学校図書館の廃棄雑誌である。すでに事後検閲に移行した時期であったのか、飯岡作品は削除されていない。英文調書のMAGAZINE EXAMINATIONには、必ずExaminerの欄に日本人名のサインがあり、TABLE OF CONTENTSには、Brieferの欄に日本人名のサインがされている。それをチェックした日本人名のサインが欄外に記入されていることもある。

52　鹿児島寿蔵「歌会始陪聴の記」『短歌研究』一九五〇年四月。

53　「宮城」⇩「皇居」（一九四八年七月一日）、「天長節」⇩「天皇誕生日」（一九四九年四月二九日）、「勅語」⇩「お言葉」（一九五〇年七月一三日）。

54　「（一〇月三〇日）両陛下公式記者会見の内容」『朝日新聞』一九七五年一一月一日。一九七五年訪米の際、ホワイトハウスでのスピーチの中の「私が深く悲しみとするあの不幸な戦争」という発言の真意を問うた記者への回答であった。

55　前掲、田所『昭和天皇の和歌』九九頁。

56　前掲、田所『昭和天皇の和歌』九七頁。

57　原武史は前掲『大正天皇』において、大正末期、皇太子を摂政に就かせることによって「天皇は自らの意思に反して、牧野をはじめとする宮内官僚によって強制的に〈押し込め〉られた」とする（二五一頁）。昭和天皇の短歌において、父大正天皇に言及がないのは「大正」を抹殺と忘却のかなたに押しやって、栄光の「明治」と

「昭和」を強調する政治的意図にも合致する。

58　この発言に続き「従来、歌人が解釈する領域に留まっていた和歌を、昭和史や歴史の中の視点で読みこなしていくというのも大事じゃないかなというのが、私の考えなんです。御製を読んで天皇の心中をはかっていくことの危険性もたしかにあります」とある。原武史・保阪正康『対論昭和天皇』文芸春秋、二〇〇四年、五二頁。

59　拙著「天皇の短歌は国民に何を伝えようとするのか――平成期の皇室ファミリーからのメッセージ」『短歌往来』二〇〇四年二月、同「天皇の短歌の政策補完性――環境・福祉・防災政策の貧弱さは超えられない」『風景』二〇〇四年三月、同「天皇の短歌は国民に何を伝えるのか――沖縄・平和への願いは届くのか」『風景』二〇〇四年五月。これらの拙著にふれる「大波小波・天皇家の短歌(庶民)」『東京新聞』二〇〇四年三月三日(夕)を参照。

〔本文・注をふくめ、二〇〇〇年一二月脱稿後、二〇〇四年一月大幅に書直し、二〇〇四年一一月若干加筆した。〕

あとがき

本書に収められた論文の多くは、「象徴天皇制研究会」を母体としている。この研究会は、一二年ほど前から毎月一回ほど東京池袋の立教大学の会議室で開かれた。現代の象徴天皇や皇室をめぐる諸問題を交代で報告しては討論するという、インフォーマルな勉強会であったが、専門も経歴もことなるメンバーの議論は、さまざまな視点が交差して、活発で刺激的であった。勉強会のあとは必ず、「放課後」と称して、近くの小料理屋でより自由で闊達な議論を継続したものであった。

もともと、ややゆったりとした研究会が論文集を出そうということになったものの、さまざまな理由や編者の不手際もあったために、出版は延びに延びてしまった。しかし、この間に、ハーバード・ビックス『昭和天皇』（上、下巻）やケネス・ルオフ『国民の天皇　戦後日本の民主主義と天皇制』（高橋紘監修、木村剛久・福島睦男訳、共同通信社、二〇〇三年）など、象徴天皇制に関する本が出版され、また高い評価を得たことは、現在もこの主題に対する関心が小さくないことを思わせた。すなわち、この主題が、現代日本の政治・社会・文化の状況や性格を議論するのに不可欠であることを示していると思われるのである。

本書の第三章、ケネス・ルオフ氏の論文は、本書の出版が手間取っている間に、同氏の『国民の天皇』に第五章として収められることになり、さらに同氏のこの本は第四回大仏次郎論壇賞を受賞した。本書を出版するにあたり、やはり本書の構成上不可欠であると考え、本人と出版社の了解を得て掲載することにした。了承していただいた共同通信社に感謝したい。同じような理由から岩波書店新書編集部編『昭和の終焉』(岩波新書、一九九〇年)に収録されていた第七章の栗原彬氏の論文も本書に掲載することを了承していただいた。そのほかの論文は書下ろしである。

編者としては、数年来の課題がようやく達成されたという安堵感があるが、同時に、現在の日本社会における天皇制と民主主義の状況に正面から取り組んだ本書が、できるだけ多くの読者に読まれてほしいと願わざるをえない。

最後になったが、本書を刊行までこぎつけてくれた世織書房の伊藤晶宣氏に感謝したい。

二〇〇八年四月二九日

五十嵐暁郎

編・著者紹介（執筆順）

五十嵐暁郎（いがらし・あきお）編者――立教大学法学部教授。著書に『明治維新の思想』（世織書房）、『新・アジアのドラマ』（潮出版社）、『東アジア安全保障の新展開』（編著・明石書店）などがある。

ボブ・T・ワカバヤシ（若林正）――ヨーク大学教授。論文に、「学問を通しての戦争・戦後責任追及」衛藤瀋吉編『共生から敵対へ』（東方書房）、“The Nanking 100–Man Killing Contest Debate,” *Journal of Japanese Studies* 26 : 2 (Summer 2000). “Comfort Women : Beyond Litigious Feminism,” *Monumenta Nipponica* 58 : 2 (Summer 2003). などがある。

ケネス・J・ルオフ（Kenneth J. Ruoff）――ポートランド州立大学准教授、日本センター所長。著書に『国民の天皇』（共同通信社）がある。

高橋　紘（たかはし・ひろし）――静岡福祉大学教授。著書に『象徴天皇』（岩波新書）、『皇位継承』『平成の天皇と皇室』（ともに文春新書）などがある。

吉次公介（よしつぐ・こうすけ）――沖縄国際大学法学部助教授。論文に、「日本社会党の対アジア外交政策」（沖縄国際大学法学会編『沖縄法学』第三〇号）、「池田＝ケネディ時代の日米安保体制」（日本国際政治学会編『国際政治』第一二六号）、「ＭＳＡ交渉と再軍備問題」（豊下楢彦編『安保条約の論理』柏書房）などがある。

内野光子（うちの・みつこ）――一九九八年立教大学社会学部大学院修士課程（マスコミ論専攻）修了。著書に『短歌と天皇制』『現代短歌と天皇制』（ともに風媒社）、『短歌に出会った女たち』（三一書房）などがある。

栗原彬（くりはら・あきら）――立命館大学教授。著書に、『人生のドラマトゥルギー』（岩波書店）、『やさしさのゆくえ――現代青年論』（筑摩学芸文庫）などがある。

象徴天皇の現在——政治・文化・宗教の視点から

2008年 6 月28日　第 1 刷発行

編　者	五十嵐暁郎
発行者	伊藤晶宣
発行所	㈱世織書房
組版・印刷所	㈱シナノ
製本所	㈱シナノ

〒220-0042　神奈川県横浜市西区戸部町 7 丁目240番地　文教堂ビル
電話045(317)3176　振替00250-2-18694

落丁本・乱丁本はお取替いたします　Printed in Japan
ISBN978-4-902163-33-9

五十嵐暁郎
明治維新の思想
2600円

菅原和子
市川房枝と婦人参政権獲得運動
●模索と葛藤の政治史
6000円

都築　勉
戦後日本の知識人
●丸山眞男とその時代
5300円

高畠通敏編
現代市民政治論
3000円

大海篤子
ジェンダーと政治参加
2200円

佐々木寛編
東アジア〈共生〉の条件
3200円

〈価格は税別〉

世織書房